新闻传播学院课程思政案例教程

湖北大学新闻传播学院　编

WUHAN UNIVERSITY PRESS
武汉大学出版社

图书在版编目(CIP)数据

新闻传播学院课程思政案例教程/湖北大学新闻传播学院编. —武汉：
武汉大学出版社,2023.9
ISBN 978-7-307-23552-6

Ⅰ.新… Ⅱ.湖… Ⅲ.高等学校—思想政治教育—教案(教育)—中
国 Ⅳ.G641

中国国家版本馆 CIP 数据核字(2023)第 004977 号

责任编辑:胡国民　　　责任校对:汪欣怡　　　版式设计:韩闻锦

出版发行:**武汉大学出版社**　　(430072　武昌　珞珈山)
　　　　(电子邮箱:cbs22@ whu.edu.cn 网址:www.wdp.com.cn)
印刷:武汉图物印刷有限公司
开本:787×1092　1/16　印张:17.75　字数:344 千字　插页:2
版次:2023 年 9 月第 1 版　　2023 年 9 月第 1 次印刷
ISBN 978-7-307-23552-6　　定价:68.00 元

编委会

序　言
师德铸魂大道存焉

于高校教学，我乃门外汉，且作门外谈。请行家、大师指正。

但门外亦有所见得。这就是作为曾执掌《楚天都市报》《湖北日报》新闻业务的我，每每于参与招聘记者编辑或评审新闻奖项时，时不时会听闻评委中有人议论：青年学子中，有的才高八斗大志凌云却蹈空走虚，有的学富五车下笔千言却离实况老远……湖北大学毕业的新闻学子，好用。

好用，从新闻实践活动来说，包含日常的采访作风扎实，吃苦耐劳；文风朴实，出手快，语言文字贴近生活贴近实际，等等；也包含新闻专业思想稳固，服务媒体以及服务社会服务大众的自主自觉意识强，较少好高骛远。因为处于办报实业实务"第一线"，我们这些偏于"传统、保守"的传媒业决策者、把关人，大抵看法相似，就是觉得象牙塔里出来的年轻人哪个不聪明不灵巧？可就是"这山望着那山高"的眼高脚滑，容易误了时光、误了青春。而用错人，也容易耽搁报社的事。

湖北大学新闻学子好用——成见、定见是否为偏见、刻板印象？还是真正成了口碑、品牌？反正这么多年大家闲聊过，没人细思深究过。只记得当年《楚天都市报》创刊班底中，其聘用人员就单校而言，湖北大学学子为多。后来成立社会部、特稿部，也是湖北大学学子作中坚。社会部自谓"扫街"，穿巷入户，江城三镇"热线"值守无时无刻，无所不至；特稿部，就是以深度调查见长，"啃硬骨头"、打大仗的小分队。我一直对这些年轻同事深为感激，是他们无私无畏地奋力打拼，造就了《楚天都市报》创刊第 4 年即日发行量过百万、名满三楚的荣耀与辉煌。

风风雨雨，《楚天都市报》创刊 20 余年，湖大新闻学子"好用"之说犹存。在纪念改革开放 30 年时，我曾撰过一文，论及 20 世纪恢复高考时"武汉、湖北高校，根本就没有什么新闻专业"，到 21 世纪之初，湖北即有 23 所高校开办有新闻学院或专业，还有 18 所独立学院、民办高校办有新闻专业。蓬勃发展的新闻教育给湖北跻身全国前列的"报纸大省""期刊大省""网络大省"，提供了人才、创造了动能。"武汉大学的新闻学、对外传播，中南财经政法大学的财经新闻、政法新闻，华中科技大学的科技新闻、新闻评论，湖北大学的新闻采访与写作，中南民族大学的民族新闻等专业，各具特色，蔚为大观。"这其中，湖北大学新闻教育越办越强，一批批才俊活跃在新闻舞台上，宛若一颗颗新星在夜空闪亮。

此次，得以通读这本《新闻传播学院课程思政案例教程》，受益匪浅，算是让我这门外汉一窥门径，似觅得"好用"之渊源。

人才"好用"，得之于好的新闻教育。新闻工作，是意识形态的工作。新闻舆论工作做得好不好，是治国理政、立国安邦的大事。无论是"福祸论"，还是"利误论"，无不在反复说明做好新闻舆论工作，事关改革开放稳定发展之全局，事关党和国家的工作大局，事关民族命运与民众利益。要做好新闻工作，培养什么人、怎样培养人、为谁培养人，就成为新闻教育的首要问题、根本问题。"坚定正确的政治方向"，是抗大办学方针"三大法宝"之首。毛泽东主席一言以蔽之，"没有正确的政治观点，就等于没有灵魂"。① 在这个意义上，立德树人是办学的最终目的，是检验高校一切工作的根本标准。从本书来看，以立德树人为根本任务，以思政育人为教学目标，湖北大学新闻传播学院做得好，旗帜鲜明，立场坚定，积极自觉，且一以贯之。如"新闻写作"课程，提出"培养具备正确意识形态和价值观的新闻工作者是新闻教育的重要使命"，"从选题、选材、主题和立意角度上深入理解当代中国社会发展的先进性，引导学生践行社会主义核心价值观，将社会主义核心价值观的价值内核与丰富内涵融入新闻写作的实践，培养'有理想、有道德、有文化、有纪律'的'四有'青年"。如"新闻写作"课程大纲将课程目标分为知识目标、能力目标、德育目标，其德育目标为"培养学生热爱新闻及新闻工作的热忱，激励学生善于发现社会中有意义的人和事，学会发现美，传播美。用全媒体传播的思想体系指导新闻写作思路，引导学生践行社会主义现代化治理理念，将国家新型主流媒体的价值内核与丰富内涵融入新闻写作中"。在"马克思主义新闻论著选读"课程中，更是态度鲜明："新闻观是新闻工作者的精神方向、力量源泉，决定着新闻工作者的思想导向"，"我们党是马克思主义政党，这就决定了马克思主义新闻观是党的新闻舆论工作必须遵循的根本指南"。即使是在实践性、专业性、技能性强的课程中，也处处体现着以马克思主义新闻观对大学生新闻思想的指导、职业精神的引领和对大学生实现新闻社会功能的开导。如"广告创意与策划"，教学内容设置"4 个知识点"，就是在"热诚的人生态度，豁达、坚毅的品质，独立的创新精神，严于律己的道德素质"多方面锤炼学生品格、提升学生素质。

好的教育，归之于师德传承。教书育人，教师是关键，而教师之所思所想是关键的关键。1993 年 12 月，韩作黎先生主编大型报告文学丛书《师魂》，序言开宗明义：

---

① 毛泽东文集（第 7 卷）[M]. 北京：人民出版社，1999：226.

"百年大计，教育为本。教育大计，教师为本。教师大计，师德为本。"古云"师者，传道授业解惑也"，现代教育，依然是学高为师，德高为范，仍然必须将价值塑造、知识传授和能力培养融为不可分割、不可或缺的一体。师者所思所想内化于心，所著所传外化于形，就真正好比是辛勤的园丁，以课堂做地心做田，栽什么树苗结什么果，撒什么种子开什么花。胡锦涛同志曾说，教师是人类文明的传承者。没有高水平的教师队伍，就没有高质量的教育。习近平同志则一再指出，教师是立教之本、兴教之源。教师是教育工作的中坚力量。教师要做学生锤炼品格的引路人，做学生学习知识的引路人，做学生创新思维的引路人，做学生奉献祖国的引路人。通览这本教程，我感到湖北大学新闻传播学院的全体教师，在培养合格的学生和未来的"党和人民放心满意的新闻工作者"上，是用心用情用力，下了很大功夫的。这一份份案例讲义，既是其课堂教学指南，也是他们的任务保证书；既是他们呕心沥血于守正创新的智慧结晶，又是其肩负重任胸怀大义的道德宣言。说到做到，不放空炮，持之以恒，久久为功，这些课程内涵就会春风化雨，必将为湖北大学新闻学子茁壮成长直至满园芬芳提供更多丰厚的滋养。

行文至此，不禁忆起赵朴初先生于1979年动情写下的那首《金缕曲·敬献人民教师》："不用天边觅，论英雄，教师队里，眼前便是。历尽艰难曾不悔，只是许身孺子。堪回首，十年往事。无怨无尤吞折齿，捧丹心，默向红旗祭。忠与爱，无伦比。/幼苗苗壮园丁喜。几人知，平时辛苦，晚眠早起。燥湿寒温荣与悴，都在心头眼底。费尽了千方百计。他日良材承大厦，赖今朝，血汗番番滴。光和热，无穷际。"是啊，当传媒大厦巍然矗立时，砖瓦砂石础柱梁壁……是高校新闻教育为我们提供了坚实卓荦的良材！

道，在哲学意义上，乃万事万物的运行轨道或轨迹，也可以说是事物变化运动之所。以崇高、忠诚、大爱之师德，铸就一代代坚定正确的政治之魂，湖北大学新闻之道是不是与时代同行日益弘远而闪亮？我们在新闻业务战线上期待并祝愿湖北大学新闻教育"忠与爱，无伦比""光和热，无穷际"！

蔡华东（《湖北日报》原总编辑）

2022年4月

目　　录

"中国新闻事业史" 课程思政案例

主讲教师：杨翠芳

一、章节名称

第二章　晚清时期的新闻事业

第一节　国人对新式报刊的认识与办报尝试

二、课程目标

（1）知识目标：掌握晚清时期（从鸦片战争到辛亥革命）国人对近代新式报刊的认识和尝试办报的过程。

（2）能力目标：一是通过国人对新式报刊的认识过程和创办过程中的几个阶段，明确国人办报从古代向近代转型的意义；二是通过国人办报活动，从具体到抽象，分析早期国人创办近代报刊过程中形成的办报风格和新闻思想。

（3）德育目标：从我国报刊的近代转型，深入理解早期国人办报进行启蒙救亡的意义、新闻传播事业对社会发展的推动作用，坚定从事新闻传播职业的决心与信心。面对当下媒体发展日新月异的现实状况，锤炼新闻传播的执业能力。

三、教学内容

（一）主要内容

1. 林则徐的译报活动及其对报刊的认识

△客观方面：国人创办近代报刊最初是从林则徐译报开始的。他译报的目的是"采访夷情""知其虚实"，组织人员搜集和翻译外国人在广州、澳门出版的各种报刊，并将译出的新闻报道和时事评论按时间顺序装订成册，命名为《澳门新闻纸》。

△主观方面：林则徐是鸦片战争时期我国杰出的政治家和民族英雄，也是中国近

代第一个重视并利用外国报纸的人。《澳门新闻纸》上没有自己采写的新闻，也没有自己撰写的言论，不公开发行，只供有关官员参阅，属于"参考消息"性质。但这种译报工作，第一次让国人接触到外人报纸，了解到新闻信息传播的重要性。同时，也表明国人已经认识到报纸在沟通内外情况方面的作用，最早利用西方人办的报纸了解西方，这是中国新闻史上的一个创举。

2. 魏源、洪仁玕等人的新闻思想

（1）魏源发展了林则徐的译报主张。他的《海国图志》专门辟有报纸部分，并从手段与目的的关系上论证翻译外国书报的重要性。这是国人最早关于外国报纸的出版和报纸在国家政治生活中发挥作用情况的叙述，也是国人对报纸的社会政治功能和舆论作用的最早看法，反映了当时知识分子对西方"刊印逐日新闻纸以论国政"的向往。

（2）洪仁玕最早提出并呼吁创办报

洪仁玕在《资政新篇》中提出了办报主张并阐述了他的新闻思想。他认为报纸具有四个重要的功能：一是舆论监督的功能，二是传递信息的功能，三是沟通上下的功能，四是道德教化的功能。在报纸业务方面，他认为报纸最重要的是内容真实、文风朴实。在报人品格方面，他提出新闻官应具备较强的独立性，同时还应忠于事实、不阿权贵。

3. 国人在汉口、上海、广州等地的办报活动

19世纪七八十年代，国人在汉口、上海和广州等地的办报活动，真正拉开国人创办近代报刊的序幕。

（1）《昭文新报》。1873年8月8日，由艾小梅创办于汉口，是华人独资创刊并主持的第一家近代中文日报，不到一年停刊，但该报实物至今未见。

1874年6月16日，容闳与唐廷枢等创办于上海。该报每日出刊两张八版，1875年12月停刊。

（2）《新报》。1876年11月23日，上海各商帮共同集股创办。该报以发表官方新闻为主，1882年4月12日停刊。

（3）《述报》。1884年4月18日，创办地为广州，创办人不详。内容偏重于严肃重大的时事新闻、政治事件和国际关系述评，是一份着眼于全国的严肃报纸，也是首家采用石印的报纸。1885年4月3日停刊。

（4）《广报》。1886年6月24日，由邝其照在广州创办，1900年停刊。

总之，民间报人在汉口、上海、广州等地的办报尝试，虽然困难重重，所办报刊数量不多，每一家报纸存在的时间都不长，影响也不大，但是，他们的办报活动打破了外报在华的垄断地位，揭开了中国近代新闻传播史新的一页。

4. 王韬与《循环日报》

（1）王韬的生平及办报经历。

王韬（1828—1897），江苏人，原名利宾，学名瀚。晚清著名的资产阶级改良思想家、报刊政论家。王韬的生平分三个时期：

第一个时期，1828—1862年，从出生到在上海工作时期。22岁时在英国人办的墨海印书局担任编辑，参与编撰《六合丛谈》。34岁时因被怀疑曾上书给太平天国的地方官策划攻打上海，遭到官方缉捕，被迫逃往香港。

第二个时期，1862—1884年，共23年，在香港工作和生活的时期。其间，曾经两次到外国游历，先后访问过英、法、日等几个资本主义国家，思想上出现了新的飞跃，认识到中国非变不足以图存，开始确立了他的"变法自强"的政治思想，其间创办《循环日报》。

第三个时期，1884—1897年，主要生活在上海，是活跃在上海文化教育界的"名士"。

（2）《循环日报》。

1874年2月4日，王韬在香港创办了中国第一份由华人出资、华人操权中文日报《循环日报》，并受聘担任"正主笔"。《循环日报》于1947年停刊。1959年，曹聚仁、林蔼民重新恢复《循环日报》，及至1960年停刊并改名为《正午报》。

王韬创办《循环日报》，首创了报刊政论文体，以改良主义思想家的身份开创了中国新闻史上"文人论政"的先河。有以下几个鲜明的特点：一是关注时政；二是直抒胸臆；三是文风质朴。

王韬是中国新闻史上第一个发表专文探讨新闻理论的报人，对报纸的作用和报人的素养提出了较为深刻的见解。

（二）课程重点、难点

理解王韬对中国近代新闻事业的贡献，既是课程内容的重点，也是课程的难点。要引导学生站在历史的高度来全面、客观评价王韬对中国新闻事业的贡献。

（三）教学方法

讲授与讨论相结合，包括案例教学、分组讨论。

（四）教学学时

2课时。

（五）参考教材

(1)《中国新闻传播史》编写组. 中国新闻传播史 [M]. 北京：高等教育出版社，2021.

(2) 方汉奇. 中国新闻传播史（第三版）[M]. 北京：中国人民大学出版社，2014.

(3) 丁淦林. 中国新闻事业史 [M]. 北京：高等教育出版社，2002.

四、思政素材

此次课程思政素材主要来自习近平总书记 2021 年 7 月 1 日在庆祝中国共产党成立 100 周年大会上的讲话（见表 1）。

表 1 　　　　　　　　　　　　　思政素材核心内容

序号	内 容 摘 要	来　源
1	1840 年鸦片战争以后，中国逐步成为半殖民地半封建社会，国家受辱、人民蒙难、文明蒙尘，中华民族遭受了前所未有的劫难。从那时起，实现中华民族伟大复兴，就成为中国人民和中华民族最伟大的梦想。	习近平在庆祝中国共产党成立 100 周年大会上的讲话（2021 年 7 月 1 日）
2	为了拯救民族危亡，中国人民奋起反抗，仁人志士奔走呐喊，太平天国运动、戊戌变法、义和团运动、辛亥革命接连而起，各种救国方案轮番出台，但都以失败而告终。中国迫切需要新的思想引领救亡运动，迫切需要新的组织凝聚革命力量。	习近平在庆祝中国共产党成立 100 周年大会上的讲话（2021 年 7 月 1 日）

五、思政元素

此次课程通过晚清时期国人对新式报刊的认识与办报尝试的讲授，让学生在了解国人自办报刊的历程的同时，深刻意识到办报对于教化民众、引导国民、推动社会发展进步的重要作用，理解早期报人的种种努力与尝试，肯定与赞赏文人论政、书生报国的家国情怀，树立崇高的新闻理想（见表 2）。

表2   思政素材元素

思　政　主　题	思　政　元　素
树立崇高的新闻理想	新闻话语权要掌握在国人自己手中
	新闻人要有品格
	树立马克思主义新闻观
	实现中华民族伟大复兴

六、教学安排

（1）介绍晚清时期国人对新式报刊的认识过程，以及国人创办新式报刊的系列尝试与探索。

（2）案例教学：选取早期有代表性的、著名的人物与近代新式报刊的接触案例；选取早期有代表性的报人办报的尝试与探索，指导学生通过案例理解早期国人创办新式报刊的尝试。

（3）资料查找：围绕著名的报人和报纸，指导学生查找相关资料，了解晚清时期近代报刊引入与创办的历史过程。

（4）小组讨论：以7~8位学生为一组，进行相关选题讨论，推进研究进展。

"新闻写作"课程思政案例

主讲教师：张　萱

新闻工作是意识形态的工作，培养具备正确意识形态和价值观的新闻工作者是新闻教育的重要使命。在新闻学学科体系中"新闻写作"是新闻传播学的基础课程和核心课程。此次课程坚持以马克思主义新闻观为指导，系统讲授新闻写作的基本原理，消息、通讯、广播电视新闻稿和融合新闻报道等新闻的操作规程与技术。本科课程的思政案例是根据"马工程"《新闻采访与写作》教材编写并融入教学，旨在打造"新闻写作理论+思政元素"解读案例的特色课程，新闻理论中包含思政元素，思政元素中体现新闻理论，用通俗易懂、学生乐于接受的方式讲授思政内容，以实现思政育人的目标。

一、章节名称

第一章　新闻体裁与写作
第三节　非事件性消息

二、教学目标设计

（1）知识目标：理解非事件性消息的内涵、特征、基本价值和写作重点。

（2）能力目标：非事件性新闻报道的是社会问题、社会现象，以及某些可供参考的信息、方法。以消息体裁报道非事件性事物，可以进一步拓宽新闻的报道面。

通过学习，让学生掌握通过非事件性消息发挥媒体的"主体意识"，为媒体采制独家新闻创造条件。

（3）德育目标：从选题、选材、主题和立意角度上深入理解当代中国社会发展的先进性，引导学生践行社会主义核心价值观，将社会主义核心价值观的价值内核与丰富内涵融入新闻写作的实践，培养"有理想、有道德、有文化、有纪律"的"四有"青年。

三、教学内容

(一) 主要内容

1. 概念

非事件性消息指一段时间内发生的诸多事实、情况的综合反映，它能揭示带有分析性的总体情况，以点带面、以面为主，反映事物发展变化中的阶段性、经验性或典型性。

(1) 案例分析：

《贫困乡的出路在哪里?》《关广梅现象》《绿色的悲哀》《是经营商品，还是贩卖权力?》，以及"中国新闻奖"获奖作品中的《"东北现象"引起各方关注》《长虹启示录》《面对商机，为何无动于衷?》《武汉百里长堤巍然锁大江》。

Violence In Chicago Neighborhoods：他们对芝加哥社区的暴力事件进行了详细记录，并综合调查了受害者、罪犯及侦探们的生活。

The Wall Street Money Machine：披露了华尔街可疑的金融操作行为，这些行为可能导致经济灾难，报道中很好地使用数字工具来向读者解释复杂的金融行为。

2. "非事件性新闻"的特点

(1) 从时间上看，新闻发生的时间是一个时段，是在一个较长的时间内形成的，而不是在某一个具体的时间里发生的。

(2) 从空间上看，新闻发生的地点是多个，而不是一人一事一地。

(3) 从事件上看，新闻是由多个事件组合而成的，或者是多个事实、情况、事件反映出来的综合或本质特征。

3. 写作思路：把问题"拎"出来

(1) 特征：非事件性新闻在一个时期内处于平静的状态，就像平静的湖水，平静中有危机、有问题。这些问题是长期形成的，有时反映在多个地方、多个事件上。把问题"拎"出来，就会一石击起千层浪，就会成为读者关注的"事件"。

(2) 案例剖析与写作思路："拎"问题 & 系列报道《菜豌豆销往哪里?》。

2001年，湖北随州的菜豌豆种植由几千亩一下子发展到4万多亩。由于菜豌豆采摘期短，保鲜期短，销售成了难题。这一难题只有到采摘销售时才能有"事件"。《随州日报》在报道这一新闻时，没有等"菜豌豆烂在地里"再报道，而是在菜豌豆刚开花时，组织了系列报道《菜豌豆销往哪里?》。由于抓住了问题，报道便具备了"事件性"，引起了随州市委、市政府及相关部门的普遍关注。于是解决菜豌豆的销路问题，成了随州市当时各项工作的急中之急。

（二）课程重点、难点

理解非事件性消息的特点是时效性弱，一段时间的渐进状态，因此要求记者具有主动发现的能力。课程难点：利用所学知识熟练运用在写作中，能够主动发现社会发展中的好经验和新问题；能够主动提供具有预测风险和服务社会的新闻作品。

（三）教学方法

案例教学、小组讨论、小组成果展示。

（四）教学学时

2 课时。

（五）参考教材

（1）戈公振. 中国报学史［M］. 北京：生活·读书·新知三联书店，2011.

（2）罗以澄，吕尚彬. 中国社会转型下的传媒环境与传媒发展［M］. 武汉：武汉出版社，2001.

（3）陈力丹. 精神交往论：马克思恩格斯传播观［M］. 北京：中国人民大学出版社，2016.

四、思政素材

此次课程思政素材主要来自习近平总书记提出的"推动国家发展，核心价值观是最持久最深沉的力量"。党的十八大以来，习近平总书记围绕此内容反复强调，作出许多深刻阐述（见表3）。

表3 思政素材核心内容

序号	内 容 摘 要	来 源
1	宣传思想工作就是要巩固马克思主义在意识形态领域的指导地位，巩固全党全国人民团结奋斗的共同思想基础。党员、干部要坚定马克思主义、共产主义信仰，脚踏实地为实现党在现阶段的基本纲领而不懈努力，扎扎实实做好每一项工作，取得"接力赛"中我们这一棒的优异成绩。	习近平在全国宣传思想工作会议上的讲话（2013年8月19日）

序号	内 容 摘 要	来　源
2	党性和人民性从来都是一致的、统一的。坚持党性，核心就是坚持正确政治方向，站稳政治立场，坚定宣传党的理论和路线方针政策，坚定宣传中央重大工作部署，坚定宣传中央关于形势的重大分析判断，坚决同党中央保持高度一致，坚决维护中央权威。所有宣传思想部门和单位，所有宣传思想战线上的党员、干部都要旗帜鲜明坚持党性原则。坚持人民性，就是要把实现好、维护好、发展好最广大人民根本利益作为出发点和落脚点，坚持以民为本、以人为本。	习近平在全国宣传思想工作会议上的讲话（2013年8月19日）
3	富强、民主、文明、和谐，自由、平等、公正、法治，爱国、敬业、诚信、友善，传承着中国优秀传统文化的基因，寄托着近代以来中国人民上下求索、历经千辛万苦确立的理想和信念，也承载着我们每个人的美好愿景。我们要在全社会牢固树立社会主义核心价值观，全体人民一起努力，通过持之以恒的奋斗，把我们的国家建设得更加富强、更加民主、更加文明、更加和谐、更加美丽，让中华民族以更加自信、更加自强的姿态屹立于世界民族之林。	习近平在北京大学师生座谈会上的讲话（2014年5月4日）
4	一个民族的文明进步，一个国家的发展壮大，需要一代又一代人接力努力，需要很多力量来推动，核心价值观是其中最持久最深沉的力量。中华民族有着5000多年的悠久历史和灿烂文化，而且中华文明从远古一直延续发展到今天。为什么中华民族能够在几千年的历史长河中顽强生存和不断发展呢？很重要的一个原因，是我们民族有一脉相承的精神追求、精神特质、精神脉络。今天我们使用的汉字同甲骨文没有根本区别，老子、孔子、孟子、庄子等先哲归纳的一些观念也一直延续到现在。这种几千年连贯发展至今的文明，在世界各民族中是不多见的。	习近平在北京市海淀区民族小学主持召开座谈会时的讲话（2014年5月30日）

五、思政元素

此次课程通过非事件性消息写作知识的讲授，教育学生坚持正确政治方向，站稳政治立场。让学生以社会主义核心价值观武装头脑，具备能够主动发现有价值新闻选题的能力，能够将那些包含中国优秀传统文化、中国人民艰苦奋斗的理想信念的现象发掘出来，厚植习近平总书记关于先进文化和文化自信的思想理念，大力弘扬和培育社会主义核心价值观，凸显新闻学专业大学生新闻党性原则、文化认同思政元素，将无形的思想教育问题落地为扎实的学术研究，做到"教学与思想教育、学术研究"融洽发展，相得益彰（见表4）。

表4   思政素材元素

思 政 主 题	思 政 元 素
非事件性消息的选题立意与大学生核心价值观的培育	对比法选题和立意 案例：《从邮局看变化》《取下神像挂地图》
	提问法选题和立意 案例：《希望这次疫情后，我们能学会善待医生》
	由点到面法选题和立意 案例：《冬奥会带动国潮IP》
	量化法选题和立意 案例：《寿光8万农民工"寒冬"不失岗》

六、教学安排

（1）介绍非事件消息的概念、特征和写作方法，阐释非事件性消息与社会主义核心价值观的关系。

（2）案例教学：选取近30年中国有代表性的新闻作品作为案例，指导学生通过案例剖析非事件性消息的选题和立意。

（3）写作实践：4~5位学生为一组，进行相关选题讨论，完成一篇作品。

（4）以小组展示的方式，每组派一位学生代表，讲解小组选题的思路、内容和写作心得。

七、特色和创新点

（1）历时性案例教学法：此次课程与以往正向灌输式思政教育形不同，采用了时间跨度大的经典案例作为样本的教课形式，通过选取近30年时间里的非事件性消息，从内容上生动展现了我国社会主义核心价值观在新闻作品中的丰富内涵，引导学生深刻地理解一个民族的文明进步、一个国家的发展壮大，需要一代又一代人接力，作为未来的新闻工作者，弘扬社会主义核心价值观是责任和义务。

（2）任务驱动教学法：此次课程加入师生互动环节，通过"学生报选题→教师反馈意见→学生调整→教师反馈意见"多次线上和线下互动，鼓励学生以社会主义核心价值观为指导思想发现和寻找选题；通过"启发式"教学，加之丰富多元的案例解惑，不断加深学生对选题的理解，使学生能够对选题进行提炼，提出体现社会主义核心价值观的新闻主题，以任务驱动的形式来加强学生的思政教育。

（3）竞争教育：此次课程以 4~5 位学生为一组，共计 15 小组。每组共有 10~15分钟小组展示时间，全部展示后以每组 3 票的形式，投出前三名优秀小组。通过竞争教育，激发学生的学习潜力和激情。

八、效果体现

（1）发表思政教育高水平论文：鼓励学生研究思政教育相关问题，将思政教育内置于学术研究中，指导学生发表思政教育领域的 CSSCI 高水平学术论文。

（2）获奖小组展示：对排名前三的小组选题内容和研究设计，以公众号推文的形式发布，以提升学生对思政研究的自豪感、认同感和获得感。

"新闻生产与媒介技术"课程思政案例

主讲教师：郑忠明

一、章节名称

第一讲　古登堡技术与新闻生产

第六节　时间媒介、空间媒介与共同体的凝聚

二、课程目标

（1）知识目标：理解时间媒介和空间媒介对于社会的不同偏向。

（2）能力目标：具备从媒介的不同偏向特征解读互联网媒介的发展和问题。

（3）德育目标：通过媒介偏向的知识讲授，让学生培养对于媒介构建良好生活秩序的理解，媒介修补人与人之间道德关系的认识。

三、教学内容

（一）主要内容

1. 时间与传统

时间是历史维度，能沉淀传统，帮助人们稳固传统。

2. 空间与文明

空间能使不同地域的人们同时性地参与到互动中，因此，它促使平等交往和变革，同时，封建帝国也利用空间实现控制。

3. 时间媒介

时间媒介能帮助传递传统，维系社会文化。时间媒介因此构建了一种连续的民族

叙事。时间媒介一般体现为那些长久保存的媒介，诸如羊皮卷等。

4. 空间媒介

空间媒介在空间上构建不同行动者的同时互动，能帮助帝国实现同步地域扩张征服和帝国控制。空间媒介因此服务于文明的扩散。这种扩散依赖于可快速复制成本低廉的媒介，使信息变成易碎品，因此轻廉的报纸压倒贵重的书籍。

（二）课程重点、难点

课程重点在于理解时间媒介和空间媒介两种概念蕴含的媒介与社会的关系。

课程难点在于将时间媒介与空间媒介概念运用到网络媒介的分析中，从而多维度透视网络媒介与社会的关系。

（三）教学方法

案例教学、小组讨论、小组成果展示。

（四）教学学时

3 课时。

（五）参考教材

（1）［加］哈罗德·伊尼斯. 帝国与传播［M］. 何道宽，译. 北京：中国传媒大学出版社，2015.

（2）［加］哈罗德·伊尼斯. 传播的偏向［M］. 何道宽，译. 北京：中国传媒大学出版社，2013.

四、思政素材

此次课程思政素材主要来自习近平总书记关于文化自信、网络空间、网络文明的阐述。党的十八大以来，习近平总书记围绕此内容反复强调，作出许多深刻阐述（见表5）。

表 5   思政素材核心内容

序号	内容摘要	来源
1	国无德不兴，人无德不立。一个民族、一个人能不能把握自己，很大程度上取决于道德价值。如果我们的人民不能坚持在我国大地上形成和发展起来的道德价值，而不加区分、盲目地成为西方道德价值的应声虫，那就真正要提出我们的国家和民族会不会失去自己的精神独立性的问题了。如果没有自己的精神独立性，那政治、思想、文化、制度等方面的独立性就会被釜底抽薪。	习近平在省部级主要领导干部学习贯彻十八届三中全会精神全面深化改革专题研讨班上的讲话（2014 年 2 月 17 日）
2	网络空间是亿万民众共同的精神家园。网络空间天朗气清、生态良好，符合人民利益。网络空间乌烟瘴气、生态恶化，不符合人民利益。谁都不愿生活在一个充斥着虚假、诈骗、攻击、谩骂、恐怖、色情、暴力的空间。互联网不是法外之地。利用网络鼓吹推翻国家政权，煽动宗教极端主义，宣扬民族分裂思想，教唆暴力恐怖活动，等等，这样的行为要坚决制止和打击，决不能任其大行其道。利用网络进行欺诈活动，散布色情材料，进行人身攻击，兜售非法物品，等等，这样的言行也要坚决管控，决不能任其大行其道。没有哪个国家会允许这样的行为泛滥开来。我们要本着对社会负责、对人民负责的态度，依法加强网络空间治理，加强网络内容建设，做强网上正面宣传，培育积极健康、向上向善的网络文化，用社会主义核心价值观和人类优秀文明成果滋养人心、滋养社会，做到正能量充沛、主旋律高昂，为广大网民特别是青少年营造一个风清气正的网络空间。	习近平总书记在网络安全和信息化工作座谈会上的讲话（2016 年 4 月 19 日）
3	文化自信，是更基础、更广泛、更深厚的自信。在 5000 多年文明发展中孕育的中华优秀传统文化，在党和人民伟大斗争中孕育的革命文化和社会主义先进文化，积淀着中华民族最深层的精神追求，代表着中华民族独特的精神标识。	习近平在庆祝中国共产党成立 95 周年大会上的讲话（2016 年 7 月 1 日）
4	文化和科技融合，既催生了新的文化业态、延伸了文化产业链，又集聚了大量创新人才，是朝阳产业，大有前途。谋划"十四五"时期发展，要高度重视发展文化产业。要坚持把社会效益放在首位，牢牢把握正确导向，守正创新，大力弘扬和培育社会主义核心价值观，努力实现社会效益和经济效益有机统一，确保文化产业持续健康发展。	习近平总书记在湖南长沙考察调研马栏山视频文创产业园时的讲话（2020 年 9 月 17 日）

续表

序号	内 容 摘 要	来 源
5	网络文明是新形势下社会文明的重要内容，是建设网络强国的重要领域。近年来，我国积极推进互联网内容建设，弘扬新风正气，深化网络生态治理，网络文明建设取得明显成效。要坚持发展和治理相统一、网上和网下相融合，广泛汇聚向上向善力量。各级党委和政府要担当责任，网络平台、社会组织、广大网民等要发挥积极作用，共同推进文明办网、文明用网、文明上网，以时代新风塑造和净化网络空间，共建网上美好精神家园。	习近平致首届中国网络文明大会的贺信（2021 年 11 月 19 日）

五、思政元素

此次课程通过时间媒介与空间媒介如何运用到分析互联网媒介的讲述，引导学生认识媒介对于保存传统与扩散文明的关键作用，并在这种关键作用中，如何利用好媒介的时间和空间偏向，从而对外有利于传播中华文明，对内有利于稳固传统。

六、教学安排

（1）介绍媒介偏向的概念知识，让同学们理解时间媒介和空间媒介的解释力。

（2）案例教学：通过讲授目前互联网环境中的中华传统文化的保存和传递——春节纪录片的生产和传播，展示时间媒介在互联网空间中的特征。通过讲授目前互联网环境中的国际舆论互动——如何讲述中国故事，展示空间媒介在互联网空间中的特征。

（3）小组讨论：让同学们观看古登堡技术视频，并逐一让同学们讲述自己对媒介的时间和空间看法。

七、特色和创新点

（1）抽象与具体结合。此次课程讲解的媒介技术的知识属于抽象的难点知识，但通过具体的纪录片展示和同学们对纪录片的观看体会，让同学们体会到抽象的知识其实完全可以变为身边具体的生动的案例。譬如，我们使用的微信朋友圈，主要是构造凝聚和团结的社会空间，它具有时间媒介的偏向，而我们使用的微博，主要是扩散舆论、公共争论、革新观念的社会空间，它具有空间媒介的偏向。

（2）体验式教学：此次课程加入师生互动环节，通过每一个学生亲身参与讨论和发表见解的过程，让学生体验到教学课堂是一个每个人参与知识创造的空间，而教师是主持人、是信息汇总者、是议题的引导者，让学生为"时间媒介和空间媒介"的思考贡献许多新的视角，从而让学生认识到自己的思维是非常有用的，能够成为知识创造的一个环节，继而激发学生的积极性。

（3）自主选择问题：给学生诸多不同的问题，让学生选择自己擅长的问题。由此，观察学生对于不同议题的兴趣，帮助后续教学改进自身同学生兴趣的匹配度。

八、效果体现

（1）学生更赞同这种可以表达自己观点和意见的课堂，增强了课堂的凝聚力。

（2）把抽象的知识转变为每个学生对身边现象的细致观察和总结，让同学们体会到知识原本就在身边，就在自己的兴趣周围，而不觉得枯燥无聊。

"马克思主义新闻论著选读"课程思政案例

主讲教师：邓　林

一、章节名称

第十一章　刘少奇论社会主义条件下的新闻工作

第一节　关于新闻的客观、公正、真实、全面和坚持立场

二、课程目标

（1）知识目标：理解刘少奇关于新闻客观、公正、真实和坚持立场的新闻观点和新闻报道既要有原则又要很灵活的方针政策。

（2）能力目标：具备将马克思主义新闻观核心人物观点实际运用到新闻传播实践中的能力，包括如何在新闻报道中体现马克思主义对客观、公正的认识，以及如何有选择性地借鉴西方新闻工作经验。

（3）德育目标：从刘少奇对社会主义条件下新闻工作的要求，引导学生正确把握新闻真实的意义、内涵和要求，深入理解新闻真实是新闻媒体赢得人民群众信任的基本条件，培养讲政治立场又追求新闻理想的未来新闻从业者。

三、教学内容

（一）主要内容

1. 对新闻真实的要求并非没有立场

刘少奇的新闻观点包括要求实事求是地报道事实，不能刻意夸大事实，需要真实地反映问题。要强调客观真实的报道，避免主观主义和片面性。

2. 有选择地采用和引进西方新闻报道和大众文化

对进步的、无害的内容，应当有选择地采用和引进，同时坚持正确的立场以避免全面而机械地照搬苏联的做法，造成新的教条主义和党八股。

（二）课程重点、难点

理解刘少奇关于新闻客观、公正、真实、全面和坚持立场的具体内容和核心观点。

课程难点：理解既要坚持新闻客观、公正和真实同时又要讲立场与坚持正确的党的政策之间的辩证关系。

（三）教学方法

案例教学、小组讨论、小组成果展示。

（四）教学学时

2 课时。

（五）参考教材

（1）高晓红．实践中的马克思主义新闻观——新闻报道经典案例评析［M］．北京：高等教育出版社，2018.

（2）陈力丹，支庭荣．马克思主义新闻观经典文献研究［M］．北京：中国人民大学出版社，2020.

（3）郑保卫．马克思主义新闻观十二讲［M］．北京：高等教育出版社，2019.

四、思政素材

此次课程思政素材主要来自中新社和《光明日报》等主流媒体的新闻报道。在这些新闻报道中体现了既坚持中国立场，又做到了客观真实，是对刘少奇新闻工作论述核心观点的当代体现（见表6）。

表6　　　　　　　　　　　　思政素材核心内容

序号	内　容　摘　要	来　　源
1	2013 年开始，中国媒体针对日本方面种种忤逆历史的言行进行了有力批判。然而，当年 12 月 26 日，安倍在其上任一周年之际，以首相身份参拜靖国神社。中国新闻社的这篇评论，并未对日本首相进行人身攻击式的批判，而是对安倍参拜靖国神社的前因后果、历史背景及真实目的进行了客观且深入的评述，揭示了安倍此行并非偶然，而是有时间跨度、有铺垫、有预谋的行为。既坚持了正确的立场，又从客观公正的角度对新闻事件做出了报道。	《执政一年再出发，安倍选择向右走》（中国新闻社，2013 年 12 月 26 日）

续表

序号	内 容 摘 要	来 源
2	作为深谙西方社会游戏规则的政治人物，达赖极其重视国际政治传播的经营，一直努力在欧美社会争取同情。其头顶"西藏宗教领袖"和"诺贝尔和平奖得主"光环的形象，在欧洲舆论中极具欺骗性，甚至成为欧洲国际政治生活中的图腾与禁忌。 在"政治正确"的名义下，任何不利于达赖集团的新闻常常会被西方媒体过滤、屏蔽。加之商业利益的驱动，一些欧洲媒体甚至置新闻报道基本准则于不顾，有意借用政治营销技巧，传播与西藏问题有关的不实新闻。欧美公众长期受到其主流媒体偏见的影响，难免对西藏问题产生刻板印象，对达赖其人其事更是普遍缺乏清晰、真实的认知。 这篇稿件聚焦于德国主流媒体制播的一部反映达赖与美国中情局合作关系的电视纪录片及其在德国舆论界引发的巨大反响。记者敏感地捕捉到这一颇具新闻价值的消息，及时采访纪录片的主创人员，以文字形式再现并揭示了达赖集团在美国中情局支持下对抗中国中央政府的事实。报道从德国主流媒体从业者的视角切入，通篇虽并没有直接宣示中国政府对西藏问题的立场，但观点、导向十分鲜明，令人信服，达赖喇嘛不为人知的真貌暴露无遗；与此同时，国内读者也对欧洲传媒界关于达赖集团的认知有了新的了解。这种国际新闻报道技巧值得研究和推广。	《德媒揭露达赖"中情局棋子"真面目》（《光明日报》，2012年6月21日）

五、思政元素

此次课程通过讲授刘少奇关于新闻的客观、公正、真实、全面和坚持立场的观点，让学生深刻意识到新闻真实对新闻工作的重要性，同时帮助学生树立新闻真实并非不讲立场的政治理念，引导学生牢牢把握正确导向，守正创新，大力弘扬和培育社会主义核心价值观。在案例讲授和教学中，将无形的思想教育问题落地为扎实的学术研究，做到"教学与思想教育、学术研究"融洽发展，相得益彰。

六、教学安排

（1）介绍刘少奇相关论述，阐释核心观点之间的辩证关系以及在新闻工作中的具体体现方式。

（2）案例教学：选取有代表性的新闻作品、新闻事件作为案例，指导学生通过案例理解刘少奇的相关论述及核心观点。

（3）小组讨论：4~5位学生为一组，进行相关选题讨论，推进研究进展。

（4）以小组展示的方式，每组派一位学生代表，讲解小组选题的内容、来源、研究方法和意义。

七、效果体现

（1）发表思政教育学术论文：鼓励学生研究思政教育相关问题，将思政教育内置于学术研究中，指导学生发表思政教育领域学术论文。

（2）获奖小组展示：对排名前3的小组选题内容和研究设计，以"易拉宝"的形式在院内展示一周，进而增强学生对思政研究的自豪感、认同感和获得感。

"新闻写作"课程思政案例

主讲教师：刘　晗

一、章节名称

第五章　新闻文体写作
第一节　消息写作

二、课程目标

（1）知识目标：在掌握全媒体新闻写作基本理论知识的基础上，学习消息的基本特点，掌握消息的要素和结构，学习消息的写作手法。

（2）能力目标：运用相关知识和方法进行消息写作，掌握消息写作的基本要求，提高写作技巧和表达能力，通过教学专题训练使学生在实践中提升消息写作的效率和能力。

（3）德育目标：培养学生热爱新闻及新闻工作的热情，激励学生善于发现社会中有意义的人和事，学会发现美、传播美。用全媒体传播的思想体系指导新闻写作思路，引导学生践行社会主义现代化治理理念，将国家新型主流媒体的价值内核与丰富内涵融入新闻写作过程。

三、教学内容

（一）主要内容

1. 消息概述

对新闻消息的含义、特点、种类进行概述。

（1）特点：与其他新闻类型相比，消息具有自身显著的特点：实、新、快、短。

（2）种类：按内容可以分为经济新闻、会议新闻、社会新闻、体育新闻、文娱新闻、教育新闻、政治新闻、科技新闻、军事新闻等;按篇幅可以分为长消息、短消息、简讯、一句话新闻、标题新闻等;按发生地可以分为国际新闻、国内新闻、地方新闻、本埠新闻等;按写作手法和结构可以分为动态消息、综合消息、评述消息、经验消息、人物消息、特写性消息、新闻公报等。

2. 消息的结构

消息的结构包括消息的内部构造及组合方式。

(1)内部构造:一般包括标题、导语、主体、背景和结尾。

(2)组合方式:指的是新闻报道的各种布局形式,即怎样把导语、主体、背景等基本零部件作有机的结合。对这五个部分的不同组合,可以形成消息的不同结构,主要有倒金字塔结构和金字塔结构。

(3)动态消息写作概要

动态消息是对新近发生的具有新闻价值的事实进行的迅速及时的报道,是最常用的消息品种之一。会议消息、预告消息一般都被看作动态消息。

(1)动态消息类别:第一类是对新近发生的单独事件所进行的全过程的报道,也称"完成式报道",西方新闻界称之为"纯新闻";第二类是对处于变动中的具有一定连续性的事件的报道,也称"进行式报道"或"连续报道";第三类是对即将发生的事实的报道,即"预告性新闻"。

(2)动态消息写作要领:动态消息更强调时效性;篇幅应短小、精悍,简明扼要;要精选材料,巧取角度;导语要开门见山,切忌套话;要善于抓动态,不仅能够从重大事件及活动中抓,而且能通过小事发现有价值的事实,还要善于从各种会议上获得新闻;连续报道要从多侧面、多角度报道,要反映新闻事件及新闻人物的变化、发展,要有"下回分解"。

4. 获奖作品赏析

中共中央党史研究室主任披露 7 常委参观《复兴之路》出行不封路①

本报讯(记者瞿凌云) 中共中央总书记习近平带领 6 位政治局常委和书记处同志,从中南海出发到国家博物馆参观《复兴之路》展览,沿途不封路,而是跟着社会车辆过来的。4 日,在我市市委会议中心的全市学习贯彻十八大精神研讨班上,十八大报告起草组成员、中央宣讲团成员、中共中央党史研究室主任欧阳淞在作辅导报告时,披露了这一细节。

巧的是,就在 4 日当天,中央政治局审议通过了改进工作作风密切联系群众的

---

① 选自《长江日报》2012 年 12 月 6 日。

"八项规定",出行不封路不清场,是其中重要一项。昨日,经媒体发布,这"八项规定"受到广泛关注和好评。

欧阳淞讲述,11月29日,习近平和中央政治局常委李克强、张德江、俞正声、刘云山、王岐山、张高丽等一起到国家博物馆参观《复兴之路》展览。作为这一展览主办单位的负责人之一,他当天上午在展览现场静候参观团队到来。

等待中,欧阳淞等接到中央办公厅电话,称习总书记已从中南海出发。从中南海到国家博物馆,欧阳淞说按感觉,车队大约只要5分钟就到了,可当天10分钟过去了,也没看到车队到达。

后来问了原因,原来一路上,习近平等一行的车队是随着社会车辆一起走的,沿途没有清道。

欧阳淞介绍,通常情况下,在北京行车如果清道封路,一般要留两股道,其中一股道让车队走,另一股道站着维持秩序的警察,"一旦清道封路,交通会变得较拥挤"。

"这虽是一次具体安排,一个小细节,但反映了新一届党中央集体良好的亲民作风",欧阳淞4日评价说。事实上,十八大闭幕以来中国政坛呈现的不少新气象,已持续成为社会关注的热点。

△评析:

一是新闻嗅觉灵敏,发现能力非凡。二是找出最新由头,强化新闻时效性。三是揭示深层意义,扩大舆论影响。四是小中见大,短小精悍,简洁明快。

(二) 课程重点、难点

引导学生回顾消息这种新闻文体的相关知识,以具体的实例提高学生的新闻鉴赏水平,通过朗读、分享、交流实践体会消息写作的方法和要领。

(三) 教学方法

案例教学、小组讨论、小组成果展示。

(四) 教学学时

2课时。

(五) 参考教材

(1)《新闻采访与写作》编写组. 新闻采访与写作 [M]. 北京:高等教育出版社, 2020.

（2）刘明华，等．新闻写作教程［M］．北京：中国人民大学出版社，2002.

（3）薛国林，等．新闻写作［M］．广州：暨南大学出版社，2013.

（4）张从明．全媒体新闻采写教程［M］．北京：北京大学出版社，2010.

（5）唐铮．新媒体新闻写作、编辑与传播［M］．北京：人民邮电出版社，2020.

（6）李兰．融合新闻写作［M］．杭州：浙江大学出版社，2016.

（7）刘宝全．新闻精品是这样才写成的［M］．北京：新华出版社，2017.

（8）［美］纳维德·萨利赫．新闻写作的艺术［M］．陶娟，译．北京：中国人民大学出版社，2013.

四、思政素材

此次课程思政素材主要来自 2012 年 12 月 4 日，中共中央政治局会议审议通过的《十八届中央政治局关于改进工作作风、密切联系群众的八项规定》，即"中央八项规定"（见图 1）。党的十八大以来，以习近平同志为核心的党中央以强烈的历史担当和顽强的意志品质，从制定和执行中央八项规定破题，严字当头、刀刃向内，坚定不移推进全面从严治党，解决了许多过去认为不可能解决的问题，党风政风和社会风气发生了全面深刻、影响深远、鼓舞人心的变化（见表 7）。

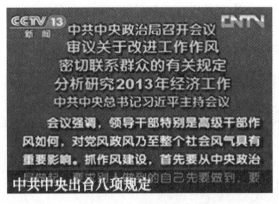

图 1　作风建设从中央做起

表7 思政素材核心内容

序号	内 容 摘 要	来　源
1	八项规定看似只是掀起官场风暴的一只蝴蝶，实则为执政党优化内部治理、提升执政能力的关键一招。 在党的作风建设史上，2012年12月4日，已成标志性节点。其时，中央政治局会议审议通过了改进工作作风、密切联系群众的八项规定，吹响了作风建设的集结号。"小切口"推动"大变局"三年"弹指一挥间"，党风政风为之一新，党心民心为之一振。	《八项规定"小切口"推动"大变局"》（2015年12月4日）
2	2015年12月4日，是八项规定出台三周年。截至今年10月31日，全国已累计查处违反中央八项规定精神问题104934起，处理人数138867人，其中，省部级干部7人，地厅级干部678人，县处级干部7389人，乡科级干部130793人。我们欣喜地看到，认真落实中央八项规定精神，已经使作风建设常态化、制度化……	《八项规定让党风政风为之一新》（2015年12月4日）
3	2012年12月4日，履新不到20天的中共中央政治局召开会议，审议并一致同意关于改进工作作风、密切联系群众的八项规定。这短短600多字的八条规定，被称作推进全面从严治党的第一把"手术刀"，"小切口"推动"大变局"。三年过去了，中央纪委监察部网站12月3日发布消息称：截至今年10月31日，全国已累计查处违反中央八项规定精神问题104934起。在八项规定实施的1000多个日日夜夜里，积跬步以至千里，积小流以成江海，"越往后执纪越严"已成为共识，党风乃至整个社会风气得到了极大扭转。	《八项规定三周年："越往后越严"成共识》（2015年12月4日）
4	十八大以来，以八项规定破题，推进全面从严治党。八项规定着眼于治理以往被认为"不是事儿"的细节、小节问题，对于转变党员干部行为方式和思维习惯有着特殊意义。更加严格地执行八项规定要求，巩固作风建设成果，同样需要重视解决党员领导干部的观念问题和心态问题，注意克服思维惯性和"路径依赖"造成的消极影响。	《别让陈旧"官念"消解作风建设成果》（干部状态新观察·八项规定三周年特别策划）（2015年12月7日）
5	党的十八大以来，中央八项规定精神落地生根、深入人心。面对正风肃纪的雷霆之势，"四风"问题得到有力整治，但仍存在隐形变异趋势。一些人心存侥幸，自以为高明，和监管部门玩起了"障眼法"，打起了"游击战"。对于这些改头换面、花样翻新的"四风"问题，相关部门及时跟进，各地频出实招，正风肃纪的监督网正越织越密，特别是"互联网+"、大数据等新技术的运用，成为反"四风"的新利器。	《纠"四风"新技术成新利器——看中央八项规定精神四年来如何落地生根》（2016年12月1日）

五、思政元素

此次课程通过消息文体写作知识的讲授和经典案例的分析，让学生深刻意识到新闻敏感性的养成离不开对国家思想政治建设深刻内涵的把握。党的"八项规定"精神以"小切口"推动"大变局"，其中还涉及对新闻报道与新闻文风建设的相关要求（见表8），引导学生牢牢把握正确舆论导向，敏锐捕捉社会焦点，揭示深刻内涵，扩大舆论影响，通过高质量的新闻报道弘扬社会主义新风尚。

表8 思政素材元素

思 政 主 题	思 政 元 素
要改进警卫工作	坚持有利于联系群众的原则
	减少交通管制，一般情况下不得封路、不清场闭馆
要改进新闻报道	中央政治局同志出席会议和活动应根据工作需要、新闻价值、社会效果决定是否报道
	进一步压缩报道的数量、字数、时长

六、教学安排

（1）介绍新闻消息的含义、特点、种类，消息的写作结构，以及动态消息的主要类别，阐释动态消息写作的基本方法。

（2）案例教学：在中国新闻奖的获奖案例中，选取有代表性的消息一等奖作品作为案例，指导学生通过案例剖析消息的写作要领，提升新闻写作的思想高度和写作水平。

（3）小组讨论：以4~5位学生为一组，选取相关新闻选题进行讨论，加强思想意识和写作能力。

（4）以小组展示的方式，每组派一位学生代表，讲解小组选题的内容、来源、写作框架和基本思路。

七、特色和创新点

（1）正向引导：此次课程采取了正向思政教育形式，选用中国新闻奖获奖作品中具有较高新闻敏感性和思想意识的报道，采用了"背景阐释→事件讲述→写作分析→意义阐释"正向引导的教课形式，先提出"新闻敏感"的问题，激发学生善于从平常的事件中敏锐捕捉其新闻价值，寻找报道的角度和切入点，培养对新闻线索的识别能力，以及对新闻事实的综合分析能力，其核心就是工作的责任心和社会责任感。

（2）互动启发：此次课程加入学生互动和师生互动双向环节，通过"学生寻找选题→集体讨论写作思路→现场交流汇报→老师指导评议→学生修改完善"的多次线上和线下互动，鼓励学生从校园生活中发现具有闪光点的人和事，从报道角度上寻求突破或另辟蹊径。通过"启发式""对话式""展示性"教学，不同小组之间交流选题、老师答疑解惑，不断加深学生对消息写作要领的掌握，在提升课程效用性的同时，也加强了学生的思政教育。

八、效果体现

（1）撰写体现思政教育成果的高质量新闻作品：鼓励学生关注思政教育相关问题，将思政教育内置于新闻写作的学习过程中，使学生在潜移默化中提高思想意识，形成站位高、角度新、眼光准、内涵深刻的新闻作品。

（2）小组课堂展示：对各小组最后完成的具有较高思政水平的新闻作品以朗读、讲述、阐释、对话等多元形式进行展现，增强学生将思政教育融入新闻写作的认同感和价值感。

"马克思主义新闻论著选读"课程思政案例

主讲教师：陈　妮

一、章节名称

第四章　马克思与恩格斯论新闻和新闻政策

二、课程目标

（1）知识目标："报刊具有自己的内在规律"。

对"新闻"的思考；

关于报刊的思考；

关于新闻政策的思考；

党报思想。

（2）能力目标：明确马克思和恩格斯对新闻上的思考以及总结出来的新闻思想。

（3）德育目标：新闻观是新闻工作者的精神方向、力量源泉，决定着新闻工作者的思想导向。可以说，有什么样的新闻观就有什么样的新闻舆论工作，任何新闻舆论工作都受一定的新闻观支配。我们党是马克思主义政党，这就决定了马克思主义新闻观是党的新闻舆论工作必须遵循的根本指南。

三、教学内容

（一）主要内容

1. "报刊具有自己的内在规律"

"要使报刊完成自己的使命，首先必须不从外部为它规定任何使命，必须承认它具有连植物也具有的那种通常为人们所承认的东西，即承认它具有自己的内在规律，这些规律是它所不应该而且也不可能任意摆脱的。"①

2. 对"新闻"的思考

变动产生新闻；

新闻的层次；

信息势能；

新闻时效。

3. 关于报刊的思考

报纸传播新闻的特点——"有机的报纸运动"；

处于变动中的报刊阶级性和党派性；

报刊与"人民"；

"公正惯例"；

报刊的监督职责；

报纸是工人的必要生活资料。

4. 关于新闻政策的思考

书报检查政策；

新闻出版自由政策；

新闻出版自由与法。

5. 党报思想

党的领导机构和党报都要遵循"党的精神"；

"党内自由发表意见"的原则；

党内思想斗争公开的原则。

（二）课程重点、难点

理解马克思和恩格斯在当时的社会环境中对报刊的理解，尤其是报刊的职能、意义和作用。

（三）教学方法

讲授教学、小组讨论与展示。

（四）教学学时

4 课时。

---

① 马克思恩格斯全集［M］. 北京：人民出版社，1995：397.

（五）参考教材

（1）本书编写组．马克思主义新闻观十二讲［M］．北京：高等教育出版社，2019.

（2）马克思恩格斯全集（第 1 卷）［M］．北京：人民出版社，1956.

四、思政素材

此次课程思政素材主要来自习近平总书记在党的新闻舆论工作座谈会上的重要讲话、习近平总书记在纪念马克思诞辰 200 周年大会上的重要讲话（见表 9）。

表 9　　　　　　　　　　　　　　思政素材核心内容

序号	内 容 摘 要	来 源
1	新闻舆论工作是管导向的，引领社会前进的方向。坚持马克思主义新闻观，管好自己的导向，激发工作的动力，才能做好党的新闻舆论工作。在革命建设改革各个历史时期，新闻舆论战线与党和人民同呼吸、与时代共进步，积极宣传党的主张、深入反映群众呼声、主动开展决策调研，发挥了十分重要的作用。	习近平总书记在党的新闻舆论工作座谈会上的重要讲话（2016年 2 月 19 日）
2	新闻舆论工作要根据事实来描述事实，不能根据愿望来描述事实。同时，要坚持马克思主义立场、观点、方法，搞清楚是个别事实还是总体事实，不仅要准确报道个别事实，而且要从宏观上把握和反映事件或事物的全貌。要把握好时度效，把原则性、政策性和灵活性、贴近性有机统一起来，讲究舆论引导策略、艺术和手法，用真理的力量说服人，用生动的事实教育人，更好地统一思想、扩大共识。	习近平总书记在党的新闻舆论工作座谈会上的重要讲话（2016年 2 月 19 日）
3	马克思主义始终是我们党和国家的指导思想，是我们认识世界、把握规律、追求真理、改造世界的强大思想武器。新时代，中国共产党人仍然要学习马克思，学习和实践马克思主义，高扬马克思主义伟大旗帜，不断从中汲取科学智慧和理论力量，更有定力、更有自信、更有智慧地坚持和发展新时代中国特色社会主义，让马克思、恩格斯设想的人类社会美好前景不断在中国大地上生动展现出来。	习近平总书记在纪念马克思诞辰 200 周年大会上的重要讲话（2018 年 5 月 4日）

序号	内 容 摘 要	来 源
4	马克思给我们留下的最有价值、最具影响力的精神财富，就是以他名字命名的科学理论——马克思主义。这一理论犹如壮丽的日出，照亮了人类探索历史规律和寻求自身解放的道路。马克思的思想理论源于那个时代又超越了那个时代，既是那个时代精神的精华又是整个人类精神的精华。马克思主义是科学的理论，创造性地揭示了人类社会发展规律。马克思主义是人民的理论，第一次创立了人民实现自身解放的思想体系。马克思主义是实践的理论，指引着人民改造世界的行动。马克思主义是不断发展的开放的理论，始终站在时代前沿。一部马克思主义发展史就是马克思、恩格斯以及他们的后继者们不断根据时代、实践、认识发展而发展的历史，是不断吸收人类历史上一切优秀思想文化成果丰富自己的历史。因此，马克思主义能够永葆其美妙之青春，不断探索时代发展提出的新课题、回应人类社会面临的新挑战。	习近平总书记在纪念马克思诞辰200周年大会上的重要讲话（2018 年 5 月 4 日）
5	对待科学的理论必须有科学的态度。理论的生命力在于不断创新，推动马克思主义不断发展是中国共产党人的神圣职责。我们要坚持用马克思主义观察时代、解读时代、引领时代，用鲜活丰富的当代中国实践来推动马克思主义发展，用宽广视野吸收人类创造的一切优秀文明成果，坚持在改革中守正出新、不断超越自己，在开放中博采众长、不断完善自己，不断深化对共产党执政规律、社会主义建设规律、人类社会发展规律的认识，不断开辟当代中国马克思主义、21 世纪马克思主义新境界。	习近平总书记在纪念马克思诞辰200周年大会上的重要讲话（2018 年 5 月 4 日）

五、思政元素

此次课程通过对马克思和恩格斯对新闻的理解和思考能较为清晰地看到马克思主义体现在新闻发展当中的观点。同时，对于我国新时代中国特色社会主义的发展来说，需要将马克思、恩格斯的观点在继承的基础上，根据中国的实际国情继续的发展和创新（见表10）。

表10   思政素材元素

思 政 主 题	思 政 元 素
历史中的马克思、恩格斯的新闻观与新时代的马克思主义新闻观	新时代下，马克思主义新闻观对大学生新闻思想的指导
	新时代下，马克思主义新闻观对大学生职业精神的引领
	新时代下，马克思主义新闻观对大学生实现新闻社会功能的指导

六、教学安排

讲授教学：对马克思和恩格斯在办报过程中所提炼出来的新闻思想进行全方位的讲解，让学生有较为立体的认知。

小组讨论：马克思和恩格斯的新闻思想对当下我们做新闻工作的启示？

小组展示的方式：每组派一位学生代表，讲解小组的内容。

七、特色和创新点

（1）以史为鉴：对马克思和恩格斯新闻思想的历史分析与解读，是让学生能更加清楚地了解马克思和恩格斯新闻思想的产生背景和因由。同时，放眼当下中国正处于新时代中国特色社会主义的发展阶段，作为新时代的新闻工作者我们应该如何建构新闻价值观和以怎样的职业精神来实现新闻对党、对人民和社会的功能和作用。

（2）激励教育：每组共有10~15分钟小组展示时间，在讨论中让同学们相互学习。

八、效果体现

激发学生对自身职业使命和责任的思考：有部分学生在上完课程后，能够主动思考；作为未来的新闻人，应该以怎样的价值观来看待事物，应该如何来实现新时代赋予新闻工作者的使命和社会责任？激发他们在未来不论是在学习还是在工作中，应该如何为党、为人民服务？

"新闻学概论" 课程思政案例

主讲教师：陈　妮

一、章节名称

第四章　新闻媒体

第三节　媒体融合发展

二、课程目标

（1）知识目标：媒体融合发展背景、媒体融合发展状况、媒体融合发展途径以及媒体融合发展趋势。

（2）能力目标：对媒体融合有一个全面的认知，能跟进当前媒体融合的发展的状态，同时能适应媒体融合的新闻工作环境。

（3）德育目标：从媒体融合的角度深入理解我国媒介生态环境的发展现状和发展趋势，以社会主义核心价值观和马克思主义新闻观为指导，在媒体融合环境下，积极实现时代赋予新闻工作者的职责和使命。

三、教学内容

（一）主要内容

1. 媒体融合发展的背景

（1）媒体融合的提出：

一般认为媒体融合这一概念源于美国，例如尼古拉斯·尼葛洛庞蒂、伊契尔·索勒·普尔等人的学说。

（2）媒体融合的界定：

媒体融合的含义有广义和狭义之分。狭义的概念：指将不同的媒介形态"融合"在一起，会随之产生"质变"，形成一种新的媒介形态。广义的概念：包括一切媒介及其有关要素的结合媒介功能、传播手段、所有权、组织结构等。

2. 媒体融合发展状况

（1）1995—2004年，传统媒体的触网阶段。这一时期传统媒介仍占据主流地位，电子版与新闻网站仅仅是媒体拓宽传播渠道、扩大影响力的手段之一。

（2）2005—2013年，传统媒体逐渐打破与新媒体的界限，实现融合。开设微博、微信、客户端等新媒体产品与传统媒体进行深度互动是这一时期媒介融合的主要形式（微融合阶段）。

（3）2014年至今，媒介融合朝纵深方向发展。其主要特征是传统媒体和新媒体的融合从内容、平台发展到产业上的融合。

3. 媒体融合发展途径

以深度融合为核心；

以先进技术为支撑；

以内容建设为根本；

以人才培养为保障。

4. 媒体融合的新技术应用趋势

人机结合：人的优势与技术优势的结合。

融合困境：伦理困境、法律困境。

（二）课程重点、难点

理解媒体融合的提出、媒体融合的界定、为什么要推进媒体融合、怎么去发展媒介融合以及媒体融合的发展趋势。

（三）教学方法

案例教学、小组成果展示。

（四）教学学时

4课时。

（五）参考教材

（1）[加]马歇尔·麦克卢汉. 理解媒介：论人的延伸[M]. 何道宽，译. 北京：

中国人民大学出版社，2003.

（2）［英］尼克·库尔德利．媒介、社会与世界：社会理论与数字媒介实践［M］．何道宽，译．上海：复旦大学出版社，2017.

（3）［美］比尔·科瓦奇，汤姆·罗森斯蒂尔．真相：信息超载时代如何指导该相信什么［M］．陆佳怡，孙志刚，刘海龙，译．北京：中国人民大学出版社，2014.

四、思政素材

此次课程思政素材主要来自《关于推动传统媒体和新兴媒体融合发展的指导意见》、习近平总书记在主持中央政治局第十二次集体学习、中共中央政治局在人民日报社就全媒体时代和媒体融合发展举行第十二次集体学习（见表11）。

表11 思政素材核心内容

序号	内 容 摘 要	来 源
1	习近平强调，全媒体不断发展，出现了全程媒体、全息媒体、全员媒体、全效媒体，信息无处不在、无所不及、无人不用，导致舆论生态、媒体格局、传播方式发生深刻变化，新闻舆论工作面临新的挑战。我们要因势而谋、应势而动、顺势而为，加快推动媒体融合发展，使主流媒体具有强大传播力、引导力、影响力、公信力，形成网上网下同心圆，使全体人民在理想信念、价值理念、道德观念上紧紧团在一起，让正能量更强劲、主旋律更高昂。	中共中央政治局在人民日报社就全媒体时代和媒体融合发展举行第十二次集体学习（2019年1月25日）
2	习近平强调，推动传统媒体和新兴媒体融合发展，要遵循新闻传播规律和新兴媒体发展规律，强化互联网思维，坚持传统媒体和新兴媒体优势互补、一体发展，坚持先进技术为支撑、内容建设为根本，推动传统媒体和新兴媒体在内容、渠道、平台、经营、管理等方面的深度融合，着力打造一批形态多样、手段先进、具有竞争力的新型主流媒体，建成几家拥有强大实力和传播力、公信力、影响力的新型媒体集团，形成立体多样、融合发展的现代传播体系。要一手抓融合，一手抓管理，确保融合发展沿着正确方向推进。	习近平主持召开中央全面深化改革领导小组第四次会议（2014年8月18日）

续表

序号	内容摘要	来源
3	习近平指出，推动媒体融合发展，要坚持一体化发展方向，通过流程优化、平台再造，实现各种媒介资源、生产要素有效整合，实现信息内容、技术应用、平台终端、管理手段共融互通，催化融合质变，放大一体效能，打造一批具有强大影响力、竞争力的新型主流媒体。要坚持移动优先策略，让主流媒体借助移动传播，牢牢占据舆论引导、思想引领、文化传承、服务人民的传播制高点。要探索将人工智能运用在新闻采集、生产、分发、接收、反馈中，全面提高舆论引导能力。要统筹处理好传统媒体和新兴媒体、中央媒体和地方媒体、主流媒体和商业平台、大众化媒体和专业性媒体的关系，形成资源集约、结构合理、差异发展、协同高效的全媒体传播体系。要依法加强新兴媒体管理，使我们的网络空间更加清朗。 习近平强调，要抓紧做好顶层设计，打造新型传播平台，建成新型主流媒体，扩大主流价值影响力版图，让党的声音传得更开、传得更广、传得更深入。要旗帜鲜明坚持正确的政治方向、舆论导向、价值取向，通过理念、内容、形式、方法、手段等创新，使正面宣传质量和水平有一个明显提高。主流媒体要及时提供更多真实客观、观点鲜明的信息内容，掌握舆论场主动权和主导权。要从维护国家政治安全、文化安全、意识形态安全的高度，加强网络内容建设，使全媒体传播在法治轨道上运行。要全面提升技术治网能力和水平，规范数据资源利用，防范大数据等新技术带来的风险。	中共中央政治局在人民日报社就全媒体时代和媒体融合发展举行第十二次集体学习（2019年1月25日）

五、思政元素

此次课程通过对媒体融合知识的讲授，让学生明确我国媒体融合发展的状态和要求，厚植习近平总书记关于媒体融合发展的理念，引导学生在面临新的环境和新的挑战下，旗帜鲜明坚持正确的政治方向、舆论导向、价值取向，通过理念、内容、形式、方法、手段等来创新（见表12）。

表 12   思政素材元素

思 政 主 题	思 政 元 素
媒体融合与大学生的思维转换	大学生的媒体实践：技术融合
	大学生的媒体思维：互联网思维
	大学生的媒介使用：网络环境安全与网络风险

六、教学安排

案例教学：主流媒体的融合形态。

案例：《人民日报》和腾讯联手为祝新中国成立 70 周年设计的公益手机主旋律游戏《家国梦》。

案例：新华社《中国为什么能》。

案例：澎湃新闻《天渠——一位村支书的三十六年修渠记》。

小组作业：

作业 1：技术对新闻媒介和社会发展的影响。

作业 2：在深度融合过程中，新闻事业有哪些变化？

小组展示：每组派一位学生代表，讲解小组选题的内容、来源、研究方法和意义。

七、特色和创新点

（1）以学生为主：我国目前正处于媒体深度融合时期，媒体融合的发展变化实际上学生都在真实经历，因此，此次课程首先由学生自己提出自身对当前媒体的认知和体验，从感知出发然后再由教师引导上升到理性和学理认识，这样有利于学生将理论与实际结合理解。

（2）竞争教育：此次课程以 4~5 位学生为一组，共计 15 小组。每组共有 10~15 分钟小组展示时间，全部展示后会由全班同学讨论并评出最优。通过竞争教育，激发学生的学习潜力和激情。

八、效果体现

有部分学生在上完课程后，对相关主题表现出积极的兴趣，并希望能从中找出选题来撰写相关的学术论文。

"中国新闻事业史" 课程思政案例

主讲教师：陈　妮

一、章节名称

第三章　民初及北洋政府时期的新闻事业

第三节　"五四"新文化运动与报刊新阵线

二、课程目标

（1）知识目标：陈独秀、李大钊的办报活动；毛泽东、周恩来的早期办报活动；新文化运动中的新闻变革。

（2）能力目标：明确五四运动对国人思想觉醒的重要性，以及新闻在其中所起到的作用。

（3）德育目标：五四运动饱含着崇高的爱国情怀和革命精神。五四运动，以彻底反帝反封建的革命性、追求救国强国真理的进步性、各族各界群众积极参与的广泛性，推动了中国社会进步，促进了马克思主义在中国的传播，促进了马克思主义同中国工人运动的结合，为中国共产党成立做了思想上干部上的准备，为新的革命力量、革命文化、革命斗争登上历史舞台创造了条件，是中国旧民主主义革命走向新民主主义革命的转折点，在近代以来中华民族追求民族独立和发展进步的历史进程中具有里程碑意义。

三、教学内容

（一）主要内容

1.《新青年》及其主编陈独秀

（1）《新青年》及其主编陈独秀。

《新青年》，1915年9月15日在上海创刊。《新青年》是中国新文化运动兴起的标志。《新青年》经历了两个发展阶段：

①陈独秀主撰阶段（1915年9月至1917年12月）编辑部同人轮流主编阶段（1918年1月至1920年5月）。

②中国共产党上海发起组机关刊物阶段（1920年9月至1922年7月）。

（2）新文化运动中的《新青年》。《新青年》发动了一场以反对旧道德提倡新道德、反对旧文学提倡新文学为主要内容的新文化运动，并在这场新文化运动中始终是主要阵地。

它的宣传内容主要有以下三个方面：

提倡自由民主，反对封建礼教，开展批孔运动；提倡科学，反对迷信；发起文学革命运动。

（3）李大钊揭开宣传马克思主义的新一页。李大钊最早歌颂俄国十月革命，发表了《法俄革命之比较观》《庶民的胜利》等。

《新青年》日益倾向社会主义。除《新青年》外，国内其他报刊也出现了宣传马克思主义的文章。

2. 新的报刊宣传阵线的形成

（1）《每周评论》的创办。在新文化运动的思想影响下，一个新的报刊宣传阵线应运而生。《每周评论》① 是其中最有影响的报纸之一，与《新青年》互相配合，将新文化运动推向新的发展阶段。

（2）报刊对五四运动的宣传报道。

（3）进步学生报刊的纷起。五四运动前后，进步学生报刊如雨后春笋般生长起来，影响较大的有毛泽东主编的《湘江评论》②、周恩来主编的《天津学生联合会报》③。

（4）新旧思潮在报刊上的激战。

（二）课程重点、难点

理解"五四"新文化运动的缘由、发展过程和意义，新的报刊宣传阵线的形成。

---

① 《每周评论》，1918年12月22日北京创刊，是陈独秀、李大钊等《新青年》同人为适应新的形势而创办的一份时事政治评论报纸。

② 《湘江评论》1919年7月14日创刊于长沙，湖南学生联合会机关报，由毛泽东主编；该报是一张4开4版的小型周报，新闻、评论全部用白话文写作，以述评为主。

③ 《天津学生联合会报》1919年7月21日创刊，天津学生联合会机关报，周恩来任主编。该报为对开大张日报，有时还发行号外，以评述为重点。

（三）教学方法

讲授教学、小组讨论与展示。

（四）教学学时

4 课时。

（五）参考教材

（1）方汉奇，丁淦林．中国新闻传播史［M］．北京：中国人民大学出版社，2014.

（2）丁淦林．中国新闻事业史［M］．北京：高等教育出版社，2002.

（3）方汉奇，张之华．中国新闻事业简史［M］．北京：中国人民大学出版社，1995.

四、思政素材

此次课程思政素材主要来自"纪念五四运动 100 周年大会上的讲话"（见表 13）。

表 13　　　　　　　　　　　　　思政素材核心内容

序号	内 容 摘 要	来　源
1	五四运动，爆发于民族危难之际，是一场以先进青年知识分子为先锋、广大人民群众参加的彻底反帝反封建的伟大爱国革命运动，是一场中国人民为拯救民族危亡、捍卫民族尊严、凝聚民族力量而掀起的伟大社会革命运动，是一场传播新思想新文化新知识的伟大思想启蒙运动和新文化运动，以磅礴之力鼓动了中国人民和中华民族实现民族复兴的志向和信心。	纪念五四运动 100 周年大会上的讲话（2019 年 4 月 30 日）
2	五四运动以全民族的力量高举起爱国主义的伟大旗帜。五四运动，孕育了以爱国、进步、民主、科学为主要内容的伟大五四精神，其核心是爱国主义精神。爱国主义是我们民族精神的核心，是中华民族团结奋斗、自强不息的精神纽带。五四运动时，面对国家和民族生死存亡，一批爱国青年挺身而出，全国民众奋起抗争，誓言"国土不可断送、人民不可低头"，奏响了浩气长存的爱国主义壮歌。 历史深刻表明，爱国主义自古以来就流淌在中华民族血脉之中，去不掉，打不破，灭不了，是中国人民和中华民族维护民族独立和民族尊严的强大精神动力，只要高举爱国主义的伟大旗帜，中国人民和中华民族就能在改造中国、改造世界的拼搏中迸发出排山倒海的历史伟力！	

序号	内 容 摘 要	来　　源
3	五四运动以全民族的行动激发了追求真理、追求进步的伟大觉醒。五四运动前后，我国一批先进知识分子和革命青年，在追求真理中传播新思想新文化，勇于打破封建思想的桎梏，猛烈冲击了几千年来的封建旧礼教、旧道德、旧思想、旧文化。五四运动改变了以往只有觉悟的革命者而缺少觉醒的人民大众的斗争状况，实现了中国人民和中华民族自鸦片战争以来第一次全面觉醒。经过五四运动洗礼，越来越多中国先进分子集合在马克思主义旗帜下，1921年中国共产党宣告正式成立，中国历史掀开了崭新一页。 历史深刻表明，有了马克思主义，有了中国共产党领导，有了中国人民和中华民族的伟大觉醒，中国人民和中华民族追求真理、追求进步的潮流从此就是任何人都阻挡不了的！	纪念五四运动100周年大会上的讲话（2019年4月30日）
4	新时代中国青年运动的主题，新时代中国青年运动的方向，新时代中国青年的使命，就是坚持中国共产党领导，同人民一道，为实现"两个一百年"奋斗目标、实现中华民族伟大复兴的中国梦而奋斗。	

五、思政元素

此次课程通过对"五四"新文化运动知识的讲授，让学生明确我国青年的爱国主义思想、革命思想。中国青年要树立对马克思主义的信仰、对中国特色社会主义的信念、对中华民族伟大复兴中国梦的信心，到人民群众中去，到新时代新天地中去（见表14）。

表14　　　　　　　　　　　　　　　思政素材元素

思 政 主 题	思 政 元 素
历史中的"青年"与新时代的青年	新时代中国青年要树立远大理想
	新时代中国青年要热爱伟大祖国
	新时代中国青年要担当时代责任
	新时代中国青年要勇于砥砺奋斗
	新时代中国青年要练就过硬本领
	新时代中国青年要锤炼品德修为

六、教学安排

讲授教学：对"五四"新文化运动的历史发展的事件、人物、期刊、意义等方面进行全方位的讲解，让学生有较为立体的认知。

小组作业：分析五四时期的新闻变革？它与社会发展之间的关系是什么？

每组派一位学生代表，讲解小组选题的内容和意义。

七、特色和创新点

（1）以史为鉴：对"五四"新文化运动的历史分析与解读，是让学生能更加清楚地了解中国当时的青年思想进步以及对国家和社会发展所起到的重要作用。同时，放眼当下中国正处于新时代中国特色社会主义的发展阶段，作为新时代青年同样需要为实现祖国的繁荣昌盛和民族的伟大复兴而作出自己的贡献。

（2）竞争教育：此次课程以 4~5 位学生为一组，共计 15 小组。每组共有 10~15 分钟小组展示时间，全部展示后会由全班同学讨论并评出最优。通过竞争教育，激发学生的学习潜力和激情。

八、效果体现

激发学生对现实的思考：有部分学生在上完课程后能够主动思考，作为青年一代，应该怎么更好地学习专业知识、增强自己的能力。由此激发他们在未来不论是在学习还是在工作中，应该如何更好地发挥自己作用的思考。

"广告学概论" 课程思政案例

主讲教师：胡远珍

一、章节名称

第三章　广告的功能价值
第三节　广告的文化价值

二、课程目标

（1）知识目标：了解广告文化传播的主要方式；理解广告文化的内涵、广告文化的功能价值。

（2）能力目标：能够正确认识和理解广告文化传播与其他文化传播区别的基础上，结合案例分析广告文化传播对企业、受众、社会的功能作用；让学生通过公益广告、企业品牌形象广告的案例分享与评析，培养和提升学生能够挖掘文化资源元素，尤其是中国传统文化符号元素进行创意传播的实践能力。

（3）思政目标：结合广告文化内涵的知识点，通过典型案例分析，让学生深刻懂得广告作为一种文化传播形态，不仅反映企业的品牌文化、企业形象；也体现社会的文化心理、文化价值导向。公益广告是体现广告文化功能价值的最典型的一种广告形态，通过不同类型公益广告的鉴赏，能培养学生对于家国情怀、自强不息、友爱互助、文明礼貌、良好家风、爱岗敬业等文化价值内涵的真切认识和理解，促使其做一个有理想、有抱负、真实干、善创造的有为青年。

三、教学内容

（一）主要内容

1. 广告的文化属性

文化是知识、信仰、艺术、道德、法律、风俗、习惯等的总和。文化的形态多种多样，按照不同的参照划分，有东方文化与西方文化、传统文化与现代文化、精英文化与大众文化、城市文化与乡村文化等，不同的文化形态，有不同的文化内涵和外延。作为意识形态的文化，是知识、信仰、艺术、道德、法律、风俗、习惯等意识的总和。

广告是一种文化，广告传播是一种文化传播，作为具有文化属性的广告，核心在于通过各种文化创意传播，也体现着观念形态性和文化价值。

2. 广告文化传播的主要方式

（1）公益广告。公益广告，顾名思义，就是为了社会公众利益而做的广告，与政治和政策以及社会的文明发展、文化心理密切相关。它取材广泛，短小精悍，寓意深刻，通俗易懂，富有震撼性和感召力，可以使社会主义核心价值观和各项方针政策的宣传大众化、通俗化、形象化，便于入耳入脑入心。公益广告本身就具有意识形态性。如"中华好风尚"系列公益广告、反腐倡廉公益广告、环境保护公益广告等。

公益广告通过艺术的表现手法，针砭时弊，启迪世人，唤醒人们内心深处最纯、最美的情感，引导人们向善、向美，弥补现代社会中物质文明和精神文明脱离、错位所造成的裂痕。公益广告的魅力和优势在于"润物细无声"，可以起到"成教化，助人伦""足以启人之高志，发人之浩气"的作用，被誉为广告传播中的"一片绿洲"。

从总体上看，长期以来，我国的公益广告宣传党的方针政策，赢得了民心，净化了社会风气，提升了全民的文明素养，取得了良好的效果。

②企业公益（形象）广告。现代企业的生存与发展，归根到底取决于企业的文化发展，并且会通过各种传播方式向社会大众传递。其中，企业公益广告、品牌形象广告、企业形象广告是三种基本类型。

企业公益广告是企业传递某种符合主流文化价值、积极向上的社会文化观念、健康文明的生活方式的广告形态，这种广告体现了企业的社会文化参与，是企业社会责任的一种表现，如哈药企业的《妈妈，洗脚》公益广告。

企业品牌形象广告是企业通过传递品牌主张、品牌价值，塑造品牌文化和形象的广告，这种广告形态是一种商业广告，大多是一种软性情感诉求广告，如 Timberland 的品牌广告《踢不烂，用一辈子去完成》。

企业形象广告是企业通过企业宣传片、微电影、短视频等多种形式，传递企业发展使命、经营理念、文化价值等的广告，如台湾大众银行形象广告《梦骑士》。

3. 广告文化的功能价值

广告文化的功能价值，可以从不同的维度、不同的面向进行认识和理解。

①企业文化方面。企业的广告在追求商业目的的同时，本身蕴含着某种观念和文化价值。广告传播在传递商业信息、推销商品和服务的同时，必然又体现出一定的文

化信息和内涵：或倡导一种生活方式，或宣扬一种价值观念，或演绎一种思想意识，尽管体现得很间接、曲折，却仍是不难识别的。广告传播巧妙地使受众一方面接受它所推崇的商品和服务，另一方面也使受众认同广告传播所推崇或主张的、具有确定文化意义的生活方式和生活观念。正是广告从内容到形式所含有的或多或少、或显或隐、或直接或间接的文化信息，使其在传播过程中，给人们思想行为和社会精神文化带来深刻影响，从消费直至审美，成为一种大众性的商业文化现象。

企业通过广告，特别是企业公益广告、品牌广告、形象广告，或传播品牌价值，形成消费者的品牌文化价值认同；或贴合受众文化心理，创造一种时尚文化消费方式；或传递企业文化精神，赢得良好的社会声誉，提升企业形象。

②受众消费方面。广告通过各种传播媒介给提供了大量的商品信息，使受众有了更多的选择和比较；通过广告创意传播使企业的产品（品牌）和服务获得消费者的认可，从而唤起其潜在的消费欲望，调动了消费者的消费兴趣和欲求，改变了消费者原有的消费观念和消费方式，这也意味着生活方式的变化。

很多时候，在传播、普及新的社会生活观念的过程中，尤其是在对社会公众的"示范作用"上，广告要比其他形式的宣传更直接、更生动、更有效率。如雀巢咖啡凭借广告成功地打入中国市场，成为许多中国家庭的时尚饮品。

③社会文化方面。广告介入社会文化的建构已经成为不争的事实。例如，公益广告通过对社会丑陋现象的抨击、对美好道德风尚的倡导，主动参与和谐社会和健康文化的建构。商业性广告倡导的价值观和生活态度影响着消费者，起到引领社会时尚消费文化、推行某种观念或者改变社会生活行为的作用。

从信息论角度看，广告传播不仅仅是商业信息，还包括文化信息，如价值观念信息、社会规范信息、审美信息等。正是广告信息中的价值观念、生活方式、社会准则、道德规范等潜在的文化信息和内涵给人以长时间的浸染，从而潜移默化地对社会文化产生了深刻的影响。广告对社会文化的影响表现为两大方面：

其一，传播有关价值观念、生活理念。广告在传递商业信息的同时，实际上也在自觉或不自觉地创造着或传播着某种价值观念，总与某种生活理念相联系。这些价值观念、生活理念对受众的社会心理有着强有力的影响。人们接受广告的同时，也接受广告所传达和提倡的观念和理念。这种具有文化内涵的广告既突出了产品的品牌形象，又传达了一种精神文化，无疑对社会文化的建构发挥着积极的作用。

其二，倡导一定的行为准则和行为规范。广告要影响受众，就要用受众乐于接受的方式来诉求，引导受众接受广告所传达和提倡的生活方式，这当中必然包含许多为社会所承认的社会准则和行为规范，对受众的社会行为（包括消费行为和非消费行为）产生强有力的影响，受众在接受广告的同时，也接受一定的行为准则和规范。

"全心全意小天鹅""海尔真诚到永远"这些极具特色的文化理念，所提倡的就是全心全意、至真至诚为顾客服务的宗旨和行为准则。一旦这些理念与品牌塑造及企业形象塑造相结合，即赋予了品牌和企业形象以深厚的文化底蕴。

广告传播通过提供"行为范本"，供人模仿，进而引导人们的社会行为规范。美国社会学家罗斯的模仿学认为，模仿是人类行为基础的社会过程、人类最基本的改造，必须通过模仿才能完成。因此，模仿遍布于整个社会之中。在广告传播中，广告模特的一言一行、一举一动无不向人们提供各种"示范"，供人们模仿。如在有些电视广告中常常出现这样的镜头：子女向长辈、父母赠送精美的礼物，一家人和和睦睦地在一起分享一份温馨、一份和谐……这里就表现出孝敬父母、尊敬老人的传统美德，提倡的则是家庭的和睦与文明。通过对广告模特的模仿，人们从中学习到了受社会认可的行为规范。

（二）课程重点、难点

（1）课程重点：以批判性的辩证思维正确认识和理解广告文化价值的正向功能和负面功能；警惕企业广告借文化之名，实为商业利益之驱。

（2）课程难点：学生利用所学关于告文化知识，挖掘传统文化资源元素，进行广告文化创意的实践能力。

（三）教学方法

案例教学、小组优秀公益广告分享与评析、小组广告文化创意成果展示。

（四）教学学时

课堂教学 2 课时；课后小组拓展学习（公益广告案例收集、讨论与分析）。

四、课程思政资源

（一）思想资源

《习近平关于社会主义文化建设论述摘编》，中共中央党史和文献研究院编。
（出版时间：2017 年 10 月）
【内容简介】习近平同志围绕社会主义文化建设发表的一系列重要论述，立意高远，内涵丰富，思想深刻，对于巩固马克思主义在意识形态领域的指导地位，巩固全党全国人民团结奋斗的共同思想基础，加快建设社会主义文化强国，提高国家文化软实力，坚定文化自信，推动物质文明和精神文明均衡发展、相互促进，夺取全面建成小康社会决胜阶段的伟大胜利，实现"两个一百年"奋斗目标、实现中华民族伟大复兴的中国梦，具有十分重要的指导意义。

（二）学术资源

（1）王云. 公益广告四十年［M］. 上海：上海书店出版社，2011.

（2）陶丽，家国梦.《春节回家》系列公益广告的家庭图景与国家认同［J］. 新闻知识，2014（9）.

（3）吴来安. 图像意指场景——基于电视公益广告符号传播变迁的思考［J］. 新闻大学，2019（6）.

（4）吴来安. 从家国理想到价值引导：中国现代公益广告的源起［J］. 现代传播，2019（7）.

（5）王含笑. 企业发布公益广告的商业性探究［J］. 经济与社会发展，2020（3）.

（三）媒体资源

（1）公益广告精神文明的响亮品牌［N］. 人民日报，2016-07-21.

（2）传播创新：有"屏"的地方，就有公益广告［N］. 中国新闻出版广电报，2017-05-24.

（3）公益广告应成为构建国家文化软实力的重要抓手［N］. 光明日报，2018-07-05.

五、课程思政典型案例

（一）公益广告

1. 中央电视台《春节筷子篇》①

央视马年春节公益广告《筷子篇》创作纪实

筷子，不光是我们每一个中国人共同的饮食工具，它还是一个含蓄的中国人表达

---

① 案例来源：中央电视台，http：//1118. cctv. com/20140201/103706. shtml。

情感与爱很重要的工具。我们把视角对准餐桌上的普通中国人，用筷子这个元素，表达出"教会感恩、学会分享"的含义。一双筷子里面，浓缩了全球华人最深邃的爱意与情感。

《筷子篇》由麦肯光明广告有限公司拍摄制作。在央视马年春晚中，公益广告《筷子篇》亲情亮相，在除夕团圆夜传递中国情感，弘扬中国文化，打动亿万华人。

创意如何产生？

在春节这样一个特殊的时间窗口，什么样的公益广告才能让全国观众产生情感的高度共鸣？

……

背后的故事不简单！

为了更精准地传递筷子的含义，在执行的前期阶段，创意执行团队专门采访了筷子博物馆的专家，还补习了很多关于筷子习俗的专业知识。中央电视台广告经营管理中心专门请来中国人民大学哲学院牛宏宝教授和国学院李萌昀博士，和创意团队一起考证筷子使用的合理性。

在《筷子篇》公益广告的拍摄中，有许多趣味的瞬间打动了我们，当几个月的孩子在尝试筷子上蘸的味道的时候，那个瞬间让人明白了什么是一个民族文化的传承；当2岁多的孩子在镜头面前笨拙的学习拿筷子的时候，那种渴望的情绪是那么地温馨，正是这些平常生活中会发生的片段让人感动！

……

《筷子篇》公益广告在黑龙江、四川、福建、北京、上海等地拍摄，用筷子体现了不同地域人们生活中的共同情感。在这个过程中，每一个参与的人也重新感受到中国文化与情感中的非凡魅力!

2. "中华好风尚"平面广告

(二)企业(品牌)形象广告

1. 台湾大众银行《骑士》广告

《梦骑士》广告是大众银行的系列作品之一,还有《母亲的勇气》与《马校长的合唱团》两篇,《梦骑士》是三部中影响最大的作品。

《梦骑士》改编自一部名为《不老骑士》的台湾电影,它由真实故事改编,普通又平凡的人是故事的主角,这恰好契合大众银行"大众"的定位。

广告一开始便是一句意味深长的"人为什么活着",昏暗的隧道仿若人生的旅程,令人彷徨。接下来镜头在几位老人的生活场景中切换,家人和朋友的离去,病痛的缠身,这些就像是旅途到达终点前最后的颠簸。之后影片基调一转,沉重舒缓的背景音乐切成欢快的民族曲风,形成强烈反差,几个人的故事开始出现交集。随着猛然一声"去骑摩托车吧!"紧接着背景音乐切换为激昂的"On Your Mark",尘封的记忆被打开。老人坚毅的目光伴随着新的希望,挣脱日常的束缚,摩托车驶出隧道,明亮的影调代替昏暗,带着对友人和爱人的思念,以及对过去和未来怀念与憧憬,梦骑士们开始了新的征程。

镜头语言运用也很有特色,全景中景近景和特写交替闪过,几个老人为了曾经和现在的梦想不懈努力,那是一份约定,是不辜负人这一生的约定。通过不断的蒙太奇切换升华主题,音乐转为舒缓,但观众的内心却久久不能平静。呐喊、奔跑、大海、夕阳并不意味着故事的结束。在旅途的尽头,几个骑士终于找到了人为什么活着的答案,那其实是一开始就存在于心中的梦想。

广告中的文案也恰到好处。贯穿始终的旁白是几位老人发自内心的声音,在同观众对话,时刻扣动着人们的心弦,也让观众有很强的代入感,对老人们谱写的"老当益壮"人生寻梦之旅产生了深深的共情。

2. 哈药六厂《妈妈,洗脚》广告

哈药六厂的公益广告"洗脚篇",讲述一个小孩子看见自己的妈妈在给他的奶奶洗脚,于是有一天在妈妈辛苦下班回家的时候,孩子吃力地端着一盆水,对妈妈说,"妈妈洗脚"。

这则电视公益广告可以说是好的家风传承的优秀广告,通过孩子天真无邪的眼睛,看到妈妈为奶奶洗脚,在孩子幼小的心灵播下了爱心、孝心的种子,孩子给母亲洗脚这样一件普通的事,却揭示了"身传重于言教"的道理。广告朴实无奇,故事中情节简单,却感动了无数人,唤醒了很多人,引发为父母洗脚,表达爱心、孝心的热潮。

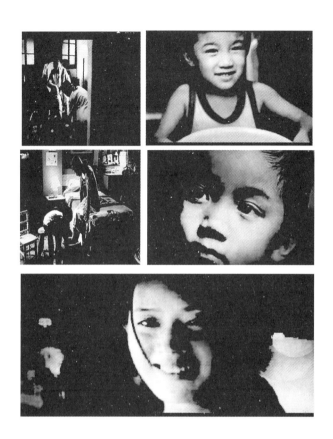

一则好的电视公益广告首先是能够吸引人、打动人的广告，同时，企业传递的文化价值观导向，也赋能提升企业社会美誉度。

六、教学安排

（1）讲授文化与广告文化的内涵、广告文化传播的方式，以提问的方式，引导学生理解广告的功能价值。重点讲授公益广告，通过对公益广告的概念、传播内容、形式等的讲解，使学生了解、认识公益广告的本质特征。公益广告具有多元丰富的主题，如向善、孝心、友爱、家风、奉献、道德、法治、环保、反腐等，对这些内容进行解析，以培养学生文明礼貌、互助友爱、遵纪守法、热爱学习、严于律己的优秀品质。

（2）案例教学：选取有代表性的公益广告、企业（品牌）形象广告作品，结合广告文化相关知识点，通过分析讲解、提问讨论，引导学生认识和理解广告文化的本质特征以及具体表现形态，力求达到知识传授与价值引领相结合，在潜移默化中，让学生的思想认识、情感态度得到升华。

（3）小组讨论：以4~5位学生为一组，进行优秀公益广告的选取、讨论、分析，制作PPT，利用课堂十分钟向全班同学分享、评析，实现自我教育。

（4）成果展示：以小组的方式，利用业余时间，根据创意主题，对中国传统文化符号元素进行选择、组合、运用，创意制作不同主题的公益广告，进行课堂展示、互动讨论。

七、特色和创新点

（1）知识传授、价值引领、能力培养有机结合，三位一体。教师根据教学目标，将课堂教学与课堂外拓展学习有效对接，极大地扩容课堂教学空间，形成了教学张力，达到了知识理解—知识应用—知识转化的育才、育人的双向教学效果。

（2）运用以案例教学为主多种方式并举的教学方式。在教学过程中，教师充分利用各种教学资源，以问题为导向，通过"启发式"互动教学，不断加深学生对广告文化功能价值内容的理解，并引导学生以批判性思维，辩证认识广告文化功能价值的负面性。主要通过对代表性的广告案例解析，展开课堂讨论，加强对学生观察问题、认识问题、分析问题的培养，有的放矢地进行课程思政教育。

（3）加强教学设计，激发学生学习的求知欲，实现自我认知、自我教育。在教学设计上，以小组为单位，每小组同学制作优秀公益广告PPT，利用课堂十分钟进行展示；本章教学结束后，每小组向全班展示创意实践作品。这两种教学环节让学生互评，形成小组成绩。

八、课程思政效果

（1）公益广告分享与评析：激发学生自主性拓展学习的兴趣，通过对公益广告主题内容和创意表现的鉴赏，以"润物细无声"的方式，促使学生对社会主义核心价值观有深刻的体验认识。

（2）创意实践作品：通过让学生了解中华传统文化，根据创意主题内容，能够恰当运用中华传统文化符号，进行创意设计，在这样的创意实践中，让学生加深对中华传统文化的认识，增强对中华传统文化价值的认同感和自豪感。

"市场营销"课程思政案例

主讲教师：杨　雪

一、章节名称

第一章　营销：创造顾客价值和顾客契合

第一节　什么是市场营销

第二节　市场营销观念的演进

二、课程目标

（1）知识目标：概述市场营销过程的主要步骤，掌握五个核心的市场概念，掌握顾客导向的市场营销战略的关键要素。

（2）能力目标：具备分析讨论顾客价值导向的市场营销战略和计划的能力。

（3）德育目标：在习近平新时代中国特色社会主义经济思想下讲授市场营销的相关知识，围绕"观大势、谋全局、干实事"的特点，引导学生践行社会主义核心价值观，将社会主义核心价值观的价值内核与丰富内涵融入市场营销，培养"有理想、有道德、有文化、有纪律"的"四有"青年。

三、教学内容

（一）主要内容

1. 定义市场营销

市场营销处理与顾客相关的一切，它有双重目的：通过承诺卓越价值吸引新顾客，通过创造让顾客满意的产品和服务来留住和发展顾客。

从广义上来说，市场营销是一种通过创造产品和价值，与他人进行交换，从而满足个人和组织的需要和欲望的社会过程和管理过程。在狭义的商业环境中，市场营销涉及与顾客建立价值导向的交换关系。于是，我们将市场营销定义为：企业为从顾客处获得利益回报而为顾客创造价值并与之建立稳固关系的过程。

2. 市场营销过程的简单模型

简单模型展示了市场营销过程包含的五个步骤。在前四个步骤中，公司努力理解顾客、创造顾客价值，并建立稳固的顾客关系。在最后一步，公司因创造卓越的顾客价值而得到回报。

3. 有关顾客和市场的五个核心概念

（1）需要、欲望和需求；

（2）市场提供物（产品、服务和体验）；

（3）顾客价值和满意；

（4）交换和关系；

（5）市场。

4. 设计顾客价值导向的市场营销战略和计划

（1）谁是我们的目标顾客？通过细分市场和选择目标市场，决定将为谁提供服务。

（2）我们的价值主张是什么？一个品牌的价值主张是它承诺的递送给顾客以满足其需要的所有利益或价值的集合。

（3）营销管理导向。五种可供选择的观念：生产观念、产品观念、推销观念、市场营销观念和社会营销观念。

（二）课程重难点

重点：了解市场营销的具体步骤。

难点：五种营销观念容易混淆。

（三）教学方法

案例教学、课堂讨论、分组调研、小组成果展示。

（四）教学学时

2课时。

（五）参考教材

（1）［美］菲利普·科特勒，［美］加里·阿姆斯特朗.市场营销：原理与实践

［M］. 楼尊，译 . 北京：中国人民大学出版社，2020.

（2）汪涛，望海军 . 市场营销学［M］. 北京：高等教育出版社，2014.

四、思政素材

此次课程思政素材主要来自习近平总书记关于"观大势、谋全局、干实事"的中国特色社会主义经济思想的阐述。党的十八大以来，习近平总书记围绕此内容反复强调，作出深刻阐述（见表 15）。

表 15 思政素材核心内容

序号	内 容 摘 要	来 源
1	要加快构建以企业为主体、市场为导向、产学研相结合的技术创新体系，加强创新人才队伍建设，搭建创新服务平台，推动科技和经济紧密结合，努力实现优势领域、共性技术、关键技术的重大突破，推动中国制造向中国创造转变、中国速度向中国质量转变、中国产品向中国品牌转变。	《习近平在河南考察时强调：深化改革发挥优势创新思路统筹兼顾确保经济持续健康发展社会和谐稳定》（《人民日报》2014 年 5 月11 日 1 版）
2	12 月 18 日至 20 日举行的中央经济工作会议，最大亮点就是提出了习近平新时代中国特色社会主义经济思想。 这个经济思想是习近平新时代中国特色社会主义思想的重要组成部分。 中央经济工作会议指出，五年来，我们坚持观大势、谋全局、干实事，成功驾驭了我国经济发展大局，在实践中形成了以新发展理念为主要内容的习近平新时代中国特色社会主义经济思想。 "观大势、谋全局、干实事"，这三个关键词不但高度概括了习近平新时代中国特色社会主义经济思想的形成过程，同时也体现了它的三个突出特点。	2017 年 12 月 18 日至 20 日，中央经济工作会议在北京举行。中共中央总书记、国家主席、中央军委主席习近平发表重要讲话
3	"民营企业和民营企业家是我们自己人"； "我国民营经济只能壮大、不能弱化"。	2018 年 11 月 1 日，中共中央总书记、国家主席、中央军委主席习近平在北京人民大会堂主持召开民营企业座谈会并发表重要讲话

续表

序号	内 容 摘 要	来　　源
4	弘扬企业家精神 增强经济活力，关键在人，关键在企业家，要弘扬企业家精神。 在这次座谈会上，总书记围绕弘扬企业家精神，提出五点希望： ——希望大家增强爱国情怀 ——希望大家勇于创新 ——希望大家诚信守法 ——希望大家承担社会责任 ——希望大家拓展国际视野 逆境之下，企业家要带领企业战胜困难，走向更辉煌的未来，必须不断提升自己。	2020 年 7 月 21 日，中共中央总书记、国家主席、中央军委主席习近平在京主持召开企业家座谈会并发表重要讲话

五、思政元素

此次课程通过对市场营销案例的讲授，融入习近平新时代中国特色社会主义经济思想，引导学生牢牢把握正确导向，守正创新，大力弘扬和培育社会主义核心价值观，凸显大学生的爱国情怀和社会责任等思政因素（见表 16），将无形的思想教育问题落地为扎实的学术研究，做到"教学与思想教育、学术研究"融洽发展，相得益彰。

表 16　　　　　　　　　　　　　思政素材元素

思 政 主 题	思 政 元 素
中国特色社会主义经济思想下的市场营销	重视国家品牌战略
	弘扬企业家精神
	弘扬家国情怀

六、教学安排

（1）介绍市场营销的基本概念和步骤，重点了解设计顾客价值导向的市场营销战略和计划。

（2）案例教学：选取五菱、鸿星尔克等典型国产品牌实施案例教学，从不同角度进行诠释，让学生感受到国家战略的重要性，感受到企业家的奉献和担当精神，激发学生的家国情怀。

（3）课堂讨论：营销观念反映的是每一个组织对企业利益、顾客利益和社会利益的权衡，决定着营销行为。这个知识点可以用来探究营销观念在出发点、实施手段和目的等方面的历史演进，分析其进步意义和弊端，拿出历史唯物主义精神让学生进行价值判断，讨论企业的社会责任等伦理问题。

（4）分组调研：指导学生从社会需求出发，进行实地调查研究，引导学生发现实际问题，为企业制定营销战略提供客观依据，树立从消费者需求出发的营销理念，兼顾企业利益和社会效益，将个人的专业志向与社会需求以及国家发展战略结合，实现个人梦想与祖国梦想的统一。将4~5位学生分为一组，进行相关选题讨论，推进研究进展。

（5）以小组展示的方式，每组派一位学生代表，讲解小组选题的内容、来源、研究方法和意义。

七、特色和创新点

此次课程与以往正向灌输式思政教育形不同，引导学生走入生活并实际调查社会需求，在兼顾消费者、企业和社会利益的前提下，重视国家品牌战略，力图为企业制订营销计划提供客观依据。

此次课程加入师生互动环节，通过"学生报选题→教师反馈意见→学生调整→教师反馈意见"多次线上和线下互动，鼓励学生以个人生活经验为基础提出某一实际问题，通过"启发式"教学，加以丰富多元的案例解惑，不断加深学生对市场营销的理解，使学生主动推进研究进展，增强课程的趣味性，以寓教于乐的形式来加强学生的思政教育。

（3）竞争教育：此次课程以4~5位学生为一组，共计15小组。每组共有10~15分钟小组展示时间，全部展示后以每组3票的形式，投出前3名优秀小组。通过竞争教育，激发学生的学习潜力和热情。

八、效果体现

（1）发表思政教育高水平论文：鼓励学生研究思政教育相关问题，将思政教育内置于学术研究中，指导学生发表思政教育领域的 CSSCI 高水平学术论文。

（2）获奖小组展示：对排名前 3 的小组选题内容和研究设计，以"易拉宝"的形式在院内展示一周，进而增强学生对思政研究的自豪感、认同感和获得感。

"广告学概论" 课程思政案例

主讲教师：胡远珍　谷　羽　晋艺菡

一、章节名称

第一章　导入

第一节　广告概念与广告特征

二、课程目标

（1）知识目标：知识性目标主要从广告现象分析切入、从理论关照入手，以具体问题意识为导向，注重知识点的系统性、深入性的讲解。

（2）能力目标：培养学生观察问题、思考问题、分析问题的能力。

（3）德育目标：从优秀广告作品案例分析入手，推介最新电视文化节目，挖掘案例和电视文化节目中的课程思政资源元素，在中国传统文化价值观、家国情怀、中国共产党人的精神追求、人生奋斗的主题等方面，通过入脑、入心进行潜移默化的思想熏陶。注重引导学生初步对广告的经济价值、文化价值、社会价值、规范价值进行初步思考。

三、教学内容

（一）主要内容

导入课的知识点是广告概念与广告特征，结合专业教学任务，该节课程设计了 5 个知识点：

广告现象观察与解析；为什么不能简单认为"广告就是广而告之"；广告是一种信息传播活动；广告与新闻传播的区别；广告的概念与特征。

（二）课程重点、难点

教学重点：对广告概念多维度、多层面的解析，了解、认识广告作为一种信息传播活动的特征，注重培养学生正确认识问题、思考问题的方法。

教学难点：如何从广告现象到广告概念内涵多维度的把握；如何通过多种教学方法将课程思政目标融入课程内容；如何激发学生通过自主性学习与实践加深对广告概念内涵及特征的深刻认识。

（三）教学方法

案例教学、课堂讨论、互动式交流、翻转课堂、成果展示。

（四）教学学时

2 课时。

（五）参考教材

（1）本书编写组 . 广告学概论［M］. 北京：高等教育出版社，2018.

（2）陈培爱 . 广告学概论［M］. 北京：高等教育出版社，2014.

（3）马克思恩格斯选集（第 2 卷）［M］. 北京：人民出版社，2012.

（4）［法］让·波德里亚 . 消费社会［M］. 刘成富，全志钢，译 . 南京：南京大学出版社，2000.

（5）［美］威尔伯·施拉姆 . 大众传播的责任［M］. 程之行，译 . 台北：远流出版事业股份有限公司，1992.

四、思政素材

思政内容需要在知识框架下进行设计，分别设计为：

（1）广告的社会价值：通过合理的案例选择，使学生认识到广告涉及社会生活的方方面面，观察并解析广告现象，理解其能通过社会功能的发挥改变人们的社会生活。

（2）广告的文化价值：通过优秀的商业广告与公益广告的赏析，使学生理解广告的文化价值，尤其是公益广告、爱国广告中所传递的多元主流文化。

（3）广告的经济价值：理解广告与经济间的关系，认识广告是推动中国经济发展的重要方式，并由此树立学生的奋斗精神，志在为中国经济发展贡献自己的力量。

（4）广告的真实底线：在区分广告与新闻传播的同时要求学生看到两者的共性，

是以真实性为价值底线。

（5）广告的审美价值：通过优秀的广告案例与精品节目赏析，理解广告所具有的艺术性与审美性，同时对学生进行"美育教育"。

五、思政元素

目前，"广告学概论"的授课对象均为"00后"，考虑"00后"的接受心理、对课程思政存在着认识上的误区等问题，教师需要不断更新教学内容，挖掘与时俱进的课程思政资源，做到将价值导入与教学内容有机联系，将家国情怀、社会主义核心价值观、时代发展主题融入知识系统的讲解，为学生提供个性化学习资源，也能帮助学生在教学中更有效地掌握知识（见表17）。

表17　　　　　　　　　　思政素材元素表

思 政 主 题	思 政 元 素
优秀商业广告	耐克《活出你的伟大》
	强生《为背奶妈妈创造空间》
	台湾大众银行《梦骑士》
优秀公益广告	中国共产党《我是谁》
	商务部《中国制造》
	深圳《为什么要有深圳》
优秀电视节目	中央广播电视总台《典籍里的中国》

六、教学安排

从问题导入开始，"举例说出你在生活中都看到哪些广告，你对广告的基本认识都有哪些"？在学生们自由发言的基础上，教师根据学生们回答的实际情况进行纠偏，告诉学生不能简单理解广告就是"广而告之"。然后，顺理成章地引导，开启对于"广告概念与广告特征"的讲解。

随后，教师向学生们展示各种广告，包括商业广告、公益广告、政治广告，让其进一步了解广告的不同形态。在对广告的基本特征有了较深入的认识之后，教师再向学生们介绍中外学界、业界提出的具有代表性的广告概念，引导其进行思考，即如何从广告现象的观察到理论化，如何进行由具体到抽象的思维过程，体现教学的高维性、进阶性。

在对广告概念解析的基础上，教师可采用比较方法引导学生思考：广告作为一种信息传播活动，与新闻信息传播活动有何不同？进行讨论、互动交流。然后教师从传播理论的层面，以拉斯韦尔传播模式进行关照，从传播构成要素（传播者、信息内容、媒介、受众、效果）等维度讨论广告传播与新闻传播的区别，让学生们深入了解广告是一种特殊的信息传播活动。

最后，教师以翻转课堂的方式激发学生学习的兴趣、自主学习的动力，实现探究实践一体化。向学生推荐课后收看 2021 春节期间中央广播电视总台推出的大型优秀原创文化类节目《典籍里的中国》，为推广这档节目编写一条广告语，并在下一节课进行分享。翻转课堂的效果很好，学生们踊跃发言分享自己的创作，教师选几位学生把自己的广告语写到黑板上，让大家来点评。通过广告语的创作与分享，学生更深刻体会、理解了广告的特征（见图 2）。

七、特色和创新点

（一）以"三贴近"为驱动，营造课程思政生态

"三贴近"指的是：思政内容贴近知识内容，教学方式贴近学生接受心理，教师贴近学生。广告学是具有时代性、实践性的专业，因此教师需要根据教学知识点，不断挖掘时代发展下的多主题内容作为思政教育资源，及时融入课程内容，形成课程思政元素与课程知识点内在的逻辑关联。同时，教师需要灵活运用案例教学、情境教学、模拟教学、体验式教学等方式，巧妙地引导学生将知识内化于心、外化于行，提升学习效果；教师作为教学重要主体，师德师风是课程思政建设的重要内容。要坚持"以生为本"，走近学生、尊重学生、热爱学生，做其知识的解惑人、思想的引导人、生活的知心人、人生的指路人，才能潜移默化地影响学生的思维模式、行为方式，进而引导其树立正确的人生观、价值观，筑牢理想信念根基。

（二）以"双向动力机制"为杠杆，完善课程评价体系

人才培养必须"以生为本"，关键在于"激发"，成效在于"内化"，实现学生自我教育、自我赋能。该课程建立了评价学生的双向动力机制：一是激励引导机制。在教学过程中，教师通过讲述企业品牌发展故事、广告名人奋斗故事、国货运动爱国广

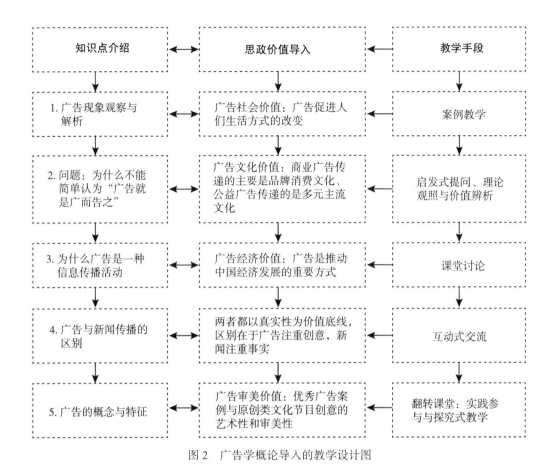

图 2　广告学概论导入的教学设计图

告故事等内容，激发学生的自主能动性和创造力，引导学生正确认识社会、企业、人生，争当时代发展的"接力者"。二是课堂教学互动评价机制，即教学过程中的评价与教学结果评价相统一。注重对学生素质绩点与专业效能的全面考察，将教师评价与学生评价相结合。

八、效果体现

（1）主流媒体报道：课程思政实践成果获得了光明网、《楚天都市报》《中国教育报》等多家主流媒体的报道（见图 3）。

（2）问卷调查与访谈：课后，课程团队对学生进行了问卷调查和访谈，调查结果显示，此次课程对他们做人与做事都产生了良好的激励作用。

光明 学术　　时政　国际　时评　理论　文化　科技　教育

首页 > 人文 > 正文

专业课烙上"德"字印

来源：光明网-学术频道　2020-11-20 19:22

专业课烙上"德"字印

——湖北大学新闻传播学院"课程思政"的教学实践

作者：**光明日报全媒体记者 张锐**

"在他身上，我看到了一个记者的担当与新闻媒体人的'钉子'精神，每一个镜头真的来之不易。向疫情期间所有新闻工作者们致敬，你们辛苦啦！"

10月15日，湖北大学2019级编辑出版专业的陈烨在聆听中央广播电视总台新闻中心记者蒋晓平回到母校湖北大学所作的《新冠肺炎疫情的报道与媒体记者担当》报告后，在QQ空间写下了这段文字。

名师进课堂，让来自新闻一线的名记者，讲述他们在采访实践中的深刻体会，透过感人至深的报道了解背后的故事，让新闻理想与专业精神在学生心中变得具体、鲜活。这是湖北大学新闻传播学院"课程思政"的一幕。

近年来，湖北大学新闻传播学院相继邀请了光明日报湖北记者站站长夏静、一点资讯总编辑吴晨光、人民网舆情数据中心副主任单学刚等业界名师走进课堂，与同学们面对面交流。

湖北大学新闻传播学院"课程思政"教学建设团队负责人胡远珍教授说："立德树人是教育的根本任务，课堂教学是人才培养的主渠道，以多种教学方式的创新，将立德树人落地、细化，让马克思主义新闻观教育体现在教学活动的每一个环节中，做到育人育才一体化，强化课程思政建设。这正是智能时代新闻传播人才'三全育人'培养模式不断探索、创新的关键所在。"

湖北大学新闻传播学院"课程思政"教学建设团队结合专业和课程特点，在立足课堂、用好课堂、拓展课堂三方面深耕，《广告学概论》课程更在今年疫情期间让人耳目一新。

图 3　光明网报道课程思政成果

（3）广告语创作与展示：要求学生们收看 2021 央广春节期间推出的《典籍里的中国》文化类节目，并为这档节目写推介广告语，在课堂上展示。通过实践操作，使学生们自主吸收相关思政内容，更爱祖国、更爱家乡、更爱家乡的传统文化。

"消费行为研究"课程思政案例

主讲教师：杨　雪

一、章节名称

第七章　数字化消费者决策与购买

二、课程目标

（1）知识目标：掌握数字化背景下消费者决策模型的改变，掌握数字化消费者决策受到的影响，了解数字化时代消费者购买决策中的新概念以及移动购买行为的特征。

（2）能力目标：具备分析数字化背景下消费者决策与购买行为的能力。

（3）德育目标：在习近平新时代中国特色社会主义经济思想下讲授数字化消费者决策与购买的相关知识，围绕"文化自信"和"技术创新"，引导学生践行社会主义核心价值观，将社会主义核心价值观的价值内核与丰富内涵融入消费者行为研究，使学生坚定文化自信，不忘初心，继续前进。

三、教学内容

（一）主要内容

1. 数字化消费者决策模型的改变

（1）漏斗模型；

（2）双环模型——消费者决策进程模型；

（3）从 AIDMA 到 AISAS 模型；

（4）消费者有更大的决策控制权。

2. 数字化消费者决策受到的影响

影响心理学：社会认同、权威、吸引力、稀缺性、互惠、一致性。

3. 消费者购买决策中的新概念

（1）识别问题阶段；

（2）搜寻信息阶段；

（3）评估备选方案阶段；

（4）购买阶段；

（5）购后行为阶段。

4. 移动购买行为的特征

（1）轻松获取场景性信息并在消费者虚拟社群中获得偏好；

（2）购物流程快速化——从心动到行动，只在一瞬间；

（3）精准定位技术提供更好的机会；

（4）一键下单移动支付；

（5）售后的体验分享和传播——消费者发布信息。

（二）课程重难点

重点：理解消费者决策的新模型及新概念。

难点：运用相关概念分析数字化消费者行为。

（三）教学方法

课程讲授、课堂讨论。

（四）教学学时

6 学时。

（五）参考教材

（1）［美］迈克尔·R. 所罗门，卢泰宏，杨晓燕. 消费者行为学 ［M］. 杨晓燕，等译. 北京：中国人民大学出版社，2009.

（2）卢泰宏，周懿瑾. 消费者行为学 ［M］. 北京：中国人民大学出版社，2018.

四、思政素材

此次课程思政素材主要来自习近平总书记关于"文化自信"的阐述。党的十八大以来，习近平总书记反复强调文化自信，作出许多深刻阐述（见表 18）。

表 18   思政素材核心内容

序号	内 容 摘 要	来 源
1	要围绕我国和世界发展面临的重大问题,着力提出能够体现中国立场、中国智慧、中国价值的理念、主张、方案。我们不仅要让世界知道"舌尖上的中国",还要让世界知道"学术中的中国"、"理论中的中国"、"哲学社会科学中的中国",让世界知道"发展中的中国"、"开放中的中国"、"为人类文明作贡献的中国"。 强调民族性并不是要排斥其他国家的学术研究成果,而是要在比较、对照、批判、吸收、升华的基础上,使民族性更加符合当代中国和当今世界的发展要求,越是民族的越是世界的。解决好民族性问题,就有更强能力去解决世界性问题;把中国实践总结好,就有更强能力为解决世界性问题提供思路和办法。这是由特殊性到普遍性的发展规律。	习近平在哲学社会科学工作座谈会上的讲话(2016 年 5 月 17 日)
2	文化自信,是更基础、更广泛、更深厚的自信。在 5000 多年文明发展中孕育的中华优秀传统文化,在党和人民伟大斗争中孕育的革命文化和社会主义先进文化,积淀着中华民族最深层的精神追求,代表着中华民族独特的精神标识。	习近平在庆祝中国共产党成立 95 周年大会上的讲话(2016 年 7 月 1 日)
3	在新时代的伟大征程中,企业广大干部职工积极响应党中央的号召,把学习贯彻习近平新时代中国特色社会主义思想作为首要政治任务,不忘初心、脚踏实地、坚定不移地走在学习践行的路上,经过不懈努力,在企业党的建设、企业文化建设等方面不断产生新思路、取得新成果、积累新经验,有力地促进企业深化改革、转型升级、提质增效,更好地适应新常态下的经济发展规律,在变中求新、新中求进、进中突破,为推动我国经济实现高质量发展,更好地满足人民日益增长的美好生活需求作出积极的贡献。	2018 年中国文化管理协会企业文化管理年会上,中国文化管理协会执行副主席常丕军讲话
4	我们更要大力提升自主创新能力,尽快突破关键核心技术。这是关系我国发展全局的重大问题,也是形成以国内大循环为主体的关键。	习近平总书记在经济社会领域专家座谈会上的讲话(2020 年 8 月 24 日)

五、思政元素

此次课程通过对消费者行为案例的讲授,融入习近平新时代中国特色社会主义经济思想，引导学生牢牢把握正确导向，守正创新，大力弘扬和培育社会主义核心价值观，凸显大学生的文化自信、问题导向和创新意识等思政因素（见表19），将无形的思想教育问题落地为扎实的学术研究，做到"教学与思想教育、学术研究"融洽发展，相得益彰。

表 19　　　　　　　　　　　　思政素材元素

思 政 主 题	思 政 元 素
技术创新下的消费者行为	坚定文化自信
	强化问题导向
	增强创新意识

六、教学安排

（1）介绍消费者购买决策中的新概念，了解移动购买行为的特征，重点讲解数字化消费者决策模型的改变及消费者决策受到的影响。

（2）案例教学：选取某些国产品牌关于文化的数字化营销实施案例教学，从不同的角度分析企业文化，让学生感受到数字化形式下消费者行为的特点及改变，感受到科技的发展，激发学生的文化自信和创新意识。

（3）课堂讨论：数字化消费者决策与购买受到技术等因素的影响，消费者在营销活动中发挥越来越重要的作用。这可以用来探究消费者在数字化时代下决策与购买行为的变化及影响因素，分析消费者心理对其行为的影响，让学生讨论技术创新对消费者行为的改变等问题。

（4）分组调研：指导学生从社会需求出发，选取某个国产品牌，进行实地调查研究，从调查结果中分析该品牌在数字化营销方面存在的问题或成功的原因，为国产品牌的发展提供有效建议，坚定全民文化自信，增强全民创新意识，将个人的专业志向与社会需求以及国家发展战略结合，实现个人梦想与祖国梦想的统一。将5~6位学生分为一组，进行相关选题讨论，推进研究进展。

（5）以小组展示的方式，每组派一位学生代表，讲解小组选题的内容、来源、研究方法和意义。

七、特色和创新点

此次课程打破传统正向灌输式思政教育的形式，引导学生在生活中进行实际调查，基于社会需求，以问题意识到导向，为国产企业的数字化营销战略提供有效建议。在这一过程中，提高学生的文化自信和创新意识，也使课堂知识得到巩固。

此次课程鼓励学生以个人生活经验为基础，针对某一品牌提出该品牌的实际问题，通过"启发式"教学，加以丰富多元的案例解惑，不断加深学生对数字化消费者决策与购买的理解，使学生主动推进研究进展，增强课程的趣味性，以寓教于乐的形式来加强学生的思政教育。

此次课程以 5~6 位学生为一组，共计 15 小组。每组共有 10~15 分钟小组展示时间，全部展示后以每组 3 票的形式，投出前 3 名优秀小组。通过竞争教育，激发学生的学习潜力和激情。

八、效果体现

（1）发表思政教育高水平论文：鼓励学生研究思政教育相关问题，将思政教育内置于学术研究中，指导学生发表思政教育领域的 CSSCI 高水平学术论文。

（2）获奖小组展示：对排名前 3 的小组选题内容和研究设计，以"易拉宝"的形式在院内展示一周，进而增强学生对思政研究的自豪感、认同感和获得感。

"中外广告发展史"课程思政案例

主讲教师：杨　雪

一、章节名称

第七章　民国时期的广告

二、课程目标

（1）知识目标：以民国时期的"国货运动"为主题，了解民国时期的月份牌广告和民国广告人。

（2）能力目标：理解国货广告和民族认同。

（3）德育目标：通过讲解民国时期的"国货运动"，让学生形象地感受到广告的战斗力，学习民族企业家的奋斗精神，增强民族自信心，强调广告人意识形态教育的重要性。

三、教学内容

（一）主要内容

1. 民国时期的月份牌广告

（1）民国时期广告业的发展状况。民国时期是我国现代广告业发展的第一个高峰期；月份牌广告是民国时期的重要广告形式。

（2）民国时期广告业的发展原因。经济的发展是繁荣的基础；中西文化融合；摄影与石版印刷技术的发展；广告画家的推陈出新；特殊的时代背景推进了月份牌广告水平提高。

（3）月份牌广告的发展历程：

19世纪末—1914年，早期月份牌广告，代表人物——周慕桥。

1914—1922 年，擦笔水彩月份牌广告，代表人物——郑曼陀。

1922—1937 年，旗袍美女月份牌广告，代表人物——林稚英。

1937—1949 年，月份牌广告逐渐衰落。

（4）月份牌广告的独特风格。题材内容多样性；广告形式的独特性。

（5）月份牌广告的文化特征。月份牌广告有民族特色；月份牌广告传播了西方商业理念和广告文化；月份牌广告是社会潮流的倡导者。

（6）月份牌广告的历史作用。月份牌广告促进了民族工商业发展；月份牌广告反映了当时中国的重大历史事件；月份牌广告促进了中外文化交流。

2. 民国著名广告人

民国著名广告人：郑曼陀、杭稚英、胡伯翔、陆梅僧、林振彬、徐百益等。

3. 南洋兄弟烟草公司与英美烟公司

（1）国货运动；

（2）民族认同。

（二）课程重难点

重点：了解民国时期的广告历史。

难点：国货广告与民族认同之间的关系。

（三）教学方法

案例教学、课堂讨论、分组调研、小组成果展示。

（四）教学学时

6 课时。

（五）参考教材

（1）陈培爱，等. 中外广告史新编 [M]. 北京：高等教育出版社，2009.

（2）杨海军. 中外广告史 [M]. 武汉：武汉大学出版社，2006.

四、思政素材

此次课程思政素材主要来自习近平总书记关于"观大势、谋全局、干实事"的中国特色社会主义经济思想的阐述。党的十八大以来，习近平总书记围绕此内容反复强调，作出深刻阐述（见表 20）。

表 20   思政素材核心内容

序号	内 容 摘 要	来 源
1	新闻舆论工作各个方面、各个环节都要坚持正确舆论导向。各级党报党刊、电台电视台要讲导向，都市类报刊、新媒体也要讲导向；新闻报道要讲导向，副刊、专题节目、广告宣传也要讲导向；时政新闻要讲导向，娱乐类、社会类新闻也要讲导向；国内新闻报道要讲导向，国际新闻报道也要讲导向。	习近平总书记在党的新闻舆论工作座谈会上的重要讲话（2016 年 2 月 19 日）
2	"民营企业和民营企业家是我们自己人""我国民营经济只能壮大、不能弱化"	2018 年 11 月 1 日，中共中央总书记、国家主席、中央军委主席习近平在北京人民大会堂主持召开民营企业座谈会并发表重要讲话
3	增强经济活力，关键在人，关键在企业家，要弘扬企业家精神。这次座谈会上，总书记围绕弘扬企业家精神，提出五点希望： ——希望大家增强爱国情怀 ——希望大家勇于创新 ——希望大家诚信守法 ——希望大家承担社会责任 ——希望大家拓展国际视野	2020 年 7 月 21 日，中共中央总书记、国家主席、中央军委主席习近平在京主持召开企业家座谈会并发表重要讲话

五、思政元素

此次课程以国货运动为主题，认真贯彻习近平总书记提出的"广告宣传也要导向正确"的思想，引导学生从实际出发，以史实为依据，以科学史观为支撑，将广告现象放到历史背景下去研究研究，增强学生的文化自信，激发学生的爱国热情，以历史中百折不挠的民族精神增强学生的民族自豪感，鼓励其奋发上进，为社会发展多作贡献（见表21）。

表21 思政素材元素

思 政 主 题	思 政 元 素
广告宣传也要导向正确	重视国家品牌战略
	弘扬企业家精神
	弘扬家国情怀

六、教学安排

（1）介绍民国时期广告的发展历程和原因，重点了解月份牌广告、民国广告人和国货运动。

（2）案例教学：选取南洋兄弟烟草公司实施案例教学，梳理讲解其与英美烟草公司的广告大战，从不同的角度进行诠释，让学生感受到广告的战斗力，感受到企业家的奋斗和担当精神，激发学生的爱国强国热情和志向。

（3）课堂讨论：民族认同是一个社会学概念，"消费什么如何消费"都同民族认同有着密切的联系。民族成员的消费行为同民族的传统习惯，尤其是民族发展的内在要求的契合是其形成民族认同的重要条件。20世纪二三十年代出现在《申报》上的大量国货广告以爱国主义为号召，引导市民的消费方式和消费内容，对市民在消费过程中形成民族认同起到了相当重要的作用。学生课堂上进行讨论，这一时期的国货运动是如何影响民族认同，激发未来广告人的爱国热情。

（4）分组调研：根据本章内容布置调研课题：调研今天市场上的老字号品牌，将其与国外品牌进行对比，分析其广告经营与品牌建构，提出相应的对策与方法；选择民国时期的报纸，分析研究其当时的报纸广告。将4~5位学生分为一组，进行相关选题讨论，推进研究进展。

（5）以小组展示的方式，每组派一位学生代表，讲解小组选题的内容、来源、研究方法和意义。

七、特色和创新点

（1）实际调研：此次课程与以往正向灌输式思政教育形式不同，引导学生走入生活并实际调查社会需求，寻找老字号品牌与老报纸，拉近历史与现实的距离，激发学生的家国情怀，树立发展民族品牌为己任的志向。

（2）寓教于乐：此次课程加入师生互动环节，通过"学生报选题→教师反馈意见→学生调整→教师反馈意见"多次线上和线下互动，鼓励学生以个人生活经验为基础提出某一实际问题，通过"启发式"教学，加以丰富多元的案例解惑，不断加深学生对广告历史的理解，使学生主动推进研究进展，增强课程的趣味性，以寓教于乐的形式来加强学生的思政教育。

（3）作业与作品相结合：学生通过线上线下的方式收集资料并完成作业，同时利用微信平台将学生作业改编制作成 H5. 视频等多种方式，实现作业与作品相结合。培养其制作能力，同时也拉近课堂教学与现实的关系，开阔视野，激发民族自豪感，加强思政的自我教育效果。

八、效果体现

（1）发表思政教育高水平论文：鼓励学生研究思政教育相关问题，将思政教育内置于学术研究中，指导学生发表思政教育领域的 CSSCI 高水平学术论文。

（2）获奖小组展示：将优秀的学生作品发布在学院的官方微信公众号上，增强学生对思政研究的自豪感、认同感和获得感。

"广告学概论"课程思政案例

主讲教师：谷　羽

一、章节名称

绪论
第二节　广告学的产生与发展

二、课程目标

（1）知识目标：理解催生广告学的社会要素，熟悉广告学在中国发展的重要时间节点和史实，以及广告学在外国发展的主要阶段及其代表性理论。

（2）能力目标：具备从政治、经济、文化、媒介解读广告产业变革的能力，熟悉广告产业发展的基本规律，能够在中西比较的视野下理解各个历史时期的广告现象特点，从经济活动、政治领域、意识形态等方面意识到广告的社会影响，能够识别、抵制消费主义文化对大学生的负面影响，能够运用创意巧妙地将民族精神的价值内核融入广告创作。

（3）德育目标：辩证地理解广告的文化功能。一方面，从商业文化的角度深入理解中华民族伟大复兴的当代广告的责任，理解国风创意的价值基础。另一方面，通过学习马克思主义政治经济学批判视角的广告研究，意识到消费文化对人潜移默化的影响，引导学生树立正确的消费观和媒介伦理观。

三、教学内容

（一）主要内容

1. 广告学的源起

△人类社会的工业化进程促进了社会分工的不断细化，使得产品的生产与消费逐

步脱离，商品经济因此得以产生和发展。

△广告扮演沟通产销的角色，是连接商品生产与销售的桥梁，是商品交换环节的重要组成部分，有助于提升商品流通速度与效率。

△商品经济发展所带来的广告发展与繁荣为广告学的诞生奠定了现实基础。

2. 广告学在中国的发展

△鸦片战争之后，中国进入近代社会，广告学作为西方学科体系与理论也得到关注。1898 年，《申报》等报纸开始出现"广告"一词。取代早期报纸中的"告白""报贴"。

△五四运动前后，广告学研究发轫。1918 年甘永龙编译的《广告须知》是中国目前已知可见的最早的广告专著。在行业组织方面，1919 年"中国广告公会"成立。在广告教育方面，1918 年成立的北京大学新闻学研究会聘请徐宝璜、邵飘萍等人举办讲座，其中涉及广告内容。20 世纪 20 年代开始，圣约翰大学、燕京大学等高校纷纷开设广告类课程，1928 年大夏大学创办我国现代最早的广告系。广告专业期刊有徐百益创办的《广告与推销》。这一阶段中国广告学的学术体系开始形成，经历由"术"向"学"的转变。

△中华人民共和国成立后的 30 年。虽以计划经济为主，但广告活动并未消失，广告学研究仍在推进。"社会主义广告"的基本概念应运而生，如 1958 年尹舟的《谈报纸上的广告》。

△改革开放以后。1979 年 1 月 14 日，上海广告公司的丁允朋在《文汇报》发表《为广告正名》一文，打破了人们对广告的偏见，有关广告学研究的文章与著作开始出现。在广告教育方面，1983 年厦门大学设立广告学专业；1993 年北京广播学院（现名中国传媒大学）招收广告学硕士研究生，并于 2000 年招收博士研究生。这标志着广告学研究与教育不断走向深入。在行业组织方面，1981 年中国对外经济贸易广告协会成立（2005 年更名为"中国商务广告协会"）；1983 年中国广告协会成立，1987 年设立学术委员会。

△当代广告发展的新阶段。更多的与本国国情、行业发展结合紧密的研究议题进入广告学的研究视野，如"媒介产业化""互联网+"等。中国广告学研究内容不断丰富，教育与培养系不断完善，在学科的国际化与本土化方面都有所收获。

3. 广告学在国外的发展

工业革命与资本主义市场经济的发展促进了西方广告业的繁荣，也为广告学研究提供了丰富的土壤。西方广告学与其他学科交叉，形成了较为完善的学科体系与理论结构，并不断拓展学科边界、疆域。

△第一次工业革命促进了社会分工的细化与发展。近代意义上的商业报纸与杂志

出现并得到发展，这就为广告的登场提供了基础与条件。

△第二次工业革命揭开了近代广告的大幕。1866年，杰卡波·拉乌德与约翰·卡姆登·哈顿合著的《路牌广告史》在英国出版，这是目前已知的世界上最早的广告著作。1875年英国人亨利·萨博逊出版了《早期广告史》。英国也是近代广告发展与研究的起源地。

△20世纪初，美国成为西方经济重心。美国广告业的专业化色彩日益明显，广告代理制随之普及并日益规范，专业广告公司明显增多。美国广告学研究在研究主体、学科融合、专业教育等方面均有进展。高校学者成为这一时期广告研究的新生力量，心理学、社会学、艺术学、传播学、营销学等学科的理论被引入，广告学开始出现新的研究分支，呈现体系化特征。

△20世纪主要广告理论。20—40年代，广告在推销上的作用开始受到重视。例如，约翰·肯尼迪提出"广告是印在纸上的推销术"，罗瑟·瑞夫斯认为广告是"独特销售说辞"（USP）。

第二次世界大战后，广告学研究开始关注创意理论，大卫·麦肯齐·奥格威实践并倡导的"品牌形象"观念是这一时期的代表。他主张跳出产品本身，进行更为广阔的创作，并认为广告的功能在于强化消费者的认知而非单纯的销售。

20世纪70年代以来，影响广泛的有艾·里斯与杰克·特劳特提出的"定位理论"，以及唐·E.舒尔茨提出的"整合营销传播理论"（IMC）。

21世纪以来，广告理论研究进展显著，研究议题更加广泛，研究视角更加多维，儿童广告、政治广告、特殊群体消费行为、新媒介伦理与法制等成为新的研究议题。

△西方广告学的批判学派，延续马克思主义商品拜物教理论。尤尔根·哈贝马斯为代表的法兰克福学派多关注广告对消费者的操纵，以让·鲍德里亚为代表的符号学派多关注广告加剧消费领域的资本主义剥削与控制，以安东尼奥·葛兰西为代表的政治经济学派关注广告在统治阶级话语霸权上的表现，以雷蒙德·威廉斯为代表的文化研究学派关注广告的文本意义与受众解读中所体现出的权力结构。

（二）课程重点、难点

课程重点：理解以商品拜物教为代表的西方马克思主义者批判广告的理论逻辑，廓清广告与社会关系、社会心理的互动。

课程难点：学生利用所学知识抵制广告的消极影响能力。

（三）教学方法

案例教学、小组讨论、小组成果展示。

（四）教学学时

2 课时。

（五）参考教材

（1）［德］卡尔·马克思．资本论［M］．朱登，编译．北京：北京联合出版社，2013.

（2）李泽厚．美的历程［M］．北京：生活·读书·新知三联书店，2009.

（3）［法］让·波德里亚．消费社会［M］．刘成富，全志钢，译．南京：南京大学出版社，2000.

（4）［法］赫伯特·马尔库塞．单向度的人：发达工业社会意识形态研究［M］．刘继，译．上海：上海译文出版社，2008.

四、思政素材

中国制造"弯道超车"①

F1 赛事"中国制造"看台广告的推出，是延续 2009 年年底在 CNN 播放"中国制造"广告片的良好反馈，借鉴上海世博会在世界一级方程式锦标赛做广告的经验，根据不同的受众群体，又一次"中国制造"宣传的尝试。值得一提的是，由于直接与承办方上海久事集团合作，不仅可以达到很好的广告效果，也省去了商业广告的巨额费用。

与上次在 CNN 播出六周的 30 秒 VCR 广告不同的是，此次广告为平面广告，置于赛道拐弯处，但是受众群将更大。

相关数据统计，由于赛车在转弯时速度相对较慢，可以局部或全景呈现 60 次左右，在画面上的瞬时冲击力较大。根据往年经验，仅在 18 日正赛当天，全球将有 6 亿人可以同时在转播时看到相关瞬间画面。据昨日现场的反馈，虽然 18 日当天有雨天天气影响，现场观众数量上座率仍然达到八成，全球观众数目并没有受到影响。

看台广告沿用"中国制造，世界合作"的理念，由中英文两种形式呈现，即中文

---

① F1 广告投放：中国制造弯道超车［EB/OL］．［2010-04-19］．http：//finance.sina.com.cn/g/20100419/01037774650.shtml.

的 "中国制造" 红色印章和英文的 "MADE WITH CHINA" 组成，强调 "中国制造" 是世界合作的成果和结晶，是中国与世界互利、合作、共赢的产物。

此次选择在 F1 赛场呈现 "中国制造" 看台广告，旨在将该项目所代表的高端科技、一流速度和永无止境的进取精神融入 "中国制造"，展示 "中国制造" 不断进取的品质及中国企业在国际化和品牌之路上坚实前进的信心，也蕴含了中国广大产业工人勤劳坚韧、拼搏奋斗的精神。

商品拜物教植入当代广告的机制①

我们每天通过使用或购买产品与成千上万的其他人建立联系，但这联系并不是完全人性化的方式，因为 "合作" 塑造世界。相反，我们作为消费者通过市场或支离破碎的工作流程来体验彼此。我们希望通过人际关系逃离市场。但是什么塑造了这些关系？家庭是社会消费的核心单位，市场和资本主义的生产关系也塑造了家庭。这导致男女陷入困境和不满的陈规偏见，以及家庭成员之间不平等的关系。马克思写道，异化使我们有可能以一种扭曲的方式寻求满足我们的人类需求，以至于一系列完全不必要甚至有害的产品，例如香烟、酒精、时尚成为一种感觉的核心自我价值的。这就是我们如此容易受到广告影响的原因。

食品、住房和家居用品从上市为起点，以我们出售最个人的愿望而结束。如果你在工作场所、家庭或任何其他个人领域都找不到自我价值，那么你可以尝试购买它，或者至少购买它的错觉。资本家对这个过程很清楚。价格相近的 100 英镑耐克鞋和 Hilfiger 牛仔裤的广告不仅针对富有的孩子，也针对贫民区的贫困黑人青年。但这种创造自我价值感和空间感的尝试不仅仅是针对最贫穷的人。

星巴克咖啡的首席执行官告诉我们，"消费者并不真正相信产品之间存在巨大差异……我们必须建立情感联系……这是人们在星巴克门店获得的温暖和社区的感觉"。但这一切并不意味着我们完全处于广告的支配之下。向我们推销产品和生活方式的尝试对于广告业来说充满了矛盾。一项又一项的研究表明，广告的效果是通过不断重复来获得一个知名的名字，但当与预先存在的态度联系起来时，这是最有效的。因此，广告往往会远离工作世界，并试图与积极的情绪联系起来，尽管是以一种扭曲的方式。这就是性被用来销售从冰激凌到汽车的几乎所有东西的原因。

① 商品拜物教植入当代广告的机制 [J/OL]．[2020-10-20]．社会主义评论（SOCIAIST REVIEW），http：//pubs. socialistreviewindex. org. uk/sr244/heffernan. htm.

五、思政元素

此次课程通过批判知识的讲授，让学生深刻意识到消费主义文化的影响，结合中国文化对外传播的案例，厚植习近平总书记关于先进文化和文化自信的思想理念，引导学生树立文化自信，同时建设好抵御消费文化的心理防线（见表22）。

表22   思政素材元素

思 政 主 题	思政元素（文化自信）
中国广告弯道超车	中国经济发展局势与国际政治经济格局
	中国文化中的包容精神扭转西方偏见
	从容、共赢是树立中国形象的有效广告策略
商品拜物教植入当代广告的机制	培养理性的消费理念
	利用中国优秀文化发挥广告的社会引导责任

六、教学安排

（1）介绍广告中的文化，以及文化的社会构型功能。

（2）案例教学：选取有代表性的广告作品、广告学研究作为案例，指导学生通过案例剖析广告对人的异化的原因及表现。

（3）小组辩论：以4~5位学生为一组，进行相关选题辩论。

七、特色和创新点

（1）紧扣主题：此次课程以中国文化为线索，串联起广告在中国和外国的发展。从广告现象入手，提出中国广告"弯道超车"的问题，理解中国经济实力增强对发展中国广告的助力作用，同时强调文化要素对广告影响力的决定性作用。用"made with China"的广告案例说明文化的包容性是中华文化的优越性之一，也是文化自信的表现。再借由批判理论学派的理论阐释，揭露消费文化盛行背后的政治经济机制，引导学生辨析广告中的文化价值要素，鼓励学生多接触传统文化，创造广告作品弘扬文化的正能量。

（2）价值辨析：此次课程以相反的观点引导学生展开辩论，通过"高价值—低价值"的文化元素对比，对文化符号展开辨析。结合广告案例中文化符号的应用，探索广告文化的精神滋养功能。

八、效果体现

参加大学生广告比赛：鼓励学生从中华文化中寻找创意元素，创作广告作品，参加全国性大学比赛。

"公共关系"课程思政案例

主讲教师：周亚齐

一、章节名称

第五章　公共关系策划

第二节　组织形象策划

二、课程目标

（1）知识目标：理解组织形象的概念及其构成要素，领会组织形象策划的意义，了解并掌握组织形象策划的方法。

（2）能力目标：通过对组织形象策划方法的学习和训练，具备对特定组织进行形象策划与传播的能力。

（3）德育目标：从组织形象提升的角度深入理解当下中国国家形象构建、加强中国国际传播能力建设的现实问题，深入贯彻落实习近平总书记"讲好中国故事，传播好中国声音"重要指示精神，引导学生将组织形象传播融入新时代中国形象展现的宏大视角，认识到当代年轻人的历史使命。

三、教学内容

（一）主要内容

1. 组织形象概述

（1）基本含义：组织形象概括而言，是指该组织在社会公众及消费者心目中等总体形象，是组织文化等外显形态。具体来说，组织形象由组织产品形象、管理者形象、员工形象和公共关系形象等综合因素组合而成。

（2）组织形象的构成要素。组织形象一般由以下要素构成：

①组织产品形象；

②管理者形象；

③员工形象；

④公共关系形象。

2. 组织形象策划的意义

（1）提高组织的整体形象；

（2）为组织带来经济效益；

（3）增强组织的凝聚力，提高组织的竞争力。

3. 组织形象策划的方法

（1）实行 CIS 战略。

①CIS 的含义；②CIS 的构成要素；③CIS 实施策略。

（2）提高组织美誉度。组织美誉度，是指公众心中的组织及其产品的品牌形象和市场地位。其与知名度的不同是在重点突出好的方面，能体现出在同行中自己的实力和地位所在。

（3）及时抓住社会重大事件。社会重大事件不只是因为其具备强有力的新闻传播价值，对组织品牌知名度对塑造有利；而且还因为每一重大的社会事件本身都有深刻的社会、人文背景，因而使得这些重大的社会事件在观念上成为组织形象塑造的重要材料。

（4）努力满足公众特殊需要。组织要时刻关心、善于发现社会公众的特殊需要，并且要以创造性的策略，通过满足这一需要的组织行为过程，巧妙地把企业品牌及形象融和进去，这将大大提高企业品牌美誉度的塑造效果。

（二）课程重点、难点

课程重点：理解组织形象的含义及组织形象策划等方法。

课程难点：利用所学知识进行组织形象策划的能力。

（三）教学方法

案例教学、小组讨论、项目实践。

（四）教学学时

2 课时。

（五）参考教材

（1）［美］弗雷泽．西泰尔．公共关系实务［M］．张晓云，译．北京：清华大学出版社，2020.

（2）邓月英．公共关系学［M］．上海：复旦大学出版社，2018.

（3）陶应虎，等．公共关系原理与实务（第四版）［M］.北京：清华大学出版社，2021.

（4）［加］卡梅隆·赫罗德，［加］阿德里安·萨拉穆诺维奇．公关思维：口碑攀升的底层逻辑［M］．张德众，译．天津：天津科学技术出版社，2020.

四、思政素材

党的十八大以来，习近平总书记高度重视我国国际传播能力建设，此次课程思政素材主要来自习近平总书记关于讲好中国故事，传播好中国声音的重要论述（见表23）。

表 23　　　　　　　　　　　　思政素材核心内容

序号	内 容 摘 要	来　源
1	讲好中国故事，传播好中国声音，展示真实、立体、全面的中国，是加强我国国际传播能力建设的重要任务。要深刻认识新形势下加强和改进国际传播工作的重要性和必要性，下大气力加强国际传播能力建设，形成同我国综合国力和国际地位相匹配的国际话语权，为我国改革发展稳定营造有利外部舆论环境，为推动构建人类命运共同体作出积极贡献。	2021 年 5 月 31 日，习近平总书记在十九届中央政治局第三十次集体学习上的讲话
2	要加快构建中国话语和中国叙事体系，用中国理论阐释中国实践，用中国实践升华中国理论，打造融通中外的新概念、新范畴、新表述，更加充分、更加鲜明地展现中国故事及其背后的思想力量和精神力量。要加强对中国共产党的宣传阐释，帮助国外民众认识到中国共产党真正为中国人民谋幸福而奋斗，了解中国共产党为什么能、马克思主义为什么行、中国特色社会主义为什么好。要围绕中国精神、中国价值、中国力量，从政治、经济、文化、社会、生态文明等多个视角进行深入研究，为开展国际传播工作提供学理支撑。要更好推动中华文化走出去，以文载道、以文传声、以文化人，向世界阐释推介更多具有中国特色、体现中国精神、蕴藏中国智慧的优秀文化。要注重把握好基调，既开放自信也谦逊谦和，努力塑造可信、可爱、可敬的中国形象。	2021 年 5 月 31 日，习近平总书记在十九届中央政治局第三十次集体学习时的讲话

序号	内 容 摘 要	来 源
3	要不断提升中华文化影响力，把握大势、区分对象、精准施策，主动宣介新时代中国特色社会主义思想，主动讲好中国共产党治国理政的故事、中国人民奋斗圆梦的故事、中国坚持和平发展合作共赢的故事，让世界更好了解中国。中华优秀传统文化是中华民族的文化根脉，其蕴含的思想观念、人文精神、道德规范，不仅是我们中国人思想和精神的内核，对解决人类问题也有重要价值。要把优秀传统文化的精神标识提炼出来、展示出来，把优秀传统文化中具有当代价值、世界意义的文化精髓提炼出来、展示出来。要完善国际传播工作格局，创新宣传理念、创新运行机制，汇聚更多资源力量。	2018年8月21—22日，习近平总书记在全国宣传思想工作会议上的讲话
4	我国综合国力和国际地位不断提升，国际社会对我国的关注前所未有，但中国在世界上的形象很大程度上仍是"他塑"而非"自塑"，我们在国际上有时还处于有理说不出、说了传不开的境地，存在着信息流进流出的"逆差"、中国真实形象和西方主观印象的"反差"、软实力和硬实力的"落差"。要下大气力加强国际传播能力建设，加快提升中国话语的国际影响力，让全世界都能听到并听清中国声音。	2016年2月19日，习近平总书记在党的新闻舆论工作座谈会上的讲话
5	讲故事，是国际传播的最佳方式。要讲好中国特色社会主义的故事，讲好中国梦的故事，讲好中国人的故事，讲好中华优秀文化的故事，讲好中国和平发展的故事。讲故事就是讲事实、讲形象、讲情感、讲道理，讲事实才能说服人，讲形象才能打动人，讲情感才能感染人，讲道理才能影响人。要组织各种精彩、精练的故事载体，把中国道路、中国理论、中国制度、中国精神、中国力量寓于其中，使人想听爱听，听有所思，听有所得。	2016年2月19日，习近平总书记在党的新闻舆论工作座谈会上的讲话
6	要深入开展各种形式的人文交流活动，通过多种途径推动我国同各国的人文交流和民心相通。要创新体制机制，把我们的制度优势、组织优势、人力优势转化为传播优势。要更好发挥高层次专家作用，利用重要国际会议论坛、外国主流媒体等平台和渠道发声。各地区各部门要发挥各自特色和优势开展工作，展示丰富多彩、生动立体的中国形象。	2021年5月31日，习近平总书记在十九届中央政治局第三十次集体学习时的讲话

续表

序号	内容摘要	来　源
7	人文交流合作也是"一带一路"建设的重要内容。真正要建成"一带一路",必须在沿线国家民众中形成一个相互欣赏、相互理解、相互尊重的人文格局。民心相通是"一带一路"建设的重要内容,也是"一带一路"建设的人文基础。要坚持经济合作和人文交流共同推进,注重在人文领域精耕细作,尊重各国人民文化历史、风俗习惯,加强同沿线国家人民的友好往来,为"一带一路"建设打下广泛社会基础。要加强同沿线国家在安全领域的合作,努力打造利益共同体、责任共同体、命运共同体,共同营造良好环境。要重视和做好舆论引导工作,通过各种方式,讲好"一带一路"故事,传播好"一带一路"声音,为"一带一路"建设营造良好舆论环境。	2016 年 4 月 29 日,习近平总书记在十八届中央政治局第三十一次集体学习时的讲话

五、思政元素

加强中国的国际传播能力建设,是中国进入社会主义新时代之后所处的新的历史方位的必然要求。在国际传播能力建设方面,我们仍然有很多工作要做。此次课程通过组织形象策划的讲授,让学生认识到组织形象的重要作用,深刻理解新时代背景下中国国家形象建构以及对外传播的重要意义。通过组织形象策划和提升策略的学习,充分发挥学生的创新思维,调动学生的积极性,积极思考如何向世界展现中国风貌、体现中国精神,承担起新时代的使命责任,加强我国国际传播能力建设(见表 24)。

表 24　　　　　　　　　　　　　　**思政素材元素**

思 政 主 题	思 政 元 素
组织形象与国家形象传播	如何讲好中国故事,传播好中国声音
	如何开展各种形式的人文交流活动

六、教学安排

（1）介绍组织形象的概念及作用，阐释组织形象的重要意义，以及如何开展组织形象策划。

（2）案例教学：选取有代表性的"讲好中国故事"传播案例，指导学生通过案例剖析其品牌策略成功的启示及不足之处。

（3）小组讨论：以4~6位学生为一组，进行相关选题讨论，推进研究进展。

（4）以小组展示的方式，每组派一位学生代表，讲解小组所选议题和案例的内容、研究方法和启示。

七、特色和创新点

实践项目式教学：以"讲好中国故事"创意传播大赛为实训项目，进行策划提案。让学生将理论知识灵活运用到实践之中，深切体会到加强国家形象建设、树立中国形象的重要意义。

八、效果体现

（1）发表思政教育高水平论文：鼓励学生研究思政教育相关问题，将思政教育内置于学术研究中，指导学生发表思政教育领域的学术论文。

（2）获奖小组展示：对排名前3的小组选题内容，以"新传focus"公众号为平台进行报道和展示，增强学生对思政研究的自豪感、认同感和获得感。

（3）参与赛事：组织学生参加"讲好中国故事"创意传播大赛，通过参赛获奖提高学生的积极性和自豪感。

"市场营销"课程思政案例

主讲教师：周亚齐

一、章节名称

第六章　产品策略

第四节　品牌策略

二、课程目标

（1）知识目标：理解品牌的概念及整体含义，领会品牌的市场作用，了解并掌握品牌策略的主要类型。

（2）能力目标：具备品牌策划的能力，能够针对某一具体项目策划、实施切实可行的品牌策略。

（3）德育目标：从品牌建设的角度深入理解当下中国经济发展、民族企业振兴面临的现实问题，深入贯彻落实习近平总书记关于"三个转变"重要指示精神，引导学生将品牌意识融入新时代中国经济发展的宏大视角，认识到当代年轻人的历史使命，对中国经济转型、中国品牌创建、民族品牌振兴等现实问题提出自己的思考。

三、教学内容

（一）主要内容

1. 品牌的概念及整体含义

（1）品牌的概念。美国营销协会（AMA）对品牌的定义是：品牌是一种名称、术语、标记、符号或设计，或是它们的组合运用，用来识别产品或服务等制造商和销售商，并使之与竞争对手的产品和服务区别开来。

（2）品牌的整体含义。品牌的整体含义可分为六个层次：属性、利益、价值、文化、个性、用户。

2. 品牌的作用

（1）品牌对消费者的作用；

（2）品牌对生产者的作用。

3. 品牌策略选择

（1）品牌基本策略：

①品牌有无策略；②品牌归属策略；③品牌统分策略。

（2）品牌开发策略：

①产品线扩展策略；②品牌延伸策略；③多品牌策略；④新品牌策略。

（3）品牌更新策略：

①形象更新；②品牌再定位；③产品更新。

（二）课程重点、难点

课程重点：理解品牌的含义及品牌策略。

课程难点：利用所学知识进行品牌策划的能力。

（三）教学方法

案例教学、小组讨论、项目实践。

（四）教学学时

2 课时。

（五）参考教材

（1）郭国庆，陈凯. 市场营销学［M］. 北京：中国人民大学出版社，2019.

（2）［美］加里. 阿姆斯特朗，菲利普. 科特勒. 市场营销学［M］. 赵占波，等译. 北京：中国人民大学出版社，2017.

（3）［美］艾·里斯，劳拉·里斯. 品牌的起源［M］. 寿雯，译. 北京：机械工业出版社，2013.

（4）程明，张常国. 品牌归于管理［M］. 北京：人民出版社，2015.

（5）何佳讯. 品牌的逻辑［M］. 北京：机械工业出版社，2017.

四、思政素材

自 2017 年起，我国将每年的 5 月 10 日定为"中国品牌日"。品牌建设是供给侧和需求侧升级的方向，是企业乃至国家综合竞争力的重要体现。加强品牌建设，有利于推动经济大国向经济强国转变，提升中国形象。

此次课程思政素材主要来自习近平总书记关于新时期经济转型、品牌建设、品牌发展的重要论述（见表 25）。

表 25　　　　　　　　　　　　思政素材核心内容

序号	内 容 摘 要	来　　源
1	加快转变经济发展方式，重点在于优化产业结构、消化过剩产能，最终要落实到一家家企业上。新一轮科技革命和产业革命正在孕育兴起，不断推进科技创新、管理创新、产品创新、市场创新、品牌创新。	2013 年 11 月 4 日，习近平总书记在湖南考察时的讲话
2	推动中国制造向中国创造转变、中国速度向中国质量转变、中国产品向中国品牌转变。	2014 年 5 月 10 日，习近平总书记在河南考察中铁工程装备集团时提出了"三个转变"（中共中央文献研究室. 习近平关于科技创新论述摘编［M］. 北京：中央文献出版社，2016：4）
3	狠抓农产品标准化生产、品牌创建。	中央经济工作会议在北京举行［N］. 人民日报，2016-12-17
4	打造国家热带现代农业基地，进一步大象海南热带农产品品牌。	2018 年 4 月 13 日，习近平总书记在庆祝海南建省办经济特区 30 周年大会上的讲话
5	落实党的十九大关于推动经济发展质量变革、效率变革、动力变革的重大决策，实现中国制造向中国创造转变、中国速度向中国质量转变、中国产品向中国品牌转变，必须有信心、有耐心、有定力地抓好自主创新。	2017 年 12 月 12 日，习近平总书记在江苏考察时强调

续表

序号	内 容 摘 要	来　源
6	扩大高水平开放，把握机遇积极参与 "一带一路" 国际合作，推动优质产能和装备走向世界大舞台、国际大市场，把品牌和技术打出去。	2019 年 5 月 21 日，习近平总书记在推动中部地区崛起工作座谈会上的讲话
7	推动我国汽车制造业高质量发展，必须加强关键核心技术和关键零部件的自主研发，实现技术自立自强，做强做大民族品牌。当今世界制造业竞争激烈，要抢抓机遇，大力发展战略性新兴产业，实现弯道超车。	2020 年 7 月 23 日，习近平总书记在吉林考察时的讲话
8	要统筹做好茶文化、茶产业、茶科技这篇大文章，坚持绿色发展方向，强化品牌意识，优化营销流通环境，打牢乡村振兴的产业基础。	2021 年 3 月 22 日，习近平总书记在福建考察时的讲话
9	发展特色产业是地方做事做强做优实体经济的一大实招，要结合自身条件和优势，推动高质量发展。要把住质量安全关，推进标准化、品牌化。	2021 年 4 月 26 日，习近平总书记在广西考察时的讲话

五、思政元素

党的十八大以来，习近平总书记高度重视经济发展质量。当前，我国经济已由高速增长阶段转向高质量发展阶段，正处在转变发展方式、优化经济结构、转换增长动力的攻关期。此次课程通过品牌策略的讲授，让学生深刻意识到品牌建设对新时期中国经济结构转型，实现高质量发展的重要作用，厚植习近平总书记关于 "三个转变" 重要指示精神，引导学生意识到发展品牌经济、促进经济转型升级的重要战略意义，树立品牌意识，在打造自主品牌、民族品牌振兴、助力民族品牌出海、提升国家形象等方面展开积极思考和探索（见表 26）。

表 26　　　　　　　　　　　　思政素材元素

思 政 主 题	思 政 元 素
打造中国品牌，发展品牌经济	品牌建设与民族品牌振兴
	品牌建设与民族品牌出海
	品牌建设与国家形象

六、教学安排

（1）介绍品牌的概念及作用，阐释品牌战略的重要意义，以及如何开展实施品牌战略。

（2）案例教学：选取有代表性的民族品牌案例，指导学生通过案例剖析其品牌策略成功的启示及不足之处。

（3）小组讨论：以 4~6 位学生为一组，进行相关选题讨论，推进研究进展。

（4）以小组展示的方式，每组派一位学生来讲解小组所选议题和案例的内容、研究方法和启示。

七、特色和创新点

（1）项目式教学：以湖北省某一本土产品或品牌为实训项目，进行品牌策划提案。让学生将理论知识灵活运用到实践之中，深切体会到民族品牌振兴的意义。

（2）实地考察：选择一本土企业，带领学生实地参观考察，与企业进行深度交流和学习，通过校企联动的沉浸式教学让学生亲身体验和感受民族品牌的发展。

八、效果体现

（1）发表思政教育高水平论文：鼓励学生研究思政教育相关问题，将思政教育内置于学术研究中，指导学生发表思政教育领域的学术论文。

（2）获奖小组展示：对排名前 3 的小组选题内容，以"新传 focus"公众号为平台进行报道和展示，增强学生对思政研究的自豪感、认同感和获得感。

"广告创意与策划"课程思政案例

主讲教师：晋艺菡

一、章节名称

第五章　广告策划主体的综合素养、知识结构、能力结构

第一节　策划主体的综合素养

二、课程目标

（1）知识目标：广告策划主体指广告运动中的广告策划、创意、设计、执行人员，包括专业广告公司、媒体机构、企业以及其他有能力承担策划任务的人员。广告策划主体是广告策划活动的中枢和神经，是一切广告活动的策划创意者。这门课程从具体案例出发，引导学生主动思考符合国家需求、社会期待、行业认同的广告策划主体需要具备的综合素养。

（2）能力目标：培养学生主动思考问题、正确认识自我、努力提升个人的能力。

（3）德育目标：从具体的广告案例入手，通过组织学生讨论与评判，促使学生主动思考并了解广告具有的多重社会功能，以及对社会的方方面面的影响。引导学生深入学习习近平总书记关于"广告宣传也要讲导向"的相关论述和广告大师的感悟，并由此认识到，广告策划者必须具有较高的综合素养，才能担负起智力开发、集中智慧、方向引导、胜任委托的职责。然后从我国广告行业的发展与现状入手，注重引导学生对自我进行认知与评价，使学生自发探讨应如何培养并具备这些素养，以满足国家、社会、行业对广告策划主体的要求与期许。

三、教学内容

（一）主要内容

知识点是广告策划主体的综合素养，结合专业教学任务，此次课程设计了 4 个知识点：

（1）人生态度：热忱与真诚的为人态度同样是处事的态度。尽管广告策划者承揽广告业务的主要影响因素是其策划实力，但在合作中，策划者的人生态度、精神价值取向等，则决定了合作伙伴关系是否可以建立，以及是否能够持久。

（2）个人品质：不同于文化艺术作品，广告创作的版权只能归于广告主，哪怕是最了不起的广告创意，也不是属于广告创作的私人荣誉。因此，广告策划者永远只能当一个幕后英雄，这就需要豁达的心胸。另外，一名优秀的广告策划者，还需要不卑不亢的工作态度、冷静严谨的工作作风、勇往直前的坚定意志，富有社会责任感，深知自己所作事物的真正价值，就算遭受阻挠与非议也不会改变自己的信心与初心。

（3）创新精神：由于广告策划工作是为达成客户需求，实现专业目标，所以，广告策划者在广告策划实践中应永远保持存疑，对既有的事务绝不盲目顺从，勇于大胆发问，勇于突破常规观点，并秉承着脚踏实地的处理理念。

（4）道德素质：广告创意与策划，是一份非常需要规则、自律、自重的工作，广告策划者的道德品质和自律能力直接关系到行业的发展与完善。因此广告策划的主持者必须在严格遵守相关职业道德准则的同时，有意识地提升自身的职业自律能力，以更好地参与市场竞争与满足未来市场需要。

（二）课程重点、难点

教学重点：基于对广告策划工作的全方位了解、认识，理解到无论是个人还是团队，广告策划主体都应具有较高的综合素养，全局化、系统化地区思考问题并解决问题。

教学难点：如何理解对广告策划主体的综合素养要求；如何将课程思政目标融入课程内容；如何激发学生通过学习广告大师的工作感悟与人生经历，加深对广告从业者素养的深刻认识，通过自我剖析与反思，树立严于律己与努力提升的个人目标。

（三）教学方法

案例教学、互动式交流、课堂作业。

（四）教学学时

1 课时。

（五）参考教材

（1）余艳波 . 广告策划 ［M］. 武汉：武汉大学出版社，2009.

（2）《广告学概论》编写组 . 广告学概论 ［M］. 北京：高等教育出版社，2018.

（3）张金海 . 20 世纪广告传播理论研究 ［M］. 武汉：武汉大学出版社，2002.

（4）［美］大卫·奥格威，［美］大卫·奥格威自传 ［M］. 麦慧芳，译 . 海口：海南出版社，1998.

（5）林升梁 . 美国伟大广告人 ［M］. 北京：中国经济出版社，2008.

四、思政素材

此次课程思政素材主要来自习近平总书记在新闻舆论工作座谈中关于广告的论述与《人民日报》《光明日报》的相关文章。

习近平总书记在新闻舆论工作座谈会上指出：广告宣传也要讲导向。这是党的最高领导人首次提出广告宣传也要讲导向，为广告从业人员进一步指明了方向。

广告宣传是媒体宣传的重要组成部分，也有导向问题。好的广告，能够传播正能量，弘扬社会正气，倡导正确的价值观，引导健康的消费观。不良的广告甚至虚假广告，可能误导消费者，助长奢靡之风，败坏社会风气，甚至给消费者带来财产损失，最终会损害媒体的公信力。

广告宣传要讲导向，第一，要坚持真实的原则。真实性原则不仅是新闻的底线，也是广告工作的底线。作为广告从业人员，要对广告的真伪负责，严把广告宣传的真实关，不能什么钱都敢收。

第二，要依法合规经营，守住广告法这个底线。2015 年 4 月，全国人大常委会通过了新修订的《中华人民共和国广告法》，这是指导广告宣传的一个基本遵循。广告法要求，广告应当真实、合法，以健康的形式表达广告内容，符合社会主义精神文明建设和弘扬中华民族优秀传统文化的要求。所有的广告活动，都必须符合广告法的要求，若违反广告法，必然会在导向上出问题。

第三，要处理好媒体的自身利益与公众利益的关系，注意广告的"时效"，不能只追求媒体自身利益的最大化而放弃社会责任。

第四，要下功夫做好公益广告宣传，用优秀的公益广告作品传播社会主义核心价值观，传播正能量。好的公益广告，也能成风化人，凝心聚力。

五、思政元素

此次课程通过案例的讲授与分析，让学生深刻意识到广告的社会功能与其对社会的重大影响，厚植习近平总书记关于"广告宣传也要讲导向"的理念，引导学生牢牢把握正确导向。进而使学生认识到广告策划主体的社会责任，并主动思考如何提升自身的综合素质（见表27）。

表 27 　　　　　　　　　　　　思政素材元素表

思 政 主 题	思 政 元 素
负面案例	有道搞笑广告被多次抄袭翻拍
	奥迪二手车物化女性视频广告
	三只松鼠眯眯眼平面广告
优秀商业广告	SKⅡ《她最后去了相亲角》
	知乎《第十万另一个为什么》
	淘宝《平凡之路》
优秀公益广告	庆祝中国共产党成立95周年公益广告《我是谁》
	央视新冠防疫广告《礼物篇》
	菜鸟驿站《翻书越岭，让山里的孩子们看见更大的世界》

六、教学安排

从负面案例导入开始，"看了这个案例，你有什么感受"？在学生们自由发言的基础上，教师根据学生们回答的实际情况进行启发与引导，告诉学生，中国社会正处于向消费社会转型的过程中，大众对于广告的依赖与关注不断增强，广告舆论影响社会生活的方方面面。影响分为正负两方面：其一，广告失范现象频发，使社会效益遭受侵害。其二，一些广告也为社会主义精神文明建设、建设社会主义和谐社会等方面作出巨大贡献。因此，广告的社会功能问题融入主流视野。

随后，教师向学生们展示各种优秀的广告案例，包括商业广告和公益广告，让其进一步感受与了解广告导向的作用于魅力。引导思考，即广告有哪些社会功能，并深入讨论广告策划主体需要担负起的社会责任。进而讲授本节知识点——广告策划主体的综合素养。

在学生自主探究与教师讲授的基础上，教师以世界广告大师的工作感悟与人生经历激励学生，激发他们自我提升热情，鼓励他们客观地评价自身的不足与差距，并努力寻找提升自我的方式方法，制订切实可行的计划，寻找伙伴互相监督，按照计划进行综合素养的提升。

七、特色和创新点

课程思政建设具有重要性与必要性，因此，基于智能营销时代广告在本质、理念、作业流程等生存形态、传播形态、运作形态的变革，"广告创意与策划" 课程对教学展开了积极调适，具体的改革理念和思路主要集中于以下方面。

（1）教学范式从知识灌输转向学生主动汲取。教师根据教学知识点，不断挖掘典型的负面广告案例与更新的优秀广告案例作为思政教育资源，巧妙地引导学生在主动的思考与深入的讨论中总结出教学内容中的知识点。教师不再仅仅是教学的中心，而是激发学生主动汲取，从学习中找到成就感，引导其树立正确的人生观、价值观，筑牢理想信念根基。

（2）教学阵地从固定场所转向全时空实践教学。由于 "广告创意与策划" 作为一门实践性较强的课程，其教学需要走出教室才更具成效。因此，教师对思政内容的教学过程也应该突破教学仅限于教室的传统观点，建立覆盖教室、校园、社会、网络的全方位教学场域观和课前、课中、课后相统一的教学时间观。例如，后续在带领企业深入广告提案命题方进行深度沟通时，在学生进行实战项目策划时，巧妙地将章节知识点融入实践，充分利用课外实践指导学生。

八、效果体现

（1）课堂互动交流：在对广告策划工作了解的基础上，学生在互动中提出自身发展的问题，教师通过解答与沟通，确认学生对专业工作所需的综合素养有了更深了解。

（2）课后作业反映：课后要求学生结合自身情况分析利弊，并对有效提高自身专业素养与职业道德进行规划。据书面作业反映，此次课程对学生们对于职业素养与职业道德的认知有了更深的理解，并愿意通过努力提升自己。

（3）期末实践应用：该课程实践部分要求学生们以小组为单位进行企业广告策划实战，实践过程对学生的综合素养提出要求，并起到考察作用。据企业方反馈，对学生综合素养的评价逐年提升。

"中国文化概论"课程思政案例

主讲教师：赵静宜

一、章节名称

第十六章　当代中国文化发展与中西文化交流

第四节　当代"国学热"和传统文化教育

二、课程目标

（1）知识目标：理解国学的内涵，国学热的表现、原因以及三个不同发展阶段，领会国学教育的重要意义。

（2）能力目标：认同中西方文化均包含精华与糟粕的观点，具有辨别西方文化对中方文化消极影响的能力，能够批判地看待、分析中西文化交流、中西文化互动中利与弊。

（3）德育目标：从振兴国学、弘扬中国传统文化的视角理解当代社会中由于传统文化式微带来的问题，引导学生践行学习中国传统文化、树立中华民族自信、讲好中国故事的方针政策，培养符合新时代社会发展需求的新闻传播人才。

三、教学内容

（一）主要内容

1. 国学的概念

国学泛指中国传统文化，亦即关于我们自己民族在长期的历史发展中所形成的学问。

2. "国学热"的表现

△基于文化多元化的基本主张，提倡每个国家、民族都有权利和义务保存、发展

自己的传统文化；都有权利自主选择接受、不完全接受或在某些具体领域完全不接受外来文化因素，同时也有权利对人类共同面临的文化问题发表自己的意见。

△具体有自上而下和自下而上两个发展方向，即民间性与意识形态性。

3. "国学热"产生的原因

△当代经济全球化；

△当代文化全球化；

△西方价值观对当代中华民族文化的冲击。

4. "国学热"三个发展阶段

△20 世纪 80 年代：从文化寻根的角度对"文化大革命"等政治动乱进行反思式的研究。

△20 世纪 90 年代，学院派的关注焦点，引起民间和政府的极大兴趣，为后来"重振国学、研究国学"热走向高潮做好了铺垫。

△进入 21 世纪，"国学热"发展的高潮，已和每位关心国事的人息息相关。

5. 国学教育与当代民族文化建设

△将国学教育与现代教育融合；

△普及蒙学教育；

△在日常生活中普及"礼"；

6. 课堂讨论

国学教育的批判之维。

（二）课程重点、难点

理解国学热表现的三个层次、两种路径、三个发展阶段。

课程难点：学生利用所学知识辩证看待国学教育利与弊、中西文化交流的能力。

（三）教学方法

案例教学、小组讨论、小组成果展示。

（四）教学学时

2 课时。

（五）参考教材

（1）金元浦. 中国文化概论［M］. 北京：中国人民大学出版社，2021.

（2）张岱年，方克立. 中国文化概论［M］. 北京：北京师范大学出版社，2021.

（3）张国刚，吴莉苇 . 中西文化关系史［M］. 北京：高等教育出版社，2006.

（4）蔡元培 . 东西文化结合［M］//中国近代思想家文库·蔡元培卷. 北京：中国人民大学出版社，2014.

（5）胡适 . 充分世界化与全盘细化［M］//中国近代思想家文库·胡适卷. 北京：中国人民大学出版社，2015.

四、思政素材

此次课程思政素材主要来自习近平总书记关于弘扬中国传统文化、培养民族自信、讲好中国故事的阐述。党的十八大以来，习近平总书记围绕此内容反复强调，作出许多深刻阐述（见表28）。

表 28　　　　　　　　　　　　思政素材核心内容

序号	内 容 摘 要	来　　源
1	中国传统文化博大精深，学习和掌握其中的各种思想精华，对树立正确的世界观、人生观、价值观很有益处。学史可以看成败、鉴得失、知兴替；学诗可以情飞扬、志高昂、人灵秀；学伦理可以知廉耻、懂荣辱、辨是非。我们不仅要了解中国的历史文化，还要睁眼看世界，了解世界上不同民族的历史文化，去其糟粕，取其精华，从中获得启发，为我所用。	2013 年 3 月 1 日，习近平在中央党校建校 80 周年庆祝大会暨 2013 年春季学期开学典礼上的讲话
2	儒家思想在中国思想文化领域长期取得了主导地位，但中国思想文化依然是多向多元发展的。这些思想文化体现着中华民族世世代代在生产生活中形成和传承的世界观、人生观、价值观、审美观等，其中最核心的内容已经成为中华民族最基本的文化基因，是中华民族和中国人民在修齐治平、尊时守位、知常达变、开物成务、建功立业过程中逐渐形成的有别于其他民族的独特标识。	2014 年 9 月 24 日，习近平在纪念孔子诞辰 2565 周年国际学术研讨会暨国际儒学联合会第五届会员大会开幕会上的讲话
3	文化自信，是更基础、更广泛、更深厚的自信。在 5000 多年文明发展中孕育的中华优秀传统文化，在党和人民伟大斗争中孕育的革命文化和社会主义先进文化，积淀着中华民族最深层的精神追求，代表着中华民族独特的精神标识。	2016 年 7 月 1 日，习近平在庆祝中国共产党成立 95 周年大会上的讲话

续表

序号	内 容 摘 要	来 源
4	讲好中国故事、传播中国声音，争取第一时间把北京冬奥盛会传播出去。 要通过办好这样的大型国际赛事活动，进一步提升我们的文化传播力、新闻影响力、国家软实力。	2022 年 1 月 4 日，习近平总书记在考察 2022 年冬奥会、冬残奥会筹办备赛工作时强调
5	中国人自古就推崇"协和万邦""亲仁善邻、国之宝也""四海之内皆兄弟也""远亲不如近邻""亲望亲好、邻望邻好""国虽大、好战必亡"等和平思想。	习近平用典案例

五、思政元素

此次课程通过对"国学热"与传统文化教育知识的讲授，让学生深刻意识到当代中西方文化交流中，西方文化对中国传统文化的侵蚀，以及发展国学教育，传播民族文化、厚植民族自信、讲好中国故事的思想理念。引导学生辩证看待当代文化交流，明晰文化全球化过程中的利与弊。与此同时，明确当代大学生继承优秀传统民族文化，弘扬民族精神的历史担当与时代责任。

六、教学安排

（1）介绍"国学热"的概念、表现和原因，描绘"国学热"不同发展阶段的历史表现，阐释当代国学教育与现代教育融合的价值和意义。

（2）案例教学：授课对象为广告专业学生。鼓励学生选取有代表性的广告案例，分析其中的传统文化要素，或选择自己感兴趣的传统文化面向，为其海外传播做一项广告策划。

（3）小组讨论：以 4~5 位学生为一组，进行相关选题讨论，推进研究进展。

（4）以小组展示的方式，每组派一位学生讲解小组选题缘由、内容以及效果。

七、效果体现

（1）发表思政教育高水平论文：一方面，鼓励学生研究思政教育相关问题，将思政教育内置于学术研究中，指导学生发表思政教育领域的高水平学术论文。另一方面，教师自己探寻课程思政教育中的经验或路径，撰写教研论文或申请教研项目。

（2）获奖小组展示：对排名前 3 的小组选题内容和研究设计，以"易拉宝"的形式在院内展示一周，进而增强学生对思政研究的自豪感、认同感和获得感。

"新闻摄影"课程思政案例

主讲教师：何海涛

一、章节名称

第七章 新闻摄影拍摄

第一节 以寻找新闻形象为目的

二、课程目标

（1）知识目标：摄影记者采访活动的最终目的是拍到一张具有新闻意义底照片。新闻摄影是"形象化了的新闻"。

（2）能力目标：新闻摄影是以具体、可观的视觉形象来报道新闻的，必须将调查采访与采集可供拍摄的形象结合起来，通过具体的形象来揭示出来。这是摄影采访与文字采访的根本区别。

（3）德育目标：从新闻摄影的角度出发，深入了解新闻摄影的专业特性，引导学生践行社会主义核心价值观，将社会主义核心价值观的价值内核与丰富内涵融入新闻摄影采访，既能满足学生对新闻报道的信息捕捉，又能发挥启迪思想、温润心灵、陶冶情操，培养"有理想、有道德、有文化、有纪律"的"四有"青年。

三、教学内容

（一）主要内容

1. 采访过程

必须深入地观察、思考、判断事实的发生发展的新闻意义，把隐没在纷繁复杂的环境中的事实本质挖掘出来。

紧跟事物发展变化的各种情况，通过形象去把握事物内在本质与外在形态，找到能准确地体现事物内容、意义的外部形象。

摄影记者的采访工作除了运用逻辑思维以外，还要运用形象思维去进行把握、整理素材，用"摄影的眼睛"对周围的事物与环境进行观察判断。

新闻摄影也有其局限性，即无法表现概念思想、观念、哲理这些无形的东西，也无法表现持续时间很长又没有明显的情节和外部形态的事物，只能表现具体直观的、有形象特征的事物。

2. 完成于新闻现场

立足于现场成为拍摄新闻摄影的一种客观规定，是新闻摄影的要素之一，这是由是摄影的纪实性所决定的。

3. 与事件同步

采摄新闻形象，除了要求摄影行动与新闻事件保持空间的同一性，还要强调行动与新闻事件发生在同一时间上，与新闻事实进程同步，具有"目击者""见证人"的身份。

4. 抓取瞬间

照片的瞬间，是事件流程中的一个横断面，由于无法展示事件的全过程，所以这个瞬间又必须明确交代出所摄事件的内容和价值，是浓缩了的瞬间，是"事物的全部精华"。

5. 形象的不可改变性

摄影记者无法对已拍摄画面形象的不合理、不协调因素进行纠正，也不能利用艺术摄影中常用的后期处理方法进行加工。

真实性是新闻摄影的生命。

新闻摄影所揭示的主题必须真实，而不能虚构、主观臆造、脱离实际。新闻图片中的形象直接来自现实生活和新闻事件发生现场。

6. 专题新闻摄影的相关要求

（1）必须有一个主题，每张照片都是为表现主题而存在。

（2）是一种深度报道形式。不仅可以展示新闻事物的广度，而且可以揭示其深度。

（3）是一种全方位、多角度的报道方式，可更全面、完整、深刻地揭示新闻主题。

（4）专题新闻摄影大多具有比较强烈的故事性。每张照片都是一个典型的情节，将它们联系起来，就是一个完整的故事。

（5）图片新闻和特写性新闻报道有机结合。照片按照一定的顺序，以不同的景别和角度变化进行排列，视觉上有变化，内容上有递进。

（6）更加重视文字的作用。由于其内容更为深刻、复杂，所以文字的叙事功能将起到更大的作用。

（二）课程重点、难点

重点：理解布列松的《决定性瞬间》摄影理论，并在实践中对新闻摄影理论充分应用。

难点：掌握影像瞬间形象的捕捉，以及与新闻事件的关联和表达。

（三）教学方法

案例教学、小组讨论并制订拍摄计划、成果展示。

（四）教学学时

2 课时。

（五）参考教材

（1）盛希贵．新闻摄影教程［M］．北京：中国人民大学出版社，2020．

（2）徐忠民．新闻摄影学［M］．杭州：浙江大学出版社，1996．

（3）［法］亨利·卡蒂埃-布列松．思想的眼睛——布列松论摄影［M］．赵欣，译．北京：中国摄影出版社，2014．

四、思政素材

此次课程思政素材主要来自习近平总书记关于文化自信、网络空间、网络文明的阐述。党的十八大以来，习近平总书记围绕此内容反复强调，作出许多深刻阐述（见表 29）。

表 29 　　　　　　　　　　　　　　思政素材核心内容

序号	内 容 摘 要	来　源
1	国无德不兴，人无德不立。一个民族、一个人能不能把握自己，很大程度上取决于道德价值。如果我们的人民不能坚持在我国大地上形成和发展起来的道德价值，而不加区分、盲目地成为西方道德价值的应声虫，那就真正要提出我们的国家和民族会不会失去自己的精神独立性的问题了。如果没有自己的精神独立性，那政治、思想、文化、制度等方面的独立性就会被釜底抽薪。	2014 年 2 月 17 日，习近平在省部级主要领导干部学习贯彻十八届三中全会精神全面深化改革专题研讨班上的讲话

续表

序号	内 容 摘 要	来　源
2	网络空间是亿万民众共同的精神家园。网络空间天朗气清、生态良好，符合人民利益。网络空间乌烟瘴气、生态恶化，不符合人民利益。谁都不愿生活在一个充斥着虚假、诈骗、攻击、谩骂、恐怖、色情、暴力的空间。互联网不是法外之地。利用网络鼓吹推翻国家政权，煽动宗教极端主义，宣扬民族分裂思想，教唆暴力恐怖活动，等等，这样的行为要坚决制止和打击，决不能任其大行其道。利用网络进行欺诈活动，散布色情材料，进行人身攻击，兜售非法物品，等等，这样的言行也要坚决管控，决不能任其大行其道。没有哪个国家会允许这样的行为泛滥开来。我们要本着对社会负责、对人民负责的态度，依法加强网络空间治理，加强网络内容建设，做强网上正面宣传，培育积极健康、向上向善的网络文化，用社会主义核心价值观和人类优秀文明成果滋养人心、滋养社会，做到正能量充沛、主旋律高昂，为广大网民特别是青少年营造一个风清气正的网络空间。	2016 年 4 月 19 日，习近平总书记在网络安全和信息化工作座谈会上的讲话
3	文化自信，是更基础、更广泛、更深厚的自信。在 5000 多年文明发展中孕育的中华优秀传统文化，在党和人民伟大斗争中孕育的革命文化和社会主义先进文化，积淀着中华民族最深层的精神追求，代表着中华民族独特的精神标识。	2016 年 7 月 1 日，习近平在庆祝中国共产党成立 95 周年大会上的讲话
4	文化和科技融合，既催生了新的文化业态、延伸了文化产业链，又集聚了大量创新人才，是朝阳产业，大有前途。谋划"十四五"时期发展，要高度重视发展文化产业。要坚持把社会效益放在首位，牢牢把握正确导向，守正创新，大力弘扬和培育社会主义核心价值观，努力实现社会效益和经济效益有机统一，确保文化产业持续健康发展。	2020 年 9 月 17 日，习近平在湖南长沙考察调研马栏山视频文创产业园时的讲话
5	网络文明是新形势下社会文明的重要内容，是建设网络强国的重要领域。近年来，我国积极推进互联网内容建设，弘扬新风正气，深化网络生态治理，网络文明建设取得明显成效。要坚持发展和治理相统一、网上和网下相融合，广泛汇聚向上向善力量。各级党委和政府要担当责任，网络平台、社会组织、广大网民等要发挥积极作用，共同推进文明办网、文明用网、文明上网，以时代新风塑造和净化网络空间，共建网上美好精神家园。	2021 年 11 月 19 日，习近平致首届中国网络文明大会的贺信

五、思政元素

此次课程通过新闻摄影拍摄的知识讲授，让学生深刻意识到摄影作品对新闻事件表达的影响。在课堂教学中要将习近平总书记关于先进文化和文化自信的重要论述，引导学生牢牢把握正确导向，守正创新，大力弘扬和培育社会主义核心价值观，凸显大学生文化认同思政元素。例如，社交媒体使用与大学生文化认同（见表30），将无形的思想教育问题与课堂教学相结合，不仅将夯实专业知识，同时在思想政治上也要得到充分体现。

表 30 　　　　　　　　　　　　　**思政素材元素**

思 政 主 题	思 政 元 素
新闻摄影拍摄如何正确传播新闻内容	如何制订拍摄计划
	如何选取拍摄对象
	组织和选用适合组照表达一条完整的新闻信息
	图文并茂表达正确的新闻信息，符合正确的社会主义核心价值观，共建网上美好精神家园

六、教学安排

（1）实践教学：以武汉市市内为拍摄地点，选取有代表性的新闻主题、拍摄对象，指导学生通过拍摄实践理解新闻摄影采访的理论及表现形式。

（2）小组讨论：以5~6位学生为一组，进行相关选题讨论，推进拍摄进展。

（3）以影展的方式，进行以小组为单位进行展示的方式，每组拍摄以一个专题多幅摄影作品为展示对象，每组作品都要求有文字叙述。

七、特色和创新点

（1）佳作赏析：此次课程将以大量欣赏国内外摄影大师杰作的方式，采用了问题分析的方式分析画面，如"表达什么→如何表达→是否表达完整"的思路，引导学生思考问题，激发学生的积极思考问题的主动性，使学生主动深入探讨新闻摄影拍摄的表现形式、对新闻主题的影响等，充分了解摄影在新闻采访中的重要意义。

（2）重在实践：此次课程增设了师生外出拍摄采风环节，通过实践鼓励学生以个人以实践和观察为基础，提出问题、思考问题，梳理拍摄思路，不断加深学生对此次课程内容的理解，提高其专业技能，通过理论与实践相结合的方式以增添课程的趣味性，进而加强学生的思政教育。

（3）作品展示：此次课程在期末前以小组为单位，每组取 5～10 幅作品，制作成展板全部在校内展出，以鼓励和激发学生的学习潜力和激情。

八、效果体现

（1）拍摄具有社会积极意义的作品：鼓励学生研究思政教育相关问题，将思政教育内置于平时所学中，指导学生拍摄积极向上，反应思政教育方向的新闻摄影作品。

（2）期末小组作品公开展示：对优秀的小组选题的摄影作品做展板设计，在校园内院内进行展示，进一步加强学生对此次课程和思政研究的学习兴趣、荣誉感。

"广告文案写作" 课程思政案例

主讲教师：章　俊

一、章节名称

第五章　一语中的：怎样创作广告口号

第一节　广告口号的基础知识

二、课程目标

（1）知识目标：清晰界定广告口号的内涵与外延。

（2）能力目标：清晰广告口号的功能与特点。

（3）德育目标：从广告口号的角度深入理解广告口号在广告运动中的重要性，引导学生在广告口号创作中践行社会主义核心价值观，将社会主义核心价值观的价值内核与丰富内涵融入广告口号创作，从而使广告运动既能满足人民群众多层次的精神文化需求，又能发挥启迪思想、温润心灵、陶冶情操的功能，培养"有理想、有道德、有文化、有纪律"的"四有"青年。

三、教学内容

（一）主要内容

1. 广告口号

广告口号：为了加强受众对企业、产品或服务的认知和印象，伴随广告反复传播的一种简明扼要的口号式语句，主要体现的是企业、产品或服务的理念或者特征。

2. 功能：以最少的词汇传达核心信息

将主诉信息和销售主张压缩成精练的短句，便于复述、记忆、传播，加深印象，充实企业形象；使企业的形象、理念，在不同的传播方式中得到统一；影响消费观念、社会文化和流行风尚。

3. 特点

易读易记，口语化；

句式简短，适合反复诉求；

有一定的口号性与警示性；

有一定的现代感和流行性。

4. 广告口号与广告标题的区分

广告口号和广告标题的区分：（1）功能不同。广告标题主要在吸引消费者的注意；广告口号主要是加深消费者对企业、产品或服务理念、特征的记忆。（2）形式要求不同。广告标题可长可短，没有明确的长短字数要求；广告口号一定要求简短，一般不超过12个字。（3）时效性不同。广告标题一般是一次性的，有时在同一次的系列广告中，也可能会用到同一个标题；广告口号是长期反复使用的，是在企业或产品的多个广告传播运动中都会重复使用的。

5. 口号升级的三重境界

说得对：确定最重要的信息内容。

说得好：寻找与消费者沟通的最佳方式。

说得妙：怎么把璞玉雕琢得更加精美？

6. 广告创作人应该是敏锐的潮流观察家

一个文案撰稿人，应该将关注流行文化和青少年语言当作每天的必修课。听流行歌曲，看最新的报刊，关注最火的电影，书店里的畅销书都在写什么，网络论坛都在讨论什么话题……民间的智慧是无穷的，我们完全可以吸收并运用。

如今的流行词，几乎都是从网络上发源，然后才流传开来，比如"A4腰"等。而热门电影也总会在带来无数笑料之余，创造出一批流行语，在社会上广为流传，如"撩妹""壁咚""虐恋""宠溺"……带来了一些比较物化的影响。需要注意的是，广告口号一样承担着社会主义精神建设的职责和重担，所以作为一个合格的广告人，在迎合大众的流行进行广告口号创作时，一定要同时注意广告口号的社会主义精神导向。

（二）课程重点、难点

在短视频、短文案当道的当下，如何精准地把握广告口号与广告标题的区分，从而更好地创作广告口号，是课程的重点与难点。

（三）教学方法

案例教学、小组讨论、小组成果展示。

（四）教学学时

2课时。

（五）参考教材

（1）空手. 传神文案［M］. 北京：机械工业出版社，2021.

（2）关健明. 爆款文案：把文案变成"印钞机"［M］. 北京：北京联合出版社，2017.

（3）乐剑峰. 广告文案：文案人的自我修炼手册［M］. 北京：中国出版集团，2019.

四、思政素材

此次课程思政素材主要来自习近平总书记关于文化自信、网络空间、网络文明的阐述。党的十八大以来，习近平总书记围绕此内容反复强调，作出许多深刻阐述（见表31）。

表31　　　　　　　　　　　　思政素材核心内容

序号	内容摘要	来源
1	国无德不兴，人无德不立。一个民族、一个人能不能把握自己，很大程度上取决于道德价值。如果我们的人民不能坚持在我国大地上形成和发展起来的道德价值，而不加区分、盲目地成为西方道德价值的应声虫，那就真正要提出我们的国家和民族会不会失去自己的精神独立性的问题了。如果没有自己的精神独立性，那政治、思想、文化、制度等方面的独立性就会被釜底抽薪。	习近平在省部级主要领导干部学习贯彻十八届三中全会精神全面深化改革专题研讨班上的讲话（2014 年 2 月 17 日）
2	网络空间是亿万民众共同的精神家园。网络空间天朗气清、生态良好，符合人民利益。网络空间乌烟瘴气、生态恶化，不符合人民利益。谁都不愿生活在一个充斥着虚假、诈骗、攻击、谩骂、恐怖、色情、暴力的空间。互联网不是法外之地。利用网络鼓吹推翻国家政权，煽动宗教极端主义，宣扬民族分裂思想，教唆暴力恐怖活动，等等，这样的行为要坚决制止和打击，决不能任其大行其道。利用网络进行欺诈活动，散布色情材料，进行人身攻击，兜售非法物品，等等，这样的言行也要坚决管控，决不能任其大行其道。没有哪个国家会允许这样的行为泛滥开来。我们要本着对社会负责、对人民负责的态度，依法加强网络空间治理，加强网络内容建设，做强网上正面宣传，培育积极健康、向上向善的网络文化，用社会主义核心价值观和人类优秀文明成果滋养人心、滋养社会，做到正能量充沛、主旋律高昂，为广大网民特别是青少年营造一个风清气正的网络空间。	习近平总书记在网络安全和信息化工作座谈会上的讲话（2016 年 4 月 19 日）

续表

序号	内 容 摘 要	来　　源
3	文化自信，是更基础、更广泛、更深厚的自信。在 5000 多年文明发展中孕育的中华优秀传统文化，在党和人民伟大斗争中孕育的革命文化和社会主义先进文化，积淀着中华民族最深层的精神追求，代表着中华民族独特的精神标识。	习近平在庆祝中国共产党成立 95 周年大会上的讲话（2016 年 7 月 1 日）
4	文化和科技融合，既催生了新的文化业态、延伸了文化产业链，又集聚了大量创新人才，是朝阳产业，大有前途。谋划"十四五"时期发展，要高度重视发展文化产业。要坚持把社会效益放在首位，牢牢把握正确导向，守正创新，大力弘扬和培育社会主义核心价值观，努力实现社会效益和经济效益有机统一，确保文化产业持续健康发展。	习近平在湖南长沙考察调研马栏山视频文创产业园时的讲话（2020 年 9 月 17 日）
5	网络文明是新形势下社会文明的重要内容，是建设网络强国的重要领域。近年来，我国积极推进互联网内容建设，弘扬新风正气，深化网络生态治理，网络文明建设取得明显成效。要坚持发展和治理相统一、网上和网下相融合，广泛汇聚向上向善力量。各级党委和政府要担当责任，网络平台、社会组织、广大网民等要发挥积极作用，共同推进文明办网、文明用网、文明上网，以时代新风塑造和净化网络空间，共建网上美好精神家园。	习近平致首届中国网络文明大会的贺信（2021 年 11 月 19 日）

五、思政元素

此次课程通过广告口号知识的讲授，让学生深刻意识到广告口号的重要性、对社会文化的影响；厚植习近平总书记关于先进文化和文化自信的重要论述，引导学生牢牢把握正确导向，守正创新，大力弘扬和培育社会主义核心价值观，凸显大学生文化认同思政元素。例如，社交媒体使用与大学生文化认同（见表 32），将无形的思想教育问题落地为扎实的学术研究，做到"教学与思想教育、学术研究"融洽发展，相得益彰。

表 32　　　　　　　　　　　　　　　**思政素材元素**

思 政 主 题	思 政 元 素
社交媒体使用与大学生文化认同	社交媒体使用与大学生文化认同
	社交媒体使用与大学生网络文化生产

续表

思 政 主 题	思 政 元 素
社交媒体使用与大学生文化认同	社交媒体使用与大学生网络文化传播
	社交媒体使用与大学生先进网络文化知识

六、教学安排

（1）介绍广告口号的概念、功能和特点，阐释当下社会文化中某些物化倾向的影响，特别是网络文化的影响，强调一个优秀的广告创作人，既要保持对时代潮流的敏感，同时也必须牢牢把握住正确的政治方向。

（2）案例教学：选择现当代国内个有影响的广告口号进行分析，它们对品牌建设的作用以及对社会文化正反影响。

（3）小组讨论：以 4~5 位学生为一组，进行相关选题讨论，推进研究进展。

（4）以小组展示的方式，每组派一位学生代表，讲解小组选题的内容、来源、研究方法和意义。

七、特色和创新点

（1）反向引导：此次课程与以往正向灌输式思政教育形不同，采用了"问题/危害→表现形式→原因→措施"反向引导的教课形式，先抛出"物化对广告人素养"的影响和危害，激发学生的积极性和主动性，引导学生深入探讨广告口号的表现形式、某些物化倾向影响等，最终肯定广告创作人的素养在创作绝佳广告口号中的作用，以及应对某些物化倾向的重要意义。

（2）寓教于乐：此次课程加入师生互动环节，通过"学生报选题→教师反馈意见→学生调整→教师反馈意见"多次线上和线下互动，鼓励学生在观看后拟一些广告口号，并研究广告口号的角度和思路；通过"启发式"教学，加以丰富多元的案例解惑，不断加深学生对广告口号创作的理解，使学生主动推进研究进展，增强课程的趣味性，以寓教于乐的形式来加强学生的思政教育。

（3）竞争教育：此次课程以 4~5 位学生为一组，共计 15 小组。每组共有 10~15 分钟小组展示时间，全部展示后以每组 3 票的形式，投出前 3 名优秀小组。通过竞争教育，激发学生的学习潜力和激情。

八、效果体现

（1）选取自己喜爱的广告口号进行点评：鼓励学生研究思政教育相关问题，将思政教育内置于广告口号的研究和评析中。

（2）获奖小组展示：对排名前 3 的小组选题内容和研究设计，在课堂上专门进行演示和老师点评，增强学生对思政研究和广告口号创作的自豪感、认同感和获得感。

"品牌学"课程思政案例

主讲教师：章　俊

一、章节名称

第一章　品牌传播管理与要说
第一节　品牌的内涵与关系

二、课程目标

（1）知识目标：了解何为品牌，主要包括管理与传播两大方面的内容。

（2）能力目标：深入把握品牌概念的本质即是在受众心理深处的认知，这些认知的本质内涵及关系。

（3）德育目标：从品牌的角度出发，深入了解品牌概念的独特性，引导学生认识到德育就是造就"有道德的人"，就是使个人在道德上社会化，懂得社会观念和社会规范，并认为有责任在行动上坚持不懈地遵循它们。

三、教学内容

（一）主要内容

1. 品牌的内涵

品牌是包括组织与个人在内的品牌主，以可以进行传播流通的表层符号以及符号所指代的内在事物（人、产品、服务等）通过传播扩散，而在消费者或接受者那里产生的倾向性的印象，是品牌主与以消费为核心的受众的一种聚焦性约定。

2. 品牌内涵关系图

第一层级是：属性、利益与使用者；第二层级是：价值与个性；第三层级是品牌文化。

3. 品牌的作用

（1）品牌能够满足消费者的需要。

（2）品牌能够帮助品牌主营销。有助于销售量的增长；有助于商品合理溢价；有助于降低营销费用。

（3）品牌能够提升企业的经营品位。

①品牌崇高理念的确立；②品牌质量信誉的保证；③品牌人性服务的提供；④品牌美好形象的设计。

（4）品牌能够负载企业的无形价值。

4. 品牌与产品的区别与联系

（1）品牌与产品的区别：产品是具体的存在，而品牌存在于消费者的认知中；产品最终由生产部门生产出来，而品牌形成于整个营销组合环节；任何产品都有生命周期，强势品牌可常青。

（2）品牌与产品的联系：产品是品牌的载体，品牌依附于产品；品牌利益由产品属性转化而来；品牌核心价值是对产品功能特征的高度提炼；品牌借助产品来兑现承诺。

（3）产品质量是品牌竞争力的基础。

（二）课程重点、难点

重点：理解品牌的实质内涵，品牌表面看起来有形，其实无形，品牌其实是存在于消费者心里的一种认知。

难点：品牌与产品之间的联系和区别，特别是有形和无形的方面。

（三）教学方法

案例教学、小组讨论。

（四）教学学时

2 课时。

（五）参考教材

（1）吴晓波. 激荡十年，水大鱼大［M］. 北京：中信出版集团，2020.

（2）黄静. 品牌营销（第二版）［M］. 北京：北京大学出版社，2014.

（3）奥美公司. 奥美观点精选（品牌卷）［M］. 北京：中国市场出版社，2009.

（4）舒咏平. 品牌传播与管理［M］. 北京：首都经济贸易大学出版社，2008.

四、思政素材

此次课程思政素材主要来自习近平总书记关于文化自信、网络空间、网络文明的阐述。党的十八大以来，习近平总书记围绕此内容反复强调，作出许多深刻阐述（见表33）。

表 33   思政素材核心内容

序号	内容摘要	来源
1	理想信念是立党兴党之基，也是党员干部安身立命之本。年轻干部接好班，最重要的是接好坚持马克思主义信仰、为共产主义远大理想和中国特色社会主义共同理想而奋斗的班。党员干部只有胸怀天下、志存高远，不忘初心使命，把人生理想融入党和人民事业之中，把为人民幸福而奋斗作为自己最大的幸福，才能拥有高尚的、充实的人生。坚定理想信念，必先知之而后信之，信之而后行之。坚定理想信念不是一阵子而是一辈子的事，要常修常炼、常悟常进，无论顺境逆境都坚贞不渝，经得起大浪淘沙的考验。	习近平在中央党校中青年干部培训班上的讲话（2022年3月1日）
2	全面建成小康社会后，我们将开启全面建设社会主义现代化国家新征程，我国发展环境面临深刻复杂变化，发展不平衡不充分问题仍然突出，经济社会发展中矛盾错综复杂，必须从系统观念出发加以谋划和解决，全面协调推动各领域工作和社会主义现代化建设。	关于《中共中央关于制定国民经济和社会发展第十四个五年规划和二〇三五年远景目标的建议》说明（2020年10月26日）
3	文化自信，是更基础、更广泛、更深厚的自信。在5000多年文明发展中孕育的中华优秀传统文化，在党和人民伟大斗争中孕育的革命文化和社会主义先进文化，积淀着中华民族最深层的精神追求，代表着中华民族独特的精神标识。	习近平在庆祝中国共产党成立95周年大会上的讲话（2016年7月1日）
4	文化和科技融合，既催生了新的文化业态、延伸了文化产业链，又集聚了大量创新人才，是朝阳产业，大有前途。谋划"十四五"时期发展，要高度重视发展文化产业。要坚持把社会效益放在首位，牢牢把握正确导向，守正创新，大力弘扬和培育社会主义核心价值观，努力实现社会效益和经济效益有机统一，确保文化产业持续健康发展。	习近平在湖南长沙考察调研马栏山视频文创产业园时的讲话（2020年9月17日）

续表

序号	内 容 摘 要	来　源
5	网络文明是新形势下社会文明的重要内容，是建设网络强国的重要领域。近年来，我国积极推进互联网内容建设，弘扬新风正气，深化网络生态治理，网络文明建设取得明显成效。要坚持发展和治理相统一、网上和网下相融合，广泛汇聚向上向善力量。各级党委和政府要担当责任，网络平台、社会组织、广大网民等要发挥积极作用，共同推进文明办网、文明用网、文明上网，以时代新风塑造和净化网络空间，共建网上美好精神家园。	习近平致首届中国网络文明大会的贺信（2021年11月19日）

五、思政元素

此次课程通过品牌学的知识讲授，让学生深刻意识到品牌建设对企业发展的影响，在课堂教学中要将习近平总书记关于先进文化和文化自信的理念，引导学生牢牢把握正确导向，守正创新，大力弘扬和培育社会主义核心价值观，凸显大学生文化认同思政元素，如社交媒体使用、品牌传播与大学生文化认同（见表34），将无形的思想教育问题与课堂教学相结合，不仅将夯实专业知识，同时在思想政治上也要得到充分体现。

表34　　　　　　　　　　思政素材元素

思 政 主 题	思 政 元 素
品牌传播中如何正确传播新闻内容	如何制订传播计划
	如何选取品牌形象
	组织和策划一个完整的品牌传播文案
	图文并茂地表达正确的品牌传播信息，树立社会主义核心价值观，共建网上美好精神家园

六、教学安排

（1）小组讨论：以5~6位学生为一组，进行相关选题讨论，推进拍摄进展。

（2）以研讨会的方式，进行以小组为单位进行展示的方式，每组选择一个品牌案例为展示对象，讲述品牌发展中的品牌故事，每组作品都要求有文字叙述。

七、特色和创新点

（1）品牌故事会：此次课程将以大量解析国内外知名品牌的品牌故事方式，采用问题分析的方式剖析诸多知名品牌何以发展至此，如"品牌定位是什么→如何定位→是否定位精准"的思路，引导学生思考问题，激发学生积极思考问题的主动性，使学生主动深入探讨品牌发展历史、了解品牌概念的本质，充分了解品牌在企业发展中的重要意义。

（2）成果展示：此次课程在期末前以小组为单位，每组以案例剖析及品牌未来五年发展规划为主题进行"PK"，以鼓励和激发学生的学习潜力和激情。

八、效果体现

（1）选取每组同学感兴趣的品牌进行未来五年的品牌发展规划：鼓励学生研究思政教育相关问题，将思政教育内置于平时所学中，指导学生结合当下中国国情以及思政教育所学，合理提出品牌未来的发展规划。

（2）期末小组作品公开展示：对优秀选题的小组在课堂给时间公开分享，进一步加强学生对此次课程和思政研究的学习兴趣和荣誉感。

"广播电视文稿写作" 课程思政案例

主讲教师：刘宝珍

一、章节名称

第八章　电视片解说词写作
第二节　电视片解说词的功能

二、课程目标

（1）知识目标：通过对课程的学习，使学生了解电视片解说词的功能，领会电视片解说词写作的重要性。

（2）能力目标：培养学生欣赏、评析和写作电视片解说词的能力。

（3）德育目标：从国家主流媒体选取记录讲述中国共产党奋斗史和中国国家发展史的电视片，或选择能体现中国自然之美、人文之美、大国之美的电视片。如主旋律电视片《我们走在大路上》《不忘初心继续前进》《大国外交》《使命》《话说长江》《西藏的诱惑》等，通过对解说词的分析来增强学生的民族自信心和国家自豪感以及对祖国大好河山的神往热爱之情，培养学生热爱祖国、全心全意为人民服务的社会主义主人翁意识。

三、教学内容

（一）主要内容

1. 电视片解说词的概念

电视片解说词是电视纪录片和电视专题节目的文字稿。它介绍、叙述新闻事实和节目内容，发表议论和抒发感情，是表达主题思想的重要手段。

2. 电视片解说词的使用原则

在电视画面表现不了或表现不好的时候才使用解说词。

3. 电视画面语言的局限性

（1）使人们的思维局限于画面；

（2）视觉画面语言具有多义性（"库里肖夫效应"）；

（3）视觉画面语言具有模糊性；

（4）画面时空被严格限定在现在进行时，对过去时、将来时鞭长莫及；

（5）面对人物复杂的内心世界、思想和事物发展的本质、规律等抽象、无形的东西，画面无所适从。

4. 电视片解说词的功能

（1）确定画面信息；

（2）增加画面信息；

（3）擅长表达理性；

（4）擅长叙事；

（5）转场过渡；

（6）整合画面；

（7）表现细节；

（8）营造意境；

（9）抒发感情；

（10）升华主题。

（二）课程重点、难点

（1）讲解电视片解说词的功能。

（2）指导学生制作短视频、写作解说词。

（三）教学方法

案例教学、小组讨论、小组成果展示。

（四）教学学时

2课时。

（五）参考教材

（1）彭菊华．广播电视写作教程［M］．北京：中国传媒大学出版社，2016．

（2）郑保章. 电视专题与电视栏目 ［M］. 北京：中国广播电视出版社，2007.

（3）王列. 电视纪录片创作教程 ［M］. 北京：中国广播电视出版社，2005.

（4）陈国钦. 纪录片解析 ［M］. 上海：复旦大学出版社，2007.

（5）姚洪磊. 纪录片审美经验现象学 ［M］. 武汉：华中科技大学出版社，2015.

四、思政素材

此次课程思政素材主要来自以下六部电视专题片（见表 35）。

表 35　　　　　　　　　　　　　　　思政素材核心内容

序号	内 容 摘 要	来　源
1	时间是历史的见证者，也是伟大的书写者。 新中国 70 年间，中国人民伟大的创造力，汇聚成千千万万的中国奇迹，中华民族迎来了从站起来、富起来到强起来的伟大飞跃，亿万人民共同撑起伟大中国梦，铸就着新时代的辉煌。中国特色社会主义道路，我们看准了、认定了，必须坚定不移走下去。只有这条道路而没有别的道路，能够引领中国进步、增进人民福祉、实现民族复兴。中国共产党，是带领我们走好这条道路的领路人。	《我们走在大路上》
2	这 5 年，从改革开放近 40 年的攻坚克难中走来，一场改变当代中国命运的新的伟大革命，推动中国始终走在时代前列。这 5 年，从新中国 60 多年的持续探索中走来，一场改天换地的伟大建设，让共和国巍然屹立在世界的东方。	《不忘初心继续前进》
3	独行快，众行远。5 年来，以习近平同志为核心的党中央积极推动构建以合作共赢为核心的新型国际关系，对 "21 世纪国际关系向何处去" 这一时代命题给出了中国答案。中国全方位外交布局实现新拓展，中国的全球伙伴关系网更加紧密。面向未来，放眼寰球，中国特色大国外交高举和平、发展、合作、共赢的旗帜，必将不断书写新的篇章，铸就新的辉煌！	《大国外交》
4	革命是解放生产力，改革也是解放生产力。当中国共产党踏着这一历史主旋律凯歌行进时，科学技术对生产力的发展，越来越显示出巨大的作用。面对挑战与竞争，与时俱进的中国共产党为了代表先进生产的发展要求，始终踏着世界高科技革命的涛声碧浪。	《使命》

续表

序号	内 容 摘 要	来　源
5	长江和黄河一起，共同养育着世世代代的炎黄子孙，共同孕育着中国民族的灿烂文化。	《话说长江》
6	落日，悲壮的犹如英雄的感叹。面对此情此景，有人觉得迷茫，有人受到启悟，然而，却都感到心灵的震撼。路啊，你来自何方，又通向何处？为了心中的信念，我愿意付出千辛万苦。路啊，你来自何方，又通向何处？为了心中的祈求，我愿日夜跋涉在漫漫长途。西藏的诱惑，是一种境界。西藏的诱惑，是一种精神。因为诱惑的启示，让我们朝前走吧！	《西藏的诱惑》

五、思政元素

此次课程选取国家主流媒体播放的电视片中的精彩片段和解说词来论证电视片解说词所具备的十大功能，把课程思政理念有机融入专业课程的教学，引领学生树立正确的价值观，培养学生的爱国主义精神，实现了专业知识和课程思政"一体化、嵌入式"的教育模式（见表36）。

表 36　　　　　　　　　　　　思政素材元素

思 政 主 题	思 政 元 素
我国主流媒体电视片解说词的叙事策略与传播价值	电视片解说词概念界定
	我国主流媒体电视片解说词的叙事策略
	我国主流媒体电视片解说词的传播价值

六、教学安排

（一）案例教学与主题提炼

（1）在对"电视片解说词"进行概念界定时，结合"解说词是表达主题思想的重要手段"这一观点，以24集大型文献专题片《我们走在大路上》的开场解说词（24集开场的画面和解说词是一样的）为例，引导学生边看视频边分析这段电视解说词的主题思想。

（2）在对"电视片解说词的功能"进行讲解时，结合"思政素材核心内容"中的典型案例，用课前剪辑好的画面片段和整理好的解说词来引导学生具体分析电视片解说词的功能，同时引导他们分析这些解说词所表达的主题思想，体会电视片解说词的叙事策略与传播价值。

（二）学生实践创作与课堂交流汇报

（1）在我国主流媒体传播的电视片中，挑选有代表性的作品作为案例，要求学生完整记录该作品的解说词，指导学生分析解说词的功能。

（2）学生可自选中国党史、国史、军史中的重大事件和功勋人物，在广泛搜集资料的基础上，进行党史类短视频创作，并撰写好解说词。

（3）学生在课堂上以小组形式汇报。请小组之间相互点评，加强学生之间的交流和合作；教师针对学生汇报情况进行现场点评，对学生创作的视频和解说词及时提出修改意见，针对解说词的叙事策略和传播主题要进行重点指导。

七、特色与创新点

（1）教育理念创新：摒弃了传统高校教育理念中"教师讲学生听"的单一模式，课堂更加突出学生的主体地位，学生的参与度与积极性明显提高。

（2）教学方法创新：教学非常重视案例的选择，尤其关注国家主流媒体最新传播动态，可使学生接触到最前沿的信息，尽快了解党和国家的方针政策，进而树立正确的人生观和价值观。

（3）教育模式创新：把课程思政融入专业知识，实现了专业知识和课程思政的"一体化、嵌入式"教育模式。

八、效果体现

（1）发表思政教育高水平论文：进一步思考课程思政教育嵌入专业教学实践的相关问题，发表课程思政教育领域的高水平学术论文。

（2）学生实践创作效果体现：鼓励学生在课堂开展讨论和分享；鼓励学生创建班级课程成果分享平台；鼓励学生在正规化的网络平台分享自己的实践创作成果；鼓励学生参加高级别教学或科研竞赛。使学生的创新成果能被社会认可，并更好地服务于社会。

"广播节目采制" 课程思政案例

主讲教师：柴巧霞

一、章节名称

第二章　录音新闻
第一节　录音新闻的结构及采编流程

二、课程目标

（1）知识目标：理解录音新闻的定义、结构、采编要求、采编流程和采访方法。

（2）能力目标：具备采编录音新闻的能力，熟悉录音新闻的采访方法，能够制作出符合要求的录音新闻节目。

（3）德育目标：从党的宣传任务建设高度深入理解当前广播录音新闻采制的目标和要求，引导学生践行社会主义核心价值观，将社会主义核心价值观的价值内核与丰富内涵融入广播录音新闻的制作过程，生产出既能满足人民群众多层次的精神文化需求，又能发挥启迪思想、温润心灵、陶冶情操的优秀广播录音新闻作品。

三、教学内容

（一）主要内容

1. 定义

录音新闻是广播新闻音响报道的一种，是同时具备解说语言和采访音响的广播消息体裁。

2. 录音新闻的结构

导语（简洁、实用，概括式、评论式）；

介绍语（由播音员或主持人介绍，例如：下面请听记者某某发回的报道）；

主体（解说词+音响，含新闻背景，纵向结构为主，有的也用倒金字塔或横向结构）；

回报（例如：以上是记者某某的报道，也可省略）；

标题（可以不播，但通常写在稿签上，若内容重要可以采用内容提要的形式）。

3. 录音新闻的采编要求

（1）尽量选择有音响特点的新闻事件；

（2）一事一报；

（3）音响要典型；

（4）结构有逻辑、较严谨，并给音响留下空间；

（5）短小精悍，长消息 4 分钟以内，短消息 1 分半钟以内。

4. 录音新闻的采编流程

（1）选题（新闻价值，是否采集到典型的音响）；

（2）准备（采访内容、新闻背景、采访设备）；

（3）采访；

（4）构思（巧妙而独特）；

（5）写稿（文字+录音）；

（6）剪裁（剪辑录音素材）；

（7）录音（解说词）；

（8）合成（录音和串词的合成）；

（9）签发。

5. 录音新闻的采访方法

（1）到达新闻现场后做好三件事：观察现场；尽快确定采访对象；了解事情经过。

（2）学会提问，做好录音采访。

漏斗式：是一种从一般到具体的程式，从开放性问题开始进入主题，其形式为：开放式问题—封闭式问题—开放式问题。

倒漏斗式：是一种从具体到一般的程式，从封闭性问题进入主题，其形式为：封闭式问题—开放式问题。

（3）录音新闻需要捕捉的音响：

①捕捉最能反映新闻特点的现场音响，抓住现场的典型音响，发挥广播新闻的声音优势。

②捕捉最能反映新闻本质意义的典型音响，需要记者具备相当的新闻敏感和职业素养。

③捕捉具有证据作用的重要音响，抓住具有事实依据的音响。

④捕捉哪些看似无用却能反映深层次问题的音响。有时看似不成功的采访，往往提供了最有意义的线索。

（二）课程重点、难点

课程重点：理解录音新闻的定义、结构、采编要求、采编流程和采访方法。

课程难点：从党的宣传任务建设高度深入理解当前广播录音新闻采制的目标和要求，学生利用所学知识寻找并发现合适的新闻线索，采访并制作出符合要求的录音新闻作品。

（三）教学方法

案例教学、作品鉴赏、小组讨论。

（四）教学学时

2 课时。

（五）参考教材

（1）危羚 . 广播音响报道实用教程（第 3 版）［M］. 北京：中国传媒大学出版社，2018.

（2）王宇 . 现代广播新闻实务 ［M］. 北京：中国广播影视出版社，2009.

（3）成文胜 . 广播新闻 ［M］. 北京：中国人民大学出版社，2013.

（4）周勇 . 视听新闻报道 ［M］. 北京：中国人民大学出版社，2021.

四、思政素材

此次课程思政素材主要来自党的十八大以来，习近平总书记关于坚决整治形式主义、官僚主义的一系列重要讲话和一系列重要指示批示，以及强调"以人民为中心"的阐述，中国记协网第三十一届广播消息类一等奖获奖作品《东丽中学家属院唯一公厕为"迎检"被街道强拆，居民"内急"成难题》（见表 37）。

表 37   思政素材核心内容

序号	内 容 摘 要	来　源
1	加强党的政治建设，保证全党集中统一、令行禁止，要把力戒形式主义、官僚主义作为重要任务。 三次全会把"以党的政治建设为统领，坚决破除形式主义、官僚主义"作为今年重点工作任务，提升到党的政治建设的高度，表明了我们党整治这一顽瘴痼疾的坚定决心。	习近平在十九届中央纪委三次全会上发表的重要讲话（2019 年 2 月 28 日）
2	一些党员干部中发生的贪污腐败、脱离群众、形式主义、官僚主义等问题，必须下大气力解决。	习近平总书记在十八届中央政治局常委第一次与媒体集体见面会上的讲话（2012 年 11 月 15 日）
3	从坚持政治原则、严明政治纪律的高度，深化集中整治形式主义、官僚主义成果，深刻剖析成因，推动综合施治。 现实生活中，形式主义、官僚主义的表现多样：有的落实党中央决策部署不用心、不务实、不尽力，口号喊得震天响、行动起来轻飘飘，把说的当做了，把做了当做成了。有的地方要求事事留痕，把"痕迹"当"政绩"，把精准扶贫搞成精准填表，用纸面数字来展现所谓扶贫成效。有的工作拖沓敷衍，遇事推诿扯皮、回避矛盾和问题，一点点小事都要层层上报请示，看似讲规矩，实则不担当。有的拍脑袋定决策，搞家长制、"一言堂"，把个人凌驾于组织之上，容不下他人，听不得不同意见。有的地方问责泛化滥用，动不动就签"责任状"、搞"一票否决"，甚至把问责作为推卸责任的"挡箭牌"，等等。形式主义、官僚主义是目前党内存在的突出矛盾和问题，是阻碍党的路线方针政策和党中央重大决策部署贯彻落实的大敌。	习近平在十九届中央纪委三次全会上发表的重要讲话（2019 年 2 月 28 日）
4	形式主义实质是主观主义、功利主义，根源是政绩观错位、责任心缺失，用轰轰烈烈的形式代替扎扎实实的落实，用光鲜亮丽的外表掩盖矛盾和问题。官僚主义实质是封建残余思想作祟，根源是官本位思想严重、权力观扭曲，做官当老爷，高高在上，脱离群众，脱离实际。	习近平总书记 2013 年在河北调研时的讲话

续表

序号	内容摘要	来　源
5	推动解决当前干部考核工作和干部队伍存在的突出问题，激励引导广大干部以更好的状态、更实的作风带头贯彻落实党中央决策部署，确保全党统一意志、统一行动、步调一致前进。	2019 年 2 月 22 日，中央政治局召开会议审议《党政领导干部考核工作条例》
6	2020 年 6 月，天津广播新闻热线接到群众反映，河东区二号桥街的工作人员为迎接"创文"检查，将东丽中学家属院内唯一公厕拆除，导致 16 户居民"内急"只能在家里用塑料袋解决。接到居民投诉后，记者先后三次来到现场了解情况，在反复采访调研后确认群众反映问题属实。为了深入了解公厕拆除的实际原因，记者采访了东丽中学、二号桥街道办事处、河东区信访办、区城管委、区创卫办等单位，调查事实真相，了解到二号桥街道办事处拆除公厕，是为了迎接国家创文检查的事实。记者又采访了市城管委，证实了二号桥街道办事处拆除厕所，不符合流程和规定，违背了"以人民为中心"的理念，存在形式主义、官僚主义的问题。 此篇报道采取明察暗访的采访方式，多方取证，真实记录了公厕被强拆的前因后果。报道先后在天津新闻广播《新闻第一报》、天津经济广播与天津滨海广播并机直播的《天津早晨》节目播出。两档节目播出后，市民反响强烈，新闻热线集中受理了一批群众反映的有关部门不作为、不担当，形式主义、官僚主义等问题。 报道播出后，公厕一天内就恢复原状，百姓如厕难问题得到解决。天津市河东区监察委对二号桥街道办事处相关负责人进行了问责处理。天津市纪委监委也开展形式主义、官僚主义作风问题检查，查处了一批侵害群众利益的干部，营造了风清气正的政治环境。	天津海河传媒中心　天津新闻广播 FM97.2《新闻第一报》，2020 年 6 月 19 日 作品时长 3 分 56 秒 主创人员：马晓萌、刘倩

五、思政元素

此次课程通过对优秀广播录音新闻作品的分析与鉴赏，让学生深刻领会到党的新闻宣传工作的目标和要求，以及广播录音新闻作品对时代主题的展示与表现。以具体作品为案例，引导学生牢牢把握正确导向，守正创新，分析广播录音新闻作品如何选题，如何弘扬和培育社会主义核心价值观，凸显思政元素（见表38）。此外，将无形的思想教育问题落地为扎实的学术研究和实践创作，做到"教学与思想教育、学术研究"融洽发展，相得益彰。

表38　　　　　　　　　　　　思政素材元素

思 政 主 题	思 政 元 素
中国共产党的新闻宣传工作的目标、要求及广播录音新闻的采制要求	中国共产党新闻宣传工作的目标及要求
	优秀作品鉴赏与示范
	反对形式主义、官僚主义的解释及作品分析
	录音新闻如何选题以及表现时代主题

六、教学安排

（1）介绍录音新闻的定义、定义、结构、采编要求、采编流程和采访方法，尤其是介绍中国共产党的新闻宣传工作目标和要求。

（2）案例教学：以历届中国新闻奖获奖录音新闻节目为案例，通过作品鉴赏的形式来进行案例教学，融入思政元素。

（3）小组讨论与实践：4~6位学生为一组，进行相关作品的讨论，并进行采编实践。

（4）作品展示：分小组展示自己的创作理念和作品，并组织师生进行优秀作品评选。

七、特色和创新点

（1）作品创作：此次课程与以往正向、灌输式思政教育形式不同，采用了作品鉴赏、作品创作的实践形式，鼓励学生通过自己发现问题并印证相关主题，激发其积极性和主动性。

（2）寓教于乐：此次课程加入师生互动环节，通过"学生报选题→教师反馈意见→学生创作→教师反馈意见→作品公开展示"等多次线上和线下互动，鼓励学生自己动手创作优秀的专题作品，通过"启发式"教学，加之丰富多元的案例解惑，不断加深学生对于优秀专题节目的理解，并以寓教于乐的形式加强思政教育。

（3）竞争教育：此次课程以4~6位学生为一组，共计4小组。每组共有5~8分钟的作品展示时间，组织广电系师生对相关作品进行评选，最终评选出优秀作品。通过竞争教育，激发学生的学习潜力和激情。

八、效果体现

（1）发表思政教育高水平论文：鼓励学生研究思政教育相关问题，将思政教育内置于学术研究中，指导学生发表相关领域高水平学术论文。

（2）优秀作品展示：对学生作品进行评选，将优秀作品展示在学院的相关平台，增强学生对思政研究的自豪感、认同感和获得感。

"电视摄像"课程思政案例

主讲教师：柴巧霞　江龙军

一、章节名称

第三章　电视采访的策划

第一节　电视采访策划的意义

二、课程目标

（1）知识目标：理解电视采访策划的必要性、要点以及突发事件中的电视采访策划。

（2）能力目标：具备进行电视采访策划的能力，熟悉电视采访策划的要点，能够对突发事件进行电视采访策划。

（3）德育目标：从党的新闻宣传工作和艺术工作的高度深入理解电视采访策划的目标和要求，引导学生践行社会主义核心价值观，并将其价值内核与丰富内涵融入电视摄像过程，完成摄像任务，生产出既能满足人民群众多层次精神文化需求，又能发挥启迪思想、温润心灵、陶冶情操的优秀节目。

三、教学内容

（一）主要内容

1. 电视采访策划的必要性

电视采访是有目的的信息采集活动，良好的策划会使采访进行得更加顺利。

（1）电视采访策划是电视节目策划的有机构成。

电视发展到今天已经非常成熟，电视节目制作流程已经形成了一些套路。这有助于节目制作的参与者完成复杂的协调工作，帮助他们妥善处理各项事务。电视节目制作流程主要包括访前、访中和访后的大量琐碎工作，即访前准备阶段、拍摄采访阶段和后期编制阶段。

效果—动因模式包括四个基本过程：①基本构思——预期传播效果；②分析达到预期传播效果需要哪些素材以及如何获得这些素材；③在编制节目中贯彻基本构思；④节目播出后，比较实际传播效果与预期传播效果之间的契合度。

（2）电视采访策划是电视采访准备的基础。

从理论上讲，访前准备是否完成的判定标准是访前策划是否完善。

从实际操作上讲，要从采访题材的类型、采访现场的声音与光线环境、采访对象的性格等方面考虑，做好相应准备。

首先，电视采访前对采访题材及其背景资料的了解，有助于确定采访的主题，决定采访的方式。如果是批评类题材，要考虑被访对象是否会配合，如果可能不配合，是否有必要采取隐蔽拍摄的方式。

其次，电视采访前对现场进行了解，确定采访所需要的设备。如果现场声音环境过于嘈杂，则不方便利用随机话筒采录主体音响，这要求我们带到现场的采访话筒应尽量选择强指向性的。如果现场光线不能满足摄像机的技术要求，就要考虑带专业灯具。

再次，电视采访前对访问对象的了解，将确定访问的手法。有的访问对象性格内向、不善表达，访前准备不仅要求提问细致，而且要求了解访问对象的兴趣爱好，以便访问时营造良好的氛围。如果访问对象性抵触采访，访前就要准备与其利益攸关的问题，劝导他接受采访。

（3）电视采访策划有利于各工种的协作。

电视采访是集体活动，集体成员通常包括采访记者和摄像记者，要求较高的电视专题节目往往还有现场编辑、灯光师、录音师、化妆师等。良好的策划会使集体成员明确采访的目的、任务，让采访小组所有成员不仅明确自己的职责，而且知晓如何与其他成员协作。

（4）电视采访策划有利于节目形式的确立。

虽然说内容决定电视节目的形式，但同时形式也会影响内容的表现。什么样的节目内容，要求有其相应的形式。这要求节目组成员在采访前就应该通过分析节目题材、可能的节目内容以及可以采用的各种形式，选择最优形式。如现场报道要求记者在采访中，不仅要观察、倾听、思考，而且要将部分看到的、听到的、想到的，在现场、在合适的时间用合适的有声和肢体语言表达出来。同时，记者还应该时刻意识到摄像机正在记录，在"我"的引导下记录，在记录"我"的一言一行。节目（基本播出单元）中形式的一贯性，有利于节目内容的连贯与整体感，符合影视表达的基本要求，提升节目的传播效果。

（5）电视采访策划有利于控制采访小组对现场的介入。

电视新闻采访必须在新闻现场进行。采访小组成员到达现场后，在采访过程中或多或少地会对现场产生影响。这与电视新闻采访的纪实性要求相矛盾。因而要求采访小组对现场的介入加以控制，既保障采访的顺利，采录到原汁原味的生活素材，又尽量减少对现场的影响。例如，像记者的现场访问、述评等只能在现场许可的情况下进行。

访前策划不仅可以大体确定节目的主题思想、报道的主要形式，而且能指导我们选择采访需要的设备、采访小组成员之间如何分工协作，还能针对不同的现场发挥我们的主观能动性，有控制地介入现场，有准备地提出问题。策划是采访顺利进行的有力保障。

2. 电视采访策划的要点

电视节目制作是一项系统工程，电视采访只是这项工程中的一个子系统。电视采访策划不仅要考虑采访阶段的各种可能，还要考虑到编辑制作乃至播出阶段的工作。从理论上讲，电视策划包括从电视台的组建、频道的划分、栏目的设置到节目的设计。雷蔚真教授的《电视策划学》充分说明了这一点。我们这里主要讨论的是电视摄像与采访，重点从节目（基本播出单元）层面考虑策划。因此，电视采访策划也叫电视节目采访策划。

（1）明确节目目标。刚刚参加电视新闻工作的记者，借着记录新闻的客观真实的名义，扛着摄像机四处拍摄，记录了社会生活中各种人的各种言行，回来编辑节目时，往往会发现这些素材无法编制成一个独立完整的电视新闻节目。直接原因是他（她）所记录到的这些素材各自独立，没有必然的逻辑关联。因此，没有目的的采访是浪费时间。

①具体目标的确定。电视采访策划必须基于节目基本构思。明确的节目目标是节目基本构思完成的基础。

②笼统目标的确立。有些选题在明确节目目标时，会感觉到确立报道具体目标比较难。像前几年国内媒体关于见义勇为、街头乞讨、医患关系的报道，由于狭窄（甚至是狭隘）的报道目标，不仅难以达到预期的传播效果，而且实际传播效果可能与预期的南辕北辙。选题目标的确立应当与党的新闻宣传工作的任务安排保持一致。

（2）分析节目需要哪些素材以及如何获得这些素材。节目目标确立后，我们得赶紧思考什么样的节目内容才能实现该目标、这些内容需要哪些素材、这些素材如何获得？具体需要从节目内容、节目需要的素材，以及如何获得需要的素材等方面入手。

（3）以人、财、物为依托。今天的电视台，不仅要追求社会效益，还要追求经济效益。节目的运作，既要追求播出后产生最大化的社会效应，还要控制生产过程中人、财、物的花费。任何一个电视节目都有其人、财、物等方面的预算。其中涉及摄像与采访方面的人员、设备、经费的预算，也是我们在采访策划中必须要考虑的问题之一。

①人员根据获得素材可能的工作量与节目能给予素材采集的时间之间的关系，适当地组织采访小组。如果时间允许，最好只成立一个小组，因为一个小组负责所有的节目素材，小组成员之间交流节目的相关问题比较方便，采访风格一致，比较容易保持节目在形式上的统一性与内容上的协调性。如果时间不允许，也可成立两个或两个以上的采访小组。这时，不仅要注意各小组之间的分工，即每个小组的采访任务是什么；还要注意各小组之间的协调，即在采访行动前，要求每个小组都明确节目的风格，各种素材的最佳符号形态。在通常情况下，一个电视采访小组至少由摄像师和采访记者构成，如果节目需要记者现场出镜，还要考虑专门的化妆师；如果节目有比较高的音响要求，还要考虑录音师；如果拍摄现场的光线不能满足节目要求（节目对镜头画面的灰度层次眼球比较高、要求有特殊的光效、担心现场光线不能满足摄像机的技术要求等），还要考虑灯光师……

②设备电视采访活动大多是外拍而不是在电视台里的演播厅内完成。外出采访前必须对采访小组即将使用的设备提前准备。相对而言，电视新闻类节目中的消息对设备的要求比较简单，一台摄录一体的摄像机即可，如果采访中有人物之间比较长时间的交流（人物访谈），通常需要两台（有条件的可以三台）摄像机。如果节目对镜头画面的稳定性要求比较高，则每台摄像机还应该配备三脚架（或其他摄像机专业底座）。如果估计到摄像机的随机话筒无法满足节目对音响的要求（采访现场比较嘈杂），则应该选择相应的采访话筒（注意还有相应的话筒线，有的话筒还需要电池，有时还要有专门的话筒罩）。如果现场的光线不能满足节目要求，则要带专业灯具（有时可能还要雷灯纸、柔光纸等）、灯架……有些类型的电视节目是采编同步，这时还需要编辑设备甚至转播车。

③现在国内的电视台都实行制片人经费管理制，对每个节目的制作经费实行预算或包干。也就是说一个节目的经费是有限的，其有限的经费将支付节目生产过程中的交通费、住宿费、伙食费、设备租用费、人员稿费……如果你生产节目不想亏本，最好做好节目经费预算，计划好上述方方面面的经费。其中，涉及采访阶段的费用往往会占节目总经费不小的比例。

（4）以文案为最佳形式。电视采访策划是节目策划的有机组成部分。在实际工作中，电视采访策划难寻独立的文案，而节目策划的文案却随处可见。这是因为策划往往是整体策划，是将涉及电视节目制作的所有环节（包括采访）都考虑在内，以文案的形式呈现。

3. 突发新闻事件的电视新闻节目策划

在通常情况下，我们讨论节目策划是以掌握的节目线索为前提。突发新闻事件给予我们节目生产的时间非常有限，如果还是按上述的要求，以是否完成策划文案为标准来谈电视新闻报道策划的话，等我们策划好，再按策划的要求来采访制作，这样生产出来的电视新闻节目，恐怕生产完成的时候就已经变成了旧闻。同时，还无法获得新闻现场的声像素材，节目必然缺乏现场感……

电视新闻字面上就是电视+新闻，当然不是简单地相加，而是充分交融。一方面，电视要求其新闻节目应该充分发挥电视的媒介优势——声像传播，要求节目中应该包含新闻现场的音响和影像。在电视发展史中，一般认为只有包含新闻现场影像的电视新闻才算真正意义上的电视新闻。这要求我们的电视新闻采访必须在新闻现场与新闻事件的发展同步进行。另一方面，新闻是刚刚发生或正在发生的事实的报道，电视新闻更追求新闻的时效，要充分发挥电子媒体传播速度快的优势。这两个方面都要求我们在获知新闻事件发生时，就必须尽最大努力带齐采访必需的设备赶到新闻现场，并立刻投入采访活动，在采访结束时，又必须尽最大努力抢时间完成节目的编辑制作。因此，我们根本就没有时间静下来思考、书写突发新闻事件类电视新闻节目的策划文案。但这并不意味着突发新闻事件类电视新闻节目就没有节目策划，只是这类策划往往是电视记者获知新闻线索后、赶往新闻现场的过程中，在电视记者的大脑中所形成的节目的大体构想。这个大体构想虽然没有上文阐述的策划文案那样详细，但对于有经验的电视新闻工作者（他们对电视新闻报道已是轻车熟路，对于电视新闻节目选题的确定、内容的取向、素材的选择以及采制电视节目过程中的人财物的选用已经熟练到类似条件反射）而言，已经足够。

（二）课程重点、难点

理解电视采访策划的必要性、要点以及突发事件中的电视采访策划。

课程难点：学生利用所学知识完成电视采访策划，尤其是在准备时间比较有限的情况下，圆满完成电视采访策划。

（三）教学方法

案例教学、实践操作、小组讨论。

（四）教学学时

2 课时。

（五）参考教材

（1）任金州．电视摄像（第四版）[M]．北京：中国传媒大学出版社，2021．

（2）朱羽君．电视采访学 [M]．北京：中国人民大学出版社，2010．

（3）[美] 郝伯特．摄像基础（第三版）[M]．黄雅堃，译．北京：中国传媒大学出版社，2005．

（4）卢晓云．电视摄像技术与艺术 [M]．北京：国防大学出版社，2015．

（5）焦道利．电视摄像与画面编辑 [M]．北京：清华大学出版社，2019．

四、思政素材

此次课程思政素材主要来自习近平总书记关于新闻工作的要求的相关阐述以及中国记协网第二十九届中国新闻奖二等奖获奖作品《"棉花姑娘"们收获新喜悦》（见表39）。

表 39　　　　　　　　　　　　　思政素材核心内容

序号	内 容 摘 要	来　源
1	做四"者"： 新闻观是新闻舆论工作的灵魂。 要深入开展马克思主义新闻观教育，引导广大新闻舆论工作者做党的政策主张的传播者、时代风云的记录者、社会进步的推动者、公平正义的守望者。	2016 年 2 月 19 日，习近平在党的新闻舆论工作座谈会上强调
2	五个"要"： 要增强政治家办报意识，在围绕中心、服务大局中找准坐标定位，牢记社会责任，不断解决好"为了谁、依靠谁、我是谁"这个根本问题。 要提高业务能力，勤学习、多锻炼，努力成为全媒型、专家型人才。 要转作风改文风，俯下身、沉下心，察实情、说实话、动真情，努力推出有思想、有温度、有品质的作品。 要严格要求自己，加强道德修养，保持一身正气。 要深化新闻单位干部人事制度改革，对新闻舆论工作者在政治上充分信任、工作上大胆使用、生活上真诚关心、待遇上及时保障。	2016 年 2 月 19 日，习近平在党的新闻舆论工作座谈会上强调

序号	内 容 摘 要	来 源
3	坚持 "四向"： 一是要坚持正确政治方向，同党中央保持高度一致，坚持马克思主义新闻观，坚守党和人民立场，坚持中国特色社会主义，做政治坚定的新闻工作者。 二是要坚持正确舆论导向，深入宣传党的理论和路线方针政策，深入宣传全国各族人民为实现 "两个一百年" 奋斗目标、实现中华民族伟大复兴中国梦进行的奋斗和取得的成就，弘扬主旋律，释放正能量，做引领时代的新闻工作者。 三是要坚持正确新闻志向，提高业务水平，勇于改进创新，不断自我提高、自我完善，做业务精湛的新闻工作者。 四是要坚持正确工作取向，以人民为中心，心系人民、讴歌人民，发扬职业精神，恪守职业道德，勤奋工作、甘于奉献，做作风优良的新闻工作者。 一句话，就是要做党和人民信赖的新闻工作者。	2016 年 11 月 7 日，习近平会见中国记协第九届理事会全体代表和中国新闻奖、长江韬奋奖获奖者代表时强调
4	坚定 "四个自信"： 希望广大新闻工作者坚定 "四个自信"，保持人民情怀，记录伟大时代，讲好中国故事，传播中国声音，唱响奋进凯歌，凝聚民族力量，为实现 "两个一百年" 奋斗目标、实现中华民族伟大复兴的中国梦不断作出新的更大的贡献。	2017 年 11 月 8 日，习近平致信祝贺中国记协成立 80 周年
5	在 2018 年全国宣传思想工作会议上，习近平总书记指出，要 "不断增强脚力、眼力、脑力、笔力，努力打造一支政治过硬、本领高强、求实创新、能打胜仗的宣传思想工作队伍"。 2019 年 2 月 12 日，宣传思想战线开展增强脚力、眼力、脑力、笔力教育实践工作电视电话会议召开，强调要认真学习贯彻习近平总书记关于加强宣传思想战线队伍建设的重要论述，扎实开展增强 "四力" 教育实践，以提高政治能力为根本，以增强专业本领为关键，以锐意创新创造为紧要，以培养优良作风为基础，推动队伍整体素质实现大提升。	《光明日报》（2019 年 2 月 19 日）
6	关于电视消息类作品评选标准，中国新闻奖评奖办法中有明确表述：消息类作品要求新闻性强、时效性强，语言文字简明扼要，表述准确，逻辑清晰，有完整的新闻要素。在这个单项标准之上还有一个总标准，重点是以习近平新时代中国特色社会主义思想为指导，坚持以人民为中心，坚持马克思主义新闻观，落实 "四向四做"，践行 "四力" 要求。在具体评选工作中，我们在严格执行上述标准同时，会重点关注一些思想精深，制作精良，社会反响好的作品。思想精深是政治标准，制作精良是专业标准，社会反响好是群众标准，这与中国新闻奖的评选标准是一致的。	中国记协网第二十九届中国新闻奖电视消息、直播圆桌研讨

续表

序号	内 容 摘 要	来　源
7	《"棉花姑娘"们收获新喜悦》是济南广播电视台 2018 年庆祝改革开放 40 周年策划作品。 这篇报道源于庆祝改革开放 40 周年主题报道的采访任务，最初目标是采访改革之初家庭联产承包责任制在济南章丘的落实情况，展现 40 年发展变迁。带着思路和一纸历史资料，我们扑到章丘开始了寻访。然而，时过境迁，与之相关的当事人踪迹难寻，采访中途遇阻。 但正是在基层的寻访，让我们巧遇了"棉花姑娘"。 2018 年 12 月，我们在章丘龙山街道的大葱地里与村民聊天时，首次听到了"棉花姑娘"的故事。"棉花姑娘"是章丘龙山街道黄桑院村的一个农民群体，这个称呼源于 1979 年 12 月《人民日报》的报道《棉花姑娘们的喜悦》，报道的是她们在农村改革初期大胆尝试，勇于冲破思想束缚，最终获得棉花丰收的事迹。 乍看上去，如今的"棉花姑娘"并不起眼，都是普通的农村妇女，笑意盈盈、淳朴热情，生活也日渐富足，但近 40 年间，她们中的大多数人很少离开济南，更不知道自己的照片入选了"伟大的变革——庆祝改革开放 40 周年大型展览"。 新闻的核心是人，只有用个体的人才能解析伟大的时代。基于这一点，我们认识到：我国农村改革的重要政策和节点，"棉花姑娘"都是亲历者、受益者，因此我们多想了一步，促成和记录下了两位"棉花姑娘"的北京之行，以她们收获的新喜悦表现了亿万农民生活的巨变。 在北京，我们经历了第二次巧遇，在国家博物馆邂逅了《棉花姑娘的喜悦》的作者李锦，当时他是带着孙女第三次来看展览。我们讲好"棉花姑娘"这个故事的由头、这个作品的最终落点，都在这一天找到了。 作品是以老照片说事，但说得巧，说出了新意，以"棉花姑娘"群体生活变迁的小视角，展现了改革开放 40 年农村发展成就的大主题。 作品以庆祝改革开放 40 周年大型展览为切入，现场记录了 39 年前采访与被采访者对话的场景，从他们的表情可以看出，那回眸历史的一刻无比欣喜，荣誉感、幸福感、获得感溢于言表。新闻作品由点及面，从远及今，纵横捭阖，收放自如，穿越时空的展示不仅加强了电视的历史纵深感和时代厚重感，生动的画面也增强了说服力和感染力。作品穿插多名当事人的采访，如时任章丘平陵公社黄桑院大队队长师顺奎，他说："大呼隆不如包产到户，包产到户不如包产有奖励，包产有奖励不如干脆实行大包干。"朴素的言语表达了当时广大农民急于摆脱贫困的呼声。作品立意高，时空跨度大，主题鲜明，生动感人。短短 4 分钟，不仅折射出棉花姑娘们的喜悦、中国农民的喜悦，也让观众真切感受到 39 年穿越时空的喜悦！	济南广播电视台《"棉花姑娘"们收获新喜悦》 刊播平台：新闻综合频道《济南新闻》（2018-12-31 18：53） 作品时长 4 分钟 主创人员：陈建新　王磊　滕晨晨　孙亮　王永年

五、思政元素

此次课程通过对优秀电视消息创作过程的分析与作品鉴赏，让学生深刻领会到党的新闻宣传工作的目标和要求，以及电视采访策划中如何体现时代主题。以具体作品为案例，引导学生牢牢把握正确导向，守正创新，凸显思政元素（见表40）。此外，还将无形的思想教育问题落地为扎实的学术研究和实践创作，做到"教学与思想教育、学术研究"融洽发展，相得益彰。

表40   **思政素材元素**

思 政 主 题	思 政 元 素
中国共产党的新闻宣传工作的目标、要求及电视采访策划如何体现时代主题	中国共产党新闻宣传工作的目标及要求
	优秀电视采访作品鉴赏
	重大主题宣传的要求及作品分析
	电视采访如何表现时代主题

六、教学安排

（1）介绍电视采访策划的必要性、要点、突发新闻事件中的采访策划，尤其是介绍中国共产党的新闻宣传工作目标和要求。

（2）案例教学：以历届中国新闻奖获奖电视作品为案例，通过作品鉴赏的形式来进行案例教学，融入思政元素，重点分析创作者是如何寻找恰当的形式来表现时代主题。

（3）小组讨论与实践：以4~6位学生为一组，进行选题策划讨论，并进行拍摄实践。

（4）作品展示：分小组展示自己的创作理念和作品，并组织师生进行优秀作品评选。

七、特色和创新点

（1）作品创作：此次课程与以往正向、灌输式思政教育形式不同，采用了作品鉴赏、作品创作的实践形式,鼓励学生通过自己发现问题并印证相关主题,激发学生积极性和主动性。

(2)寓教于乐:此次课程加入师生互动环节,通过"学生报选题→教师反馈意见→学生创作→教师反馈意见→作品公开展示"等多次线上和线下互动,鼓励学生自己动手进行采访策划并完成相关创作,通过"启发式"教学,加之丰富多元的案例解惑,不断加深学生对于电视采访策划的理解,并以寓教于乐的形式加强思政教育。

(3)竞争教育:此次课程以4~6位学生为一组,共计10小组。每组共有3~6分钟的作品展示时间,组织广电系师生对相关作品进行评选,最终评选出优秀作品。通过竞争教育,激发学生的学习潜力和激情。

八、效果体现

(1)发表思政教育高水平论文:鼓励学生研究思政教育相关问题,将思政教育内置于学术研究中,指导学生发表相关领域高水平学术论文。

(2)优秀作品展示:对学生作品进行评选,将优秀作品展示在学院的相关平台,增强学生对思政研究的自豪感、认同感和获得感。

"广播电视节目评析" 课程思政案例

主讲教师：柴巧霞

一、章节名称

第八章　广播电视新闻类作品评析

第二节　专题类节目评析

二、课程目标

（1）知识目标：理解专题类节目的定义、类型、形态、纪录片和专题片的联系与区别。

（2）能力目标：具备鉴赏优秀专题节目的能力，熟悉专题类节目的选题、形态与结构，能够制作出符合要求的专题节目。

（3）德育目标：从党的宣传任务建设高度深入理解当前广播电视专题类节目制作的目标和要求，引导学生践行社会主义核心价值观，将社会主义核心价值观的价值内核与丰富内涵融入广播电视专题节目的制作过程，生产出既能满足人民群众多层次的精神文化需求，又能发挥启迪思想、温润心灵、陶冶情操的优秀广播电视专题节目。

三、教学内容

（一）主要内容

1. 定义

电视专题节目是指主题相对统一的电视节目，它与综合节目相对应，是电视节的一种主要类别。由于电视专题节目在内容上能对某一主题做较全面、深入、详尽的报道，在形式上可以运用各种电视表现手法，因而它被认为是最有电视特色、最能发挥电视优势的节目形态之一。

2. 类型

按《中国电视专题节目界定》分类，电视专题节目可分为：报道类、栏目类、非栏目类。

（1）报道类专题节目。报道类专题节目是以报道的方式对社会政治、经济、军事、文化等方面的某一主题进行较为系统、全面而又深入的探究与表现的电视节目，它是电视专题节目的主体。

报道类节目是深度报道最常用的节目形态，在选题时往往偏重那些能反映事物实质和发展规律的具有典型意义的人和事。对这类专题报道，电视界俗称"专题片"。报道类专题节目注重于题材的挖掘和提炼，并适当引入有关背景资料，就事实进行分析、解释，力求内容丰富，材料充实，主题深刻，立意新颖，从而引起观众的思考和共鸣。报道类专题节目根据制作风格和报道方式，又可分为纪实型、创意型、政论型、访谈型等节目形态，分别对应于电视纪录片、电视专题片、电视评论和电视谈话节目等。

（2）关于纪录片与专题片的联系与区别。

理论界关于纪录片与专题片的概念曾有过争论，至今也没有统一认识。概括这些争论，可归纳为：

①等同说：认为电视纪录片与专题片只不过是一种节目形态的两种不同称谓而已。

②从属说：认为两种节目形态互为从属。

③独立说：认为电视纪录片和电视专题片是两个独立的概念，它们构成了两种不同的节目形态。

中国传媒大学的高鑫教授认为，电视纪录片与电视专题片难以准确区分的主要原因是二者确实存在许多相同之处，它们都取材于真实的现实生活，又都以真实性作为创作的生命，都需要运用纪实主义的创作方法，但它们毕竟是两个不同概念的节目形态，各自都表现出鲜明的构成特征。①

首先，反映生活的方式不同。纪录片是社会生活的客观记录，主要是再现生活的具体情境，较多地采用长镜头、同期声展现生活的真实，不允许创作者主观意识的直

---

① 石长顺. 电视文本解读［M］. 武汉：华中科技大学出版社，2003：163.

接表露。而专题片在反映社会生活的时候，有较强的主体意识的渗透，它能直接表现创作者对生活的看法和主张，允许采用"表现"的手段，艺术地表现生活。

其次，结构作品的形式不同。纪录片强调反映生活的原生形态，注重展现生活的完整过程，故而纪录片多是"纵向结构"。而专题片则不那么注重展现生活的完整过程，它在事实真实的基础上，多以创作者的主体思想为依据，片段式地截取生活的画面，允许对生活本身进行较多的艺术处理。

中国传媒大学朱羽君教授在其《现代电视纪实》一书中"旗帜分明地把电视专题节目（片）与电视纪录片分开了"。她认为，在现阶段电视纪录片与专题片明显分野的特征越来越多，两者各自独立的时机已经成熟，将两者分开已经有了许多约定俗成的共识。①

（3）栏目类电视专题。

电视专题节目经常通过固定的栏目与观众见面。它有固定的专栏名称、时间长度、包装形式、播放时段和相对稳定的栏目风格，以适应观众收视的选择性和随意性。

电视专题节目主要有两种形态，一种是单一专题型栏目，即每期栏目由一个专题节目承担，栏目与节目融为一体，如《焦点访谈》《新闻调查》；另一种主要形式是杂志型，即每期栏目由若干板块组成，在统一栏目的集成下构成一个播出单位，如《东方时空》。

（4）非栏目类电视专题。

一般以单个专题片或系列主题片的形式出现，往往配合党和政府的重大宣传主题活动进行，与纪录片有一些重合之处。如《大国的崛起》《互联网时代》《大国重器》等。

3. 作品鉴赏

△《右玉精神》。

作品评析：明晰的叙述主线；感人的典型故事；鲜明的时代精神。

△《老兵回家》。

作品评析：①第一叙事者：真实讲述"我"的故事。②镜头叙事：关注细节，回归本真。③异叙事者：牢牢把握整个叙事的节奏。④恰到好处的背景音乐。

△《胶囊里的秘密》

作品评析：精心地选题；缜密地暗访；敬业地制作；敢于追踪报道，舆论监督力

---

① 朱羽君. 现代电视纪实 [M]. 北京：北京广播学院出版社，1998：1-10.

量大。

练习：编导阐述《好节目背后的"笨"办法》。

△《追沙溯源北行记》。

作品评析：表现手法新，切入内容新；形象真、音响真、场面真、情感真；朴实、扎实、实在；富有价值的选题，新闻价值与宣传价值的完美结合。

△《"百姓书记"梁雨润》。

作品评析：强烈的真实感；细节表现的真实；通过故事、画面、音乐和其他技术手段共同渲染情感。

（二）课程重点、难点

理解广播电视专题节目的定义、类型、制作要求、专题片与纪录片的区别；课程难点：学生利用所学知识分析与鉴赏优秀广播电视专题节目的能力以及制作符合要求的广播电视专题节目的能力。

（三）教学方法

案例教学、作品鉴赏、小组讨论。

（四）教学学时

2 课时。

（五）参考教材

（1）石长顺，周莉. 电视文本解析［M］. 武汉：武汉大学出版社，2015.

（2）孟建，祁林. 广播电视新闻写作［M］. 北京：中国广播电视出版社，2007.

（3）［美］怀特. 广播电视新闻写作、报道与制作（第5版）［M］. 黄雅堃，译. 北京：清华大学出版社，2013.

（4）曾一果. 媒介文化理论概论［M］. 北京：中国人民大学出版社，2016.

四、思政素材

此次课程思政素材主要来自习近平总书记关于"生命至上、举国同心、舍生忘死、尊重科学、命运与共"伟大抗疫精神的阐述以及中国记协网第三十一届中国新闻奖一等奖获奖作品《生命缘·永生》（见表41）。

表41   思政素材核心内容

序号	内 容 摘 要	来 源
1	在这场同严重疫情的殊死较量中，中国人民和中华民族以敢于斗争、敢于胜利的大无畏气概，铸就了生命至上、举国同心、舍生忘死、尊重科学、命运与共的伟大抗疫精神。	2020年9月8日，习近平在全国抗击新冠肺炎疫情表彰大会上发表的重要讲话人民网、中国共产党新闻网
2	生命至上，集中体现了中国人民深厚的仁爱传统和中国共产党人以人民为中心的价值追求。"爱人利物之谓仁。"疫情无情人有情。人的生命是最宝贵的，生命只有一次，失去不会再来。	
3	举国同心，集中体现了中国人民万众一心、同甘共苦的团结伟力。面对生死考验，面对长时间隔离带来的巨大身心压力，广大人民群众生死较量不畏惧、千难万险不退缩，或向险而行，或默默坚守，以各种方式为疫情防控操心出力。	
4	舍生忘死，集中体现了中国人民敢于压倒一切困难而不被任何困难所压倒的顽强意志。危急时刻，又见遍地英雄。各条战线的抗疫勇士临危不惧、视死如归，困难面前豁得出、关键时刻冲得上，以生命赴使命，用大爱护众生。	
5	尊重科学，集中体现了中国人民求真务实、开拓创新的实践品格。面对前所未知的新型传染性疾病，我们秉持科学精神、科学态度，把遵循科学规律贯穿到决策指挥、病患治疗、技术攻关、社会治理各方面全过程。	
6	命运与共，集中体现了中国人民和衷共济、爱好和平的道义担当。大道不孤，大爱无疆。我们秉承"天下一家"的理念，不仅对中国人民生命安全和身体健康负责，也对全球公共卫生事业尽责。	
7	《生命缘·永生》是《生命缘疫情特别报道》代表作。记者近两个月在武汉最危险ICU病房里日夜蹲守，独家记录协和医院全力抢救重症患者的故事。 一、立意高深，深刻诠释习近平总书记提出的伟大抗疫精神。该片以"永生"为题，正视苦难、不避生死，在抚慰伤痛、歌颂奉献同时，深刻阐释习近平总书记提出的伟大抗疫精神"生命至上、举国同心、舍生忘死、尊重科学、命运与共"。对于医者，舍生忘死的救治将永生；对于逝者，奉献躯体将永生…… 二、独家报道，感人至深，是唯一受到国家级抗疫表彰的新闻纪录片团队。《生命缘》栏目组荣获全国抗击新冠肺炎疫情先进集体。片中第一次独家记录并首度公开ECMO救治全过程，第一次记录疫情中患者遗体捐献全过程，为攻克病毒作出不可磨灭的贡献；第一次记录重症患者听到亲人呼唤后醒来的奇迹。刻画细腻，感人至深，独一无二，体现纪录片极高创作水准。 三、战地记者无畏生死，每一秒素材都是用生命完成的交换。记者在隔离区内日均拍摄超16小时，拍摄83次气切手术，300余次近距离拍摄采集咽拭子，最近时拍摄距患者不足半米，无畏生死和新冠肺炎患者拥抱，如亲人般陪伴他们度过艰难时刻，每一秒素材，都是用生命完成的交换。	北京卫视《生命缘》（2020-04-12）作品时长：37分钟主创人员：徐滔、邵晶、李潇、刘虓、侯雷钢、张杰、肖远洁

五、思政元素

此次课程通过对优秀广播电视专题节目的分析与鉴赏，让学生深刻领会到党的新闻宣传工作的目标和要求，以及广播电视专题节目对时代主题的展示与表现。以具体作品为案例，引导学生牢牢把握正确导向，守正创新，分析专题片如何展示时代主题，如何弘扬和培育社会主义核心价值观，凸显思政元素（见表42）。此外，将无形的思想教育问题落地为扎实的学术研究和实践创作，做到"教学与思想教育、学术研究"融洽发展，相得益彰。

表 42 思政素材元素

思 政 主 题	思 政 元 素
中国共产党的新闻宣传工作的目标、要求及广播电视专题作品的创作要求	中国共产党新闻宣传工作的目标及要求
	优秀专题作品鉴赏
	伟大抗疫精神的解释及作品分析
	专题片如何表现时代主题

六、教学安排

（1）介绍专题节目的定义、类型和形态，阐释专题片与纪录片的区别，尤其是介绍中国共产党的新闻宣传工作目标和要求。

（2）案例教学：以历届中国新闻奖获奖专题节目为案例，通过作品鉴赏的形式来进行案例教学，融入思政元素。

（3）小组讨论与实践：4~6位学生为一组，进行相关作品的讨论，并进行拍摄实践。

（4）作品展示：分小组展示自己的创作理念和作品，并组织师生进行优秀作品评选。

七、特色和创新点

（1）作品创作：此次课程与以往正向、灌输式思政教育形式不同，采用了作品鉴赏、作品创作的实践形式，鼓励学生通过自己发现问题并印证相关主题，激发学生积极性和主动性。

（2）寓教于乐：此次课程加入师生互动环节，通过"学生报选题→教师反馈意见→学生创作→教师反馈意见→作品公开展示"等多次线上和线下互动，鼓励学生自己动手创作优秀的专题作品，通过"启发式"教学，加之丰富多元的案例解惑，不断加深学生对于优秀专题节目的理解，并以寓教于乐的形式加强思政教育。

（3）竞争教育：此次课程以4~6位学生为一组，共计4小组。每组共有15~20分钟的作品展示时间，组织广电系师生对相关作品进行评选，最终评选出优秀作品。通过竞争教育，激发学生的学习潜力和激情。

八、效果体现

（1）发表思政教育高水平论文：鼓励学生研究思政教育相关问题，将思政教育内置于学术研究中，指导学生发表相关领域高水平学术论文。

（2）优秀作品展示：对学生作品进行评选，将优秀作品展示在学院的相关平台，增强学生对思政研究的自豪感、认同感和获得感。

"电视画面编辑" 课程思政案例

主讲教师：吴　瑶

一、章节名称

第一章　电视编辑认识

第一节　电视编辑工作的三个层面

二、课程目标

（1）知识目标：正确理解电视编辑工作的三层含义；熟知电视编辑创作流程中的各环节。

（2）能力目标：能够进行素材整理，做出详尽的场记单。

（3）德育目标：明确我国电视节目编辑的职业道德与行业规范，明确作为媒体从业者的行为界限与原则操守。

三、教学内容

（一）主要内容

在电视节目的创作中，电视制作人员经常遇到这样的问题：怎样才能制作出受观众欢迎的电视节目？在解决了创意、选题、拍摄等一系列问题之后，怎样才能通过镜头的衔接清楚地展现内容情节和思想情感？结构怎样安排才能使内容完整、条理清晰？声画如何组合才能视觉流畅、意义明确？……

1. 电视作品的划分

从时间长度的横轴上来对电视作品构成进行划分，可以这么表现：

△镜头：电视作品叙事的最小单元，是完成作品最后形成的没有时间间隔的内容，

是一次拍成的自然时间段。

△场面：电视的自然段落，由一个以上的镜头构成。场面是以同一时间或者同一地点，或相互联系的人物和动作组成的电视作品的一个时段，它将若干个镜头进行有意义的安排，以表达一个完整的动作和思想。即由一个或一个以上镜头组成的同一时间、同一地点、同一表现对象，用于表现连贯动作或行为的影像片段。

△段落：组成影片的最大基层单位。段落是表达一个行动或故事阶段的一系列场面。利文斯顿认为，"段落是分镜头型影片的基础，它可能由很多场面组成，在有些情况下可以只包括一个场面。段落与整部影片之间恰如其分的关系以及组成段落的各个场面之间恰当的相互关系，对分镜头型影片的组成是极为重要的"。①

在对案例节目的内容结构进行仔细研究时，我们发现画面组接就像写文章离不开对句子、段落、整体结构的把握一样，电视编辑也是从三个方面来精心考虑与安排的：

一是要考虑影片的总体结构与节奏的安排；

二是要考虑用什么样的手法来完成每个段落的叙事；

三是要实现镜头与镜头之间的流畅组接。

2. 总体结构安排

△整体结构：实际上是一个全篇整体结构的把握问题。编辑人员的构思过程在创意文案阶段就应该完成，这种编辑观念的精髓就在于要求创作者用整体的眼光和视角对作品进行宏观和总体的审视与把握。

传统的总体结构是指全篇范围内人物和事件的组织安排的方法，如人物的设计、事件的安排与发展。就像我国传统的文学艺术那样，非常注重故事情节安排的谋篇布局，讲究"凤头、猪肚、豹尾"的结构设计。

△含义性结构：叙事视角的选择，诸如主观叙述、客观叙述还是主客观交替叙述等，这些都是属于整体内容要考虑、安排的，我们称之为"含义性结构"。

△剪辑理念：编辑应具备总体观念，在作品的构思编剧阶段就要认真处理好结构问题。因此这就要求编剧或电视前期创作人员要有剪辑观念，现代意义上的剪辑已经从电视制作的某一个具体环节向纵深延伸，成为所有影视创作人员必须具备的一种技能和创作思维。

△时空性结构：在影视总体结构中除了含义性结构之外，还有作为时空艺术特有的时空性结构。整体结构安排更为重要的任务，就在于构思未来节目的情节（或内容）在一个怎样的时空整体中展开。

---

① [美] 唐·利文斯顿. 电影和导演 [M]. 陈梅，陈守枚，译. 北京：中国电影出版社，1983：10.

3. 段落的剪辑

△蒙太奇：段落是一组镜头链，它是按照一定逻辑关系和内容创作需要组接在一起的一系列镜头，表现内容单元相对完整的一个连续的过程。"以若干镜头构成一个场面，以若干场面构成一个段落，以若干段落构成一个部分，这就叫蒙太奇。"[①] 这是蒙太奇学派对"段落"剪辑的经典论述。段落剪辑过程中主要是按照某种具体构思设计方案，将一组镜头的各个元素按最佳方法组接起来，以构成相对独立完整而又与整个作品风格基调相统一的视听单元。在经典的电影理论中，蒙太奇是被当作一个段落来考虑的。

案例：姜文执导的影片《阳光灿烂的日子》围绕着男主角马小军这个人物，发生了很多关于他成长的故事，每一个故事都构成了一个具体的场面或者小段落。比如"教室风波"这场戏，用了45个镜头来表现"胡老师的草帽里放满煤球"和"胡老师把鞋扔还给窗外的学生"两个事件，通过镜头的组织与安排，来表现学生的强势和胡老师的色厉内荏，体现了"文革"特殊时期的学校教育环境和近乎"畸形"的师生关系。

案例：DV作品《我的大学生活》中展现了三个叙事段落，每个段落都由"现实"与"想象"两个场面构成。因此，该片整体叙事段落由六组镜头链构成，创作者在段落剪辑中主要针对这六组镜头进行段落剪辑，以此实现特定的叙事与表意功能。

△叙事蒙太奇与表现蒙太奇：马尔丹在《电影语言》中将蒙太奇分为叙事蒙太奇和表现蒙太奇两种类型，我们可以把它们理解为两种不同属性的段落剪辑，即叙事段落与表现段落。前者以交代情节、展示事件为主旨，一般按照情节发展的时间先后顺序以及因果关系和逻辑联系来完成镜头组接，该类型段落剪辑重在叙事功能；后者则以加强艺术表现力和感染力为主旨，以镜头的对列为基础，可以创造思想、节奏、隐喻、悬念和情绪等。

在电视节目的创作中，通常一个段落的剪辑既要考虑叙述内容，又要考虑其中的某种情感或思想。因此，它既有叙事的成分，又有表现的成分。

案例：电视纪录片《沙与海》片段"沙中嬉戏"，真实地记录了主人公刘泽远的小女儿在沙丘上嬉戏玩耍的过程，表现了童心童趣及人与自然的和谐关系，同时还似乎

---

① ［苏］弗谢沃罗德·普多夫金.普多夫金论文选集［M］.罗慧生，何力，黄定语，译.北京：中国电影出版社，1985：115.

暗示着贫困地区文化娱乐生活的单调。

4. 镜头组接

△流畅的剪辑：什么是剪辑中的流畅？卡雷卡·顿兹、盖文·米勒在《电影剪辑技巧》一书中说："作出一次流畅的剪辑，意味着两个镜头的转换不致产生明显的跳动并使观众在看一段连续动作的时候不致被打断。"① 这里所说的"跳"，是指视觉上的不连贯，比如静止镜头接摇镜头，大全景接大特写等，都会产生"跳"的感觉，而更深层的原因则来自受众的视觉心理。影像剪辑产生的这种视觉跳动是一种接受挫折，是由外来刺激的感知能量无序引起的。要实现流畅的剪辑，上下镜头与剪辑点的正确选择至关重要，在镜头组接时必须遵循镜头组接的基本原则，熟练运用镜头组接的技巧。

案例：《阳光灿烂的日子》"教室风波"这场戏用了45个镜头来表现内容，要把这45个镜头流畅地连接在一起，给观众以最好的视点、视距来观看每时每刻的动作，就要选择最能说明问题的影像运动。上下镜头之间的剪辑是电视剪辑最基本的技巧，它的要求是流畅。

5. 总结

画面编辑的任务是通过镜头组接的方式完成明确意义的视觉的"文章"，即把拍摄下来的不同镜头组接在一起，传达一定的内容意义，使它们成为内容叙事、思想交流、情感表达的叙事整体。它的基本目的是让人能够看懂。因此这种组接不是随意的，而是有目的的；不是异想天开的，而是有章法可循的。

我们知道，影视是运动的艺术。在影片中，人、事、物的运动是通过画面与画面之间的组接方式实现的，这个创作过程是电视剪辑技巧的重要内容。这里要注意两个方面的问题：一是屏幕上所表现的动作与现实生活中的动作并不完全相同；二是屏幕上所表现的动作往往是经过剪辑呈现的。

在后面的章节中我们将会进一步讨论动作的连贯性：它往往由动作的分解和组合来完成，视觉形象的连贯不是一种简单的机械的镜头运动，它要受到具体叙事内容和作者创作意图的制约。

我们还发现，能够让观众印象深刻的影视作品，很多时候不是因为它讲述了一个

---

① ［美］卡雷尔·赖兹、［美］盖文·米勒. 电影剪辑技巧［M］. 北京：中国电影出版社，1985：261.

有趣的故事或者观众对某件事情感兴趣，而是因为这部作品触发了观众内心的感情。"摆在艺术家面前的任务是，将这个能从情绪上体现出主题的形象转化为两三个局部性的画面，而这些画面一经综合或对列，就应该在感受者的意识和情感中恰恰引起当初在创作者心中萦绕的那个概念的形象。"① 组成视觉的"文章"还只是体现了作品的叙述功能，我们的作品创作绝不是简单地把现实复制在影像上，而是要实现某种思想和情感的表达。

（二）课程重点、难点

电视节目制作是一个复杂的创作过程，它的整个流程一般分为前期与后期两个阶段。前期主要是为获取原始影像素材和声音素材而进行的一系列工作，其中包括选题策划、构思采访、画面摄制等创作环节。后期主要涉及对原始素材的熟悉、整理、剪辑与合成等环节，主要包括画面剪辑、声音剪辑、特技处理、叠加字幕、声画合成等工序，其中核心工作是声画组接。

在电视创作过程中，还需要导演、导播、摄影、灯光、录音、表演、编辑、技术等多方面电视制作人员的通力协作，而电视编辑则是电视创作的重要环节，是一项具有高度创造性的创作活动。

（三）教学方法

案例教学、小组讨论、小组成果展示。

（四）教学学时

2 课时。

（五）参考教材

谢红焰. 电视画面编辑 ［M］. 北京：中国传媒大学出版社，2013.

四、思政素材

案例：国家广电总局召开广播电视和网络视听文艺工作者座谈会

2021 年 9 月 7 日，国家广播电视总局在京召开座谈会，要求广播电视和网络视听

---

① ［美］爱森斯坦. 爱森斯坦论文选集 ［M］. 魏边实，等译. 北京：中国电影出版社，1962：152.

文艺工作者自觉遵守社会公德、个人品德、家庭美德，培育和践行社会主义核心价值观，讲品位、讲格调、讲责任，自觉摈弃低俗、庸俗、媚俗的低级趣味，自觉反对拜金主义、享乐主义、极端个人主义的腐朽思想。

国家广电总局负责人指出，广播电视和网络视听文艺工作者要守公德、严私德，以高尚品行树立良好社会形象；要对自身道德建设有更高的要求，心怀敬畏，严守底线，不碰红线，追求高线；要加强思想自律和行为约束，严格遵守各项法律法规，诚信经营、诚信从业，自尊自重、自珍自爱；要大力弘扬文明道德风尚，做真善美的实践者和传播者，把崇高的价值、美好的情感融入作品，引导人们向上向善。

会议强调，广播电视和网络视听文艺工作者要守初心、铸匠心，矢志不移追求艺术理想。要对艺术报以敬畏之心，把心思和精力放在创作上，弘扬"工匠精神"，保持对艺术的执着追求，努力创作出传得开、立得住、留得下的优秀作品。要清楚"我是谁、为了谁、依靠谁"，强化人民立场，走好群众路线，在为人民立德立言中成就自我、实现价值。

五、思政元素

广播电视是当今最具影响力的大众传媒之一，是党、政府和人民的喉舌。我们要加强广播电视队伍建设，倡导良好的职业精神和职业道德，规范广播电视编辑记者的职业行为。

《中国广播电视编辑记者职业道德准则》从责任、真实、公正、导向、品格、廉洁等方面，对广播电视编辑记者的职业行为作出了详细规范。

（1）要求广播电视编辑记者切实担负起弘扬民族精神、维护国家利益、传播先进文化、推动人类文明的崇高使命和社会责任。

（2）坚持客观公正的职业理念，忠于事实，追求真理。

（3）树立政治意识、大局意识、责任意识，坚持正确的舆论导向。

（4）恪守敬业奉献、诚实公正、团结协作的职业道德。

（5）严格做到遵纪守法、清正廉洁，反对任何形式的"有偿新闻"。

六、教学安排

（1）案例分析。观看三种不同类型的影视节目：电影《阳光灿烂的日子》、纪录片《西藏一年》、DV作品《我的大学生活》，总结它们有什么共同点。分析完成一部作品的编辑需要做哪些工作，体会电视编辑三个层面的含义。

（2）小组任务。我们在写文章时，离不开对句子、段落、整体结构的把握，电视作品的编辑是不是也是这样呢？可以观看一部影视作品，然后同学们以学习小组为单位，分析影视作品的构成，讨论完成一部影视作品的编辑需要做哪些工作，同时根据本学习单元的知识，完成本学习任务。

对给定素材进行整理，做出详尽的场记单。电视编辑在开始进行画面编辑之前，先要对编辑素材做到心中有数。因此，他们做的工作往往是对素材进行整理，做出详尽的场记单，这是一项需要耐心和细心的工作，并要求熟悉镜头的基本特征。

（3）作品展示。以学习小组为单位，提交电视编辑创作流程图。电视编辑是一项系统工程，担任的主要工作是视听形象的塑造。这个任务需要同学们以学习小组为单位，通过参观电视节目制作中心，与有经验的教师座谈，与高年级同学交流等方式了解电视节目后期创作的流程。

通过本单元知识的学习，能够熟练地说明电视编辑创作整个过程中的各个环节，能够根据自己的调查与学习结果绘制出电视编辑创作流程图，在课堂上以小组为单位进行展示，并选出 3 个优秀小组。

七、特色和创新点

（1）反向引导：课程与以往正向灌输式思政教育形不同，采用了"问题/危害→表现形式→原因→措施"反向引导的教课形式，以激发学生积极性和主动性，引导学生深入探讨问题。

（2）寓教于乐：课程加入师生互动环节，通过"学生报选题→教师反馈意见→学生调整→教师反馈意见"多次线上和线下互动，使学生主动推进研究进展，增强课程的趣味性，以寓教于乐的形式来加强学生的思政教育。

（3）竞争教育：此次课程以 4~5 位学生为一组，共计 15 小组。每组共有 10~15 分钟小组展示时间，全部展示后以每组 3 票的形式，投出前 3 名优秀小组。通过竞争教育，激发了学生的学习潜力和激情。

"广播电视概论" 课程思政案例

主讲教师：姜可雨　胡　洁

一、章节名称

第七章　广播电视的节目编辑与节目编排
第一节　广播电视节目的声音编辑
第二节　广播电视节目的画面编辑

二、课程目标

（1）知识目标。理解广播电视节目中的声音分类及依据；电视节目中声音与画面的关系；电视节目中声音的编辑加工；电视节目的图像类别；电视节目画面编辑的主要内容。

（2）能力目标。此次课程旨在培养掌握现代广播电视编辑、理念、方法与技巧，具备一定的运用视听语言完成思想和内容表达的专业素质，摆脱固有的文字传播的影响，形成全新的影像传播思维的实践人才。

（3）德育目标。此次课程将选取中国抗疫传播的经典案例，从广播电视的声音编辑及画面编辑等视听元素进行分析，帮助学生树立文化自信，提升讲好中国故事的实践能力。

三、教学内容

（一）主要内容

1. 广播电视中的声音分类及依据

声音是由发声体振动引发弹性媒质的振动（声波）导致人的听觉感受器的感知，包括语言、音乐、音响三大类。

2. 电视节目中声音与画面的关系

电视节目中的声画关系包括：声画同步；声画对位（对立、并列）。

电视节目中声音的处理包括：声音的筛选；声音的延伸；声音的停顿；声音的混合。

3. 电视节目中声音的编辑加工

电视节目中声音的编辑加工包括：电视解说词编辑；同期声的编辑；音乐的运用。

4. 电视节目的图像类别

分为影像、照片与图片、示意图与图表几类。

5. 电视节目画面编辑的主要内容

电视节目画面编辑的主要内容包括：镜头的选择；编辑点的选择；画面组接的匹配原则；画面组接的方法；画面剪辑的节奏；画面剪辑的转场。

（二）课程重点、难点

（1）电视节目中声音的编辑加工；

（2）电视节目画面编辑的主要内容。

（三）教学方法

案例教学、小组讨论、小组成果展示。

（四）教学学时

2 课时。

（五）参考教材

周小普.广播电视概论［M］.北京：中国人民大学出版社，2014.

四、思政素材

2021 年 5 月 31 日，习近平总书记在十九届中央政治局第三十次集体学习时的讲话《加快构建中国话语和中国叙事体系》中明确提出："要加快构建中国话语和中国叙事体系，用中国理论阐释中国实践，用中国实践升华中国理论，打造融通中外的新概念、新范畴、新表述，更加充分、更加鲜明地展现中国故事及其背后的思想力量和精神力量。要加强对中国共产党的宣传阐释，帮助国外民众认识到中国共产党真正为中国人民谋幸福而奋斗，了解中国共产党为什么能、马克思主义为什么行、中国特色社会主义为什么好。要围绕中国精神、中国价值、中国力量，从政治、经济、文化、社会、生态文明等多个视角进行深入研究，为开展国际传播工作提供学理支撑。要更好推动中华文化走出去，以文载道、以文传声、以文化人，向世界阐释推介更多具有中国特色、体现中国精神、蕴藏中国智慧的优秀文化。要注重把握好基调，既开放自信也谦逊谦和，努力塑造可信、可爱、可敬的中国形象。"①

五、思政元素

此次课程将围绕中国抗疫传播与中国故事的主题，选取中国新闻奖 2021 年的获奖作品作为案例，引导学生强化编辑思维，更加深刻地领会到习近平总书记有关《加快构建中国话语和中国叙事体系》的讲话，以文载道、以文传声、以文化人，向世界阐释推介更多具有中国特色、体现中国精神、蕴藏中国智慧的优秀文化。与此同时，还要帮助学生建立开放、包容、平和的文化交流心态，掌握讲好中国故事的创新路径与重要本领（见表43），找到电视节目编排的创新路径，成为传播中国声音的优秀文化使者。

表 43   思政素材元素

思 政 主 题	思 政 元 素
电视节目的声音编辑与讲好中国故事	电视解说词编辑与中国故事的表征
	同期声的编辑与中国故事的真实再现
	音乐的运用与中国故事的情绪渲染
电视节目画面编辑与讲好中国故事	镜头的选择与中华文化的表征
	编辑点的选择与中国故事情绪的渲染
	画面组接的匹配原则与中国故事的真实再现
	画面组接的方法与中国故事的真实再现
	画面剪辑的节奏与中国故事的讲述方式
	画面剪辑的转场与中国故事的情绪渲染

六、教学安排

（1）讲授电视节目声音编辑和画面编辑的基本知识点，强化学生的理论储备。

---

① 习近平.习近平谈治国理政（第四卷）［M］.北京：外文出版社，2002：317.

（2）案例教学：选取中国新闻奖的获奖作品，结合电视节目声画编辑的基本知识点进行案例分析，强化学生的编辑思维。

（3）小组讨论及课后作业：4~5位学生为一组，自主选择经典的电视节目，运用所学的知识进行分析并运用简单的软件进行二次创意剪辑。

（4）教师点评：教师对学生自主选择的案例分析进行课堂点评。

七、特色和创新点

（1）启发式引导：此次课程通过选取中国新闻奖中获奖作品的编辑技巧，启发式引导学生提升讲好中国故事的能力。

（1）理论和实践相结合：此次课程加入师生互动环节，通过"教师讲授→学生理论分析→教师反馈意见→学生实践"的流程，帮助学生更好地理论联系实际，进一步提升视听传播能力。

《跨文化传播》（双语）课程思政案例

主讲教师：姜可雨

一、章节名称

第九章　中华文化和跨文化传播

第十章　中国故事和跨文化传播

二、课程目标

（1）知识目标。通过跨文化传播的典型案例讲解，帮助学生理解中华文化和中国故事对外传播的意义、类型和挑战，从而引导学生找到推动中华文化及中国故事跨文化传播的创新路径。

（2）能力目标。通过双语教学，引导学生运用跨文化传播的相关理论来理解和阐释中华文化（中国故事）对外传播的问题和挑战，为培养国家当前急需的国际新闻传播人才储备力量。

（3）德育目标。通过讲授全球化语境下中华文化和中国故事跨文化传播的实际问题和挑战，使学生能够从跨文化交流的视角进一步提升对新闻传播实践的认识，培养其跨文化沟通及传播中华文化讲好中国故事的能力。

三、教学内容

（一）主要内容

（1）理解中华文化对外传播的意义；

（2）厘清哪些中华文化应该被传播；

（3）理解传播中华文化的困难和挑战；

(4) 了解中华文化跨文化传播的创新路径；

(5) 理解中国故事对外传播的困难和挑战；

(6) 厘清什么是中国好故事；

(7) 中国故事跨文化传播的创新路径。

（二）课程重点、难点

(1) 理解传播中华文化的困难和挑战；

(2) 理解中国故事对外传播的困难和挑战；

(3) 了解中华文化跨文化传播的创新路径；

(4) 探索中国故事跨文化传播的创新路径。

（三）教学方法

案例教学、小组讨论、小组成果展示。

（四）教学学时

4 课时。

（五）参考教材

（1）[美] 拉里·萨莫瓦尔，等. 跨文化交际 [M]. 董晓波，编译. 北京：北京大学出版社，2021.

（2）Chen, Guo-Ming &Starosta, W. J. 跨文化交际学基础 [M]. 林大津，尤泽顺，导读. 上海：上海外语教育出版社，2007.

（3）Spencer-Oatey, H. & Franklin, P. 跨文化互动：跨文化交际的多学科研究 [M]. 北京：外语教学与研究出版社，2010.

（4）单波. 跨文化传播的问题与可能性 [M]. 武汉：武汉大学出版社，2011.

四、思政素材

党的十九届六中全会通过的《中共中央关于党的百年奋斗重大成就和历史经验的决议》明确提出："加快国际传播能力建设，向世界讲好中国故事、中国共产党故事，传播好中国声音，促进人类文明交流互鉴，国家文化软实力、中华文化影响力明显提升。"①

五、思政元素

此次课程通过引入中华文化（中国故事）跨文化传播的实际案例，让学生深刻领会到我党及习近平总书记关于"加快国际传播能力建设，向世界讲好中国故事"的会议指示，引导学生牢牢把握正确导向，守正创新，帮助学生建立开放、包容、平和的文化交流心态，掌握讲好中国故事的创新路径与重要本领（见表44），找到跨文化传播的创新路径，成为传播中国声音的优秀文化使者。

表 44   **思政素材元素**

思 政 主 题	思 政 元 素
中华文化跨文化传播的创新路径	观念创新：人类命运共同体的多元表达
	内容创新：共通意义空间的多元表达
	平台创新：新媒体搭建跨文化虚拟共同体
中国故事跨文化传播的创新路径	注重国际表达，合拍合作成为常见形式
	注重效果导向，内外联动实现质效提升
	注重人文关怀，情感共振赢得民心认同

六、教学安排

（1）案例教学：通过引入中华文化及中国故事跨文化传播的失败和成功案例，引导学生理解推动中华文化及中国故事跨文化传播的意义和路径。

（2）小组讨论：以4~5位学生为一组，选取近3年中国跨文化传播的典型事件，运用跨文化传播学的相关知识进行评析。

（3）以小组展示的方式，每组派一位学生代表，运用中英双语讲解小组选题的内容、来源、研究方法和意义。

---

①   本书编写组. 中国共产党第十九届中央委员会第六次会议文件汇编［C］. 北京：人民出版社，2021：72.

七、特色和创新点

（1）启发式引导：首先引入中华文化（中国故事）跨文化传播的失败案例，帮助学生理解当下中国面临的国际传播难题；其次引入中华文化（中国故事）跨文化传播的成功案例，引导学生开拓中华文化（中国故事）跨文化传播的创新路径。

（2）双语教学：通过运用双语教学的方式，鼓励和引导学生提升语言应用能力，能适当运用双语准确、清晰地对案例内容进行分析，从而为培养国际新闻传播人才提供储备力量。

（3）培养团队协作精神：此次课程以4~5位学生为一组，共计20小组。通过分工合作完成课程汇报来培养团队协作精神。

八、效果体现

（1）发表思政教育高水平论文：鼓励学生研究跨文化传播的相关问题，将传播实践内置于学术研究中，指导学生发表高水平学术论文。

（2）参加学科竞赛：指导学生围绕中华文化（中国故事）对外传播的思政教育开展新闻传播实践，并在此基础上参加大学生创新创业项目、"大广赛"等学科竞赛。

"节目策划与栏目设计"课程思政案例

主讲教师：徐 艳

一、章节名称

第一章 电视策划概要

第一节 电视策划的界定、意义和方法

二、课程目标

（1）知识目标：理解电视策划的界定，明确电视策划的意义，掌握电视策划的具体方法。

（2）能力目标：能够利用电视策划的基本方法设计出电视策划书初稿。

（3）德育目标：从电视策划的角度深入理解在策划过程中如何把习近平总书记的关于人权、市场、经济、文化的指示用于具体的策划案中，策划出符合社会需要的电视节目。

三、教学内容

（一）理论内容

1. 电视策划的界定

现代意义上的策划是商业经济的产物，策划真正从政治活动、军事活动中剥离出来，是伴随着商品经济的发展和社会化管理体系、公共关系学的发展而产生的。现代的策划概念是最先产生于公共关系领域。

1955年，《策划同意》出版，爱德华·伯纳斯率先提出了策划这一具有挑战性的概念。

20 世纪 60 年代，伦敦 BMB 广告公司的创始人斯坦利·伯利坦在广告领域率先使用了这一概念，很快，策划思想及工作方法迅速在西方广告界和公共关系界普及开来。

在现代社会，策划已经深入社会的各个机构、各项事业和生活的各个层面，"策划"成为一种具有方法论意义的思维方式和运作方式。

电视策划是对于电视的某一种行为，借助特定电视媒体信息、素材，为实现电视行为的某种目的、目标而提供的创意、思路、方法与对策。

电视策划的外延：从节目客观形态来看，可以分为节目策划、栏目策划、频道策划直至媒体整体形象策划几个层次；从具体行为、职别来看，可以分为电视节目类策划、电视管理类策划、电视广告类策划、电视产业类策划等；从电视节目的类型来看，可以分为电视新闻节目策划、电视剧策划、电视综艺节目策划等；从电视节目样式来看，可以分为电视谈话节目策划、电视直播节目策划，电视游戏节目策划、电视竞技节目策划等。

电视策划有宏观、中观、微观三个层面，分别对应一般学理（理念）、具体对策（策略）、可操作性技艺（方式、方法）。

2. 电视策划的意义

（1）是竞争的需要。电视策划的需求是建立在电视媒体竞争日趋激烈、各级各类媒体寻求新的生存和发展空间的媒介大环境基础之上的。

（2）是建立在科学的、有依据的判断基础之上的。正确的、科学的、有序的电视策划是一种专门的工种与行为，它意味着电视媒体无形资产和有形资产的增长，社会效益和经济效益的提升，媒体本身地位的巩固与可持续性发展的潜力等。

3. 电视策划的方法

（1）分析电视媒体的生存环境：政治视角；市场视角；文化视角；社会视角；科技视角。

（2）确立电视媒体的整体定位：内容定位；文化品格与审美品格定位；形象定位。

（3）制定符合实际的战略化对策：频道专业化——以特定内容、特定服务对象构成的频道；品牌战略；媒体资产、资源管理；信息处理。

（二）课程重点、难点

理解影响电视策划的 5 大要素，运用所学理论撰写策划书的能力。

（三）教学方法

案例教学、小组讨论、小组成果展示。

（四）教学学时

2 课时。

（五）参考教材

（1）胡智锋 . 电视节目策划学 ［M］. 上海：复旦大学出版社，2020.

（2）陆晔，赵民 . 当代广播电视概论 ［M］. 上海：复旦大学出版社，2002.

（3）张联 . 电视节目策划技巧 ［M］. 北京：中国广播电视出版社，2002.

四、思政素材

此次课程思政素材主要来自习近平总书记关于社会主义人权建设、政治建设、经济建设、文化建设的阐述。近年来，习近平总书记围绕此内容强调，作出深刻阐述（见表 45）。

表 45　　　　　　　　　　　　思政素材核心内容

序号	内　容　摘　要	来　　源
1 人权阐述	中共中央总书记习近平在主持学习时强调，尊重和保障人权是中国共产党人的不懈追求。党的百年奋斗史，贯穿着党团结带领人民为争取人权、尊重人权、保障人权、发展人权而进行的不懈努力。我国开启了全面建设社会主义现代化国家、向第二个百年奋斗目标进军的新征程，我们要深刻认识做好人权工作的重要性和紧迫性，坚定不移走中国人权发展道路，更加重视尊重和保障人权，更好推动我国人权事业发展。 习近平总书记指出，要促进人权事业全面发展，坚持中国人权发展道路，顺应人民对高品质美好生活的期待，不断满足人民日益增长的多方面的权利需求，统筹推进经济发展、民主法治、思想文化、公平正义、社会治理、环境保护等建设，全面做好就业、收入分配、教育、社保、医疗、住房、养老、扶幼等各方面工作，在物质文明、政治文明、精神文明、社会文明、生态文明协调发展中全方位提升各项人权保障水平。	据中央广播电视总台中国之声《新闻和报纸摘要》报道，中共中央政治局 2 月 25 日下午就中国人权发展道路进行第三十七次集体学习

续表

序号	内 容 摘 要	来 源
2 政治制度阐述	2018 年 3 月 4 日，习近平总书记看望了参加全国政协十三届一次会议的民盟、致公党、无党派人士、侨联界委员，并参加联组会，听取意见和建议。习近平总书记指出，中国共产党领导的多党合作和政治协商制度作为我国一项基本政治制度，是中国共产党、中国人民和各民主党派、无党派人士的伟大政治创造，是从中国土壤中生长出来的新型政党制度，"它不仅符合当代中国实际，而且符合中华民族一贯倡导的天下为公、兼容并蓄、求同存异等优秀传统文化，是对人类政治文明的重大贡献"。这一制度生长在中国人民伟大的革命土壤之中。在新民主主义革命中，中国共产党领导人民建立了人民代表大会制度，为新中国的成立奠定了强大政治基础；中国共产党领导建立的多党合作和政治协商制度，有效避免了旧式政党制度囿于党派利益、阶级利益、区域和集团利益决策施政导致社会撕裂的弊端，把各种进步力量团结在共产党人的旗帜下。这一制度生长在当代中国改革和建设的土壤之中。40 年的改革为中国特色社会主义政治制度的完善提供了强大动力，我们大大完善了人民代表大会制度、中国共产党领导的多党合作和政治协商制度、民族区域自治制度，我们还建立了基层群众自治制度……	2018 年 3 月 4 日，习近平总书记看望了参加全国政协十三届一次会议的民盟、致公党、无党派人士、侨联界委员，并参加联组会，听取意见和建议
3 文化阐述	习近平总书记在党的十九大报告中指出："文化是一个国家、一个民族的灵魂。文化兴国运兴，文化强民族强。"文化能为人民提供坚强的思想保证、强大的精神力量、丰润的道德滋养，必须不断加强文化建设。党的十九大报告提出："发展中国特色社会主义文化，就是以马克思主义为指导，坚守中华文化立场，立足当代中国现实，结合当今时代条件，发展面向现代化、面向世界、面向未来的，民族的科学的大众的社会主义文化，推动社会主义精神文明和物质文明协调发展。"	习近平总书记在党的十九大报告中关于文化建设的重要论述
4 经济阐述	习近平强调，中国将秉持开放、合作、团结、共赢的信念，坚定不移全面扩大开放，将更有效率地实现内外市场联通、要素资源共享，让中国市场成为世界的市场、共享的市场、大家的市场，为国际社会注入更多正能量。	习近平：让中国市场成为世界的市场、共享的市场、大家的市场（2020-11-04，新华社"新华视点"微博）

五、思政元素

此次课程通过策划的概念、方法知识的讲授，让学生深刻意识到节目策划的重要性，厚植习近平总书记关于人权、政治建设、经济建设以及文化建设的理念，引导学生牢牢把握正确导向，守正创新，大力弘扬和培育社会主义核心价值观，凸显大学生文化认同思政元素，如电视节目策划中如何彰显习近平总书记的论述，将无形的思想教育问题落地为扎实的学术研究，做到"教学与思想教育、学术研究"融洽发展，相得益彰。

六、教学安排

（1）介绍电视策划的概念、意义，阐释电视策划对电视节目的影响。

（2）案例教学：结合具体案例使学生深刻领会策划过程中如何考虑政治、市场等要素。

（3）小组讨论：以 4~5 位学生为一组，进行相关选题讨论，推进研究进展。

（4）以小组展示的方式，每组派一位学生代表，讲解小组选题的内容、来源、研究方法和意义。

七、特色和创新点

此次课程加入师生互动环节，通过"学生报选题→教师反馈意见→学生调整→教师反馈意见"多次线上和线下互动，鼓励学生进行选题，自主选择策划方案重点，不断加深学生对电视策划概念的理解，使学生主动推进研究进展，增强了课程的趣味性，以寓教于乐的形式来加强学生的思政教育。

此次课程以 3~4 位学生为一组，共计 8 小组。每组共有 10~15 分钟小组展示时间，全部展示后以每组 3 票的形式，投出前 3 名优秀小组。通讨竞争教育激发学生的学习潜力和激情。

八、效果体现

（1）发表思政教育高水平论文：鼓励学生研究思政教育相关问题，将思政教育内

置于学术研究中，指导学生发表思政教育领域的 CSSCI 高水平学术论文。

（2）获奖小组展示：对排名前 3 的小组选题内容和研究设计，在院内展示一周，以增强学生对思政研究的自豪感、认同感和获得感。

"电视纪录片" 课程思政案例

主讲教师：刘　丽

一、章节名称

第五章　电视纪录片的创作实践
第一节　基本原则

二、课程目标

（1）知识目标：明确纪录片的创作原则，熟悉纪录片的创作流程，掌握纪录片选题的基本方法。

（2）能力目标：具备科学的纪录片创作观念和技巧，包括记录目的、创作态度、选题标准和纪实理念。

（3）德育目标：纪录片创作者要有发现新闻和故事的一双"慧眼"，要有耐得住寂寞的"笨功夫"，要有在大是大非面前敢于斗争的清醒思维，要有妙笔生花的影像表达功底，而这些要求与习近平总书记提出的新闻宣传工作者要具备脚力、眼力、脑力、笔力这"四力"不谋而合。此章教学希望能引导学生成为党的政策主张的传播者、时代风云的记录者、社会进步的推动者、公平正义的守望者。

三、教学内容

（一）主要内容

（1）问题一：为什么拍摄纪录片？
案例：西城区退休法官的故事（略）。
为什么要把这些东西拍成纪录片？
纪录片是关于时代影像的佐证——文献价值。

（2）问题二：纪录片的功能是什么？

雷诺夫《纪录片理论》——"揭示或保留、劝说或提倡、分析或质疑"。

埃里克巴尔诺《世界纪录电影史》——"预言家、探险家、报导记者、画家、拥护者、吹鼓手、揭发者、诗人、编年史作者、奖励者、观察者、触媒者、游击战"。

（3）问题三：素材与题材的关系是什么？

价值提炼、结构设计、形式表达。

（4）问题四：DV 的普及预示了什么？

5 分钟 VS 5 格。

影像变得廉价，对待影像的态度呢？是"拍了再说"还是"想好再拍"？

从"识字"的门槛到"影像"的门槛。

（5）问题五：什么叫公共影像？影像和影片的差异是什么？

公共影像：符合公共语法、反映公共价值、适合公共流通。

公共语法：黄金分割法、轴线法则、转场镜头、前进式蒙太奇、后退式蒙太奇、积累式蒙太奇、平行蒙太奇、交叉蒙太奇……

公共价值：关注时代内容、关注主流群体、关注民生、关注自然……

（6）实验：纪录片拍摄选题的确定。

目的：①确定拍摄选题。②熟悉纪录片创作流程。

内容：介绍各种类型纪录片的拍摄手法。

要求：①以小组为单位，确定拍摄选题。②做好拍摄前的准备，制订选题调研计划。③建立团队，明确各自责任。

（二）课程重点、难点

理解纪录片创作的概念和规律，尤其是明确为谁记录和如何记录，创作出符合公共语法、反映公共价值、适合公共流通的公共影像作品。

（三）教学方法

案例教学、小组讨论、小组成果展示。

（四）教学学时

2 课时。

（五）参考教材

（1）［美］埃里克·巴尔诺. 世界纪录电影史［M］. 张德魁，冷铁铮，译. 北京：

中国电影出版社，1992.

（2）单万里.中国纪录电影史［M］.北京：中国电影出版社，2005.

（3）［美］迈克尔·拉毕格.纪录片创作完全手册［M］.何苏六，等译.北京：中国传媒大学出版社，2005.

（4）王竞.纪录片创作六讲［M］.北京：世界图书出版公司，2014.

（5）何苏六.中国电视纪录片史论［M］.北京：中国传媒大学出版社，2005.

（6）钟大年，雷建军.纪录片：影像意义系统［M］.北京：北京师范大学出版社，2006.

（7）［美］Richard. M. Barsam.纪录与真实：世界非剧情片批评史［M］.王亚维，译.台北：远流出版事业股份有限公司，2013.

四、思政素材

2018 年 8 月，习近平总书记在全国宣传思想工作会议上强调，宣传思想干部要不断掌握新知识、熟悉新领域、开拓新视野，增强本领能力，加强调查研究，不断增强脚力、眼力、脑力、笔力，努力打造一支政治过硬、本领高强、求实创新、能打胜仗的宣传思想工作队伍。① 这是习近平总书记继 2016 年 2 月在新闻舆论工作座谈会上明确提出"好的新闻报道，要靠好的作风文风来完成，靠好的脚力、眼力、脑力、笔力得来"之后，时隔两年再次强调增强"四力"的重要性，并将面向新闻舆论工作者的要求扩大到整个宣传思想战线。这是对新形势下宣传思想战线队伍建设提出的总要求，是对广大宣传思想工作者寄予的殷切期望，为宣传思想战线提高站位、夯实基础、开创工作新局面指明了方向、提供了遵循。

2021 年，为深入贯彻落实习近平总书记重要讲话精神，全面落实立德树人根本任务，在中宣部、教育部的指导下，新闻传播学教指委积极推进 2021 年"中国新闻传播大讲堂"建设。邀请一批优秀的新闻工作者走进演播室，分享践行"四力"的感悟与思考。聚焦时代主题，坚守新闻理想，集中优质资源，培养卓越人才。作为一堂供全国高校师生共同学习的、生动而鲜活的马克思主义新闻观教育大课，"大讲堂"是课程思政建设的创新举措，为培养党和人民放心的新闻传播人才，塑造担当民族复兴大任的时代新人开辟了新的路径。

五、思政元素

课程通过电视纪录片创作原则的讲授，引导学生观看 2021 年"中国新闻传播大

---

① 习近平.习近平谈治国理政（第三卷）［M］.北京：外文出版社，2020：315.

讲堂",组织学生讨论思考如何在纪录片创作中与时代同行,践行"四力",帮助学生坚定向好记者学习、向好作品学习、认识中国国情、增强道路自信、树立新闻理想、提升专业能力的信念,立志成为有理想、有情怀、有担当、有本领的新闻传播人才。

六、教学方式

（1）介绍纪录片创作的基本原则和习近平总书记对新闻宣传工作者要具备"四力"的要求。

（2）案例教学:观看"中国新闻传播大讲堂"系列视频课程——中央广播电视总台记者朱兴建对悬崖村脱贫攻坚新闻纪事的讲述,分析优秀的新闻作品背后所承载的"时间的重量",传达新时代记者应坚守的使命担当和责任义务。

（3）小组讨论:以4~5位学生为一组,进行相关选题讨论,推进研究进展。

（4）小组展示:每组选派代表讲解小组选题的内容、来源、研究方法和意义。

七、特色与创新点

（1）实践引导:此次课程从实践入手,不再仅仅关注纪录片拍摄技巧,而是聚焦到创作观念,将创作一线最生动的实践融入教学一线,以第一视角传达纪录片创作者一颗颗"真诚为民之心",让课堂更加鲜活、更具张力、更有温度,真正打造具有实践力的专业课堂。

（2）寓教于乐:此次课程加入师生互动环节,通过"学生报选题——教师反馈意见——学生调整——教师反馈意见"多次线上和线下互动,鼓励学生结合个人体验,发散思维。通过"启发式"教学,辅以丰富多元的案例,不断加深学生理解,使学生主动思考,增强课程趣味性,提高思政教育成效。

（3）竞争教育:此次课程以4~5位学生为一组,共计4小组。每组共有10分钟展示时间,全部展示后以投票形式,投出前3名优秀小组。通过竞争教育,激发学生的学习潜力和激情。

八、效果体现

（1）创作思政教育视听作品:鼓励学生拍摄视听作品,加强学生对思政教育的理解与思考。

（2）发表思政教育高水平论文：鼓励学生研究思政教育相关问题，指导学生发表思政教育领域的 CSSCI 高水平学术论文。

"视听语言" 课程思政案例

主讲教师：陈文静

一、章节名称

第二章　景别和角度
第一节　景别

二、课程目标

（1）知识目标：通过此节课的学习，使学生了解景别的划分标准和分类，领会不同景别叙事的功能与审美的特性。

（2）能力目标：培养学生快速读取景别的能力，领会景别的剪辑原则，掌握不同的景别镜头组合起来辅助叙事的实践创作能力。

（3）德育目标：选取符合国家意识形态和社会主义核心价值观的代表性影视片段，如主旋律影视剧、红色影视剧片段，结合景别的相关知识，引导学生学习百年党史、社会主义核心价值观价值内核，将精神内核放在专业知识中领会，让专业知识服务精神内核的传播。

三、教学内容

（一）主要内容

1. 景别的概念

景别是指由于在焦距一定时，摄影机与被拍摄物体的距离不同或焦距不同，所摄取的不同范围的画面。

2. 形成不同景别的原因

△机位距离被拍摄物体的远近不同；

△焦距的不同。

3. 景别的划分标准

△根据被摄主体在画框中所占面积的大小来划分；

△根据画框中所截取的成年人身体比例的多少来划分。

4. 景别的分类

△远景（Extreme long shot）：以表现环境空间为目的，不以清晰地呈现人物为画面构图任务。

△全景（Long shot）：人物的全身。既明确展示被摄对象的全貌或被摄人物的全身，同时又能交代清楚人物周围的环境，是非常常用的景别。

△中景（Medium long shot）：人物取到膝盖以上的景别。视距适中，观众既可看清人物上半身的活动，又能感受周围环境，同时满足观众的视觉和心理要求，较为常用。

△近景（Medium close-up）：主要用于表现人物胸部以上的活动。近景画面内容趋于单一，被摄主体占据绝大部分画面，表情展示得很清楚，背景与环境特征不明显。

△特写（Close-up）：颈部以上部位或被摄物体的细部。主要拍摄肩部以上的头部或者某些被摄主体的局部。特写的视距较近，易集中观众的注意力，比近景更强烈、醒目地展示人物的面部表情、局部细节或最有价值的部分。

5. 景别的剪辑原则

循序渐进（由大到小，由远及近）。

（二）课程重点、难点

景别的分类；景别的剪辑原则。

（三）教学方法

案例教学、小组讨论、小组成果展示。

（四）教学学时

2 课时。

（五）参考教材

（1）邵清风，等．视听语言［M］．北京：中国传媒大学出版社，2013.

（2）张菁，关玲．影视视听语言［M］．北京：中国传媒大学出版社，2021.

（3）聂欣如．影视剪辑［M］．上海：复旦大学出版社，2017.

（4）［法］安德烈·巴赞．电影是什么［M］．北京：中国电影出版社，1987.

四、思政素材

此次课程思政素材主要来自习近平总书记关于提高国家文化软实力、讲好中国故事、文化自信的阐述。党的十八大以来，习近平总书记围绕此内容反复强调，作出许多深刻阐述（见表46）。

表46　　　　　　　　　　　　思政素材核心内容

序号	内容摘要	来源
1	要着力推进国际传播能力建设，创新对外宣传方式，加强话语体系建设，着力打造融通中外的新概念新范畴新表述，讲好中国故事，传播好中国声音，增强在国际上的话语权。	习近平在全国宣传思想工作会议上的讲话（2013年8月19日）
2	文艺工作者要讲好中国故事、传播好中国声音、阐发中国精神、展现中国风貌，让外国民众通过欣赏中国作家艺术家的作品来深化对中国的认识、增进对中国的了解。要向世界宣传推介我国优秀文化艺术，让国外民众在审美过程中感受魅力，加深对中华文化的认识和理解。	《在文艺工作座谈会上的讲话》（2014年10月15日）
3	文化自信，是更基础、更广泛、更深厚的自信。在5000多年文明发展中孕育的中华优秀传统文化，在党和人民伟大斗争中孕育的革命文化和社会主义先进文化，积淀着中华民族最深层的精神追求，代表着中华民族独特的精神标识。	习近平在庆祝中国共产党成立95周年大会上的讲话（2016年7月1日）
4	讲故事，是国际传播的最佳方式。要讲好中国特色社会主义的故事，讲好中国梦的故事，讲好中国人的故事，讲好中华优秀文化的故事，讲好中国和平发展的故事。讲故事就是讲事实、讲形象、讲情感、讲道理，讲事实才能说服人，讲形象才能打动人，讲情感才能感染人，讲道理才能影响人。要组织各种精彩、精炼的故事载体，把中国道路、中国理论、中国制度、中国精神、中国力量寓于其中，使人想听爱听，听有所思，听有所得。	《在党的新闻舆论工作座谈会上的讲话》（2016年2月19日）

五、思政元素

此次课程将"视听语言——景别"相关知识的讲授嵌入主旋律影视剧、红色影视剧经典片段的解析中，将课程特色与时代主旋律相结合，把课程思政理念有机融入专业课教学，引领学生牢牢把握正确导向，守正创新，大力弘扬和培育社会主义核心价值观，实现大学生专业知识深化与价值观引导的双目标（见表47）。

表47   思政素材元素

思 政 主 题	思 政 元 素
景别的剪辑原则与红色历史艺术性表达	景别的剪辑原则与红色历史叙事
	景别的剪辑原则与红色精神审美表达
	景别的剪辑原则与红色故事实践创作

六、教学安排

（1）介绍景别定义、划分标准及分类，并讲解影视作品叙事段落中景别的一般剪辑和组合原则。

（2）案例教学：在经典红色影视作品中，选取有代表性的叙事片段作为案例，指导学生通过案例掌握景别的分类及剪辑原则。

（3）学生实践创作：以4~5位同学为1组，选取中国共产党红色百年历程中的典型事例或瞬间，进行短视频实践创造。按照一定的剪辑原则组合拍摄的景别素材，将其编辑成叙事流畅、情感丰沛的3~5分钟短视频作品。

七、效果体现

（1）发表思政教育高水平论文：进一步思考思政教育嵌入专业教学实践的相关问题，发表思政教育领域的高水平学术论文。

（2）学生实践创作社会效果转化：在全院范围内展播优秀的学生短视频作品，并将其上传至互联网平台和短视频平台，以推动大学生原创的思政教育成果产生更广泛的社会影响。

"媒介文化" 课程思政案例

主讲教师：张　帆

一、章节名称

第十一章　当代媒介文化的社会性问题

第一节　媒介的物化与媒介文化低俗化倾向

二、课程目标

（1）知识目标：理解物化的内涵、表现、原因和历史脉络，领会物化对媒介文化产品、生产者和传播者的影响，以及媒介物化的社会影响。

（2）能力目标：具备从媒介物化的角度解读大众文化的能力，熟悉媒介物化的表现，包括经济活动、政治领域、意识形态等，能够对物化引发的媒介文化低俗化的解决措施提出切实可行的现实建议。

（3）德育目标：从媒介物化的角度深入理解当代媒介文化的社会性问题，引导学生践行社会主义核心价值观，将社会主义核心价值观的价值内核与丰富内涵融入精神文化产品创作之中。媒介文化产品既能满足人民群众多层次的精神文化需求，又能发挥启迪思想、温润心灵、陶冶情操的功能，即培养"有理想、有道德、有文化、有纪律"的"四有"青年。

三、教学内容

（一）主要内容

1. 物化的概念

在发达资本经济条件下，人的活动的结果或人的造物变成某种自律的并反过来控制人统治人的力量。

（1）客观方面：一个充满客体与商品世界作为异己的力量与人对立，即，物的异化。

（2）主观方面：一个人的活动成了与他自己相疏远的东西，变成附属于自然规律的人类之外的客观东西。即，人的自我的异化。

2. 物化的表现

（1）经济活动中的物化。劳动者与劳动对象在所有权上发生分离；劳动者只是作为机械化的一部分被结合到某一机械系统里去；人与人之间的社会关系表现为物与物的，即商品与商品之间的关系。

（2）政治领域中的物化。资本主义社会的政治上层建筑也相应地发生了变化和调整；国家机构的分工越来越细、越来越合理，受制于其中的人的非人化倾向也越来越突出。

（3）意识形态中的物化。人自觉地或非批判地认同外在的物化现象和物化结构，并将这种物化结构当作外在的规律和人的本来命运加以遵循、服从，从而丧失了批判和超越的能力。

3. 产生物化的原因

资本主义商品经济所具有的拜物教本质导致物化产生，而资本主义商品经济的进一步发展导致物化的加剧。

（1）商品拜物教。在以私有制为基础的商品经济中，人与人的社会关系被物与物的关系掩盖，从而使商品具有一种神秘的属性，似乎它具有决定商品生产者命运的神秘力量。马克思把商品世界的这种神秘性比喻为拜物教，称其为商品拜物教。

（2）货币拜物教。当金和银因其天然属性从商品世界中游离出来而充当一般等价物时，商品生产者的命运就决定于商品能不能换成货币，商品的神秘性进而发展成了货币的神秘性。

（3）资本拜物教。在资本主义生产方式下，在货币转化为资本的过程中出现了资本拜物教。资本拜物教就是把资本的价值增值看作资本本身即物本身具有的魔力的一种错误观念。

4. 媒介物化的影响

（1）媒介文化商品要实现的是交换价值而非使用价值。媒介文化商品的生产不是马克思所说的"对象化劳动"，因为对象化生产活动是生产者自愿进行的活动，这种活动不仅满足人的需要，还使生产者对这种创造性的活动感到由衷的喜悦和乐趣，因而这种生产活动是自由的，生产者从其对象化中看到生命的存在价值、自身的本职。媒介的物化必然导致文化本身的物化，即文化艺术成为商品。它的生产同所有别的商品生产一样，遵循市场规律的最高原则，生产代替了创造，模仿和复制代替了想象和灵感。

（2）媒介文化的传播者：艺术家 or 大众明星。艺术家的成功有赖于天赋和勤勉，而明星则有赖于"机遇"，在机遇"偶然性"的背后是真正的个人努力无法把握的充分体现文化工业操作原则与商业谋略的"计划性"。正因为"计划性"无视个体的幸与不幸、个体的努力与否，所以对它而言，媒介文化明星"不过是被玩弄的对象"；艺术家的创造活动不以商业利润为最终目标，而明星的生产如演员"表演及整个肉身都投入由观众所构成的市场，而且观众市场在其表演中，很少为其直接把握"。①

（二）课程重点、难点

理解以卢卡契为代表的西方马克思主义者批判社会现实的利器，廓清媒介物化与媒介文化低俗化之间的关系。

课程难点：学生利用所学知识解决媒介文化低俗化问题的能力。

（三）教学方法

案例教学、小组讨论、小组成果展示。

（四）教学学时

2 课时。

（五）参考教材

（1）［英］阿雷恩·鲍尔德温，等．文化研究导论（修订版）［M］.陶东风，等译．北京：高等教育出版社，2004.

（2）［英］约翰·斯道雷．文化理论与大众文化导论（第七版）［M］.常江，译．北京：北京大学出版社，2019.

（3）［法］让·波德里亚．消费社会［M］.刘成富，全志钢，译．南京：南京大学出版社，2001.

（4）［英］尼克·库尔德里．媒介仪式：一种批判的视角［M］.崔玺，译．北京：中国人民大学出版社，2016.

（5）陈龙．媒介文化通论［M］.南京：江苏教育出版社，2011.

（6）曾一果．媒介文化理论概论［M］.北京：中国人民大学出版社，2016.

---

① 陈龙．媒介文化通论［M］.南京：江苏教育出版社，2011：9.

四、思政素材

此次课程思政素材主要来自习近平总书记关于文化自信、网络空间、网络文明的阐述。党的十八大以来，习近平总书记围绕此内容反复强调，作出许多深刻阐述（见表 48）。

表 48 思政素材核心内容

序号	内 容 摘 要	来 源
1	国无德不兴，人无德不立。一个民族、一个人能不能把握自己，很大程度上取决于道德价值。如果我们的人民不能坚持在我国大地上形成和发展起来的道德价值，而不加区分、盲目地成为西方道德价值的应声虫，那就真正要提出我们的国家和民族会不会失去自己的精神独立性的问题了。如果没有自己的精神独立性，那政治、思想、文化、制度等方面的独立性就会被釜底抽薪。	习近平在省部级主要领导干部学习贯彻十八届三中全会精神全面深化改革专题研讨班上的讲话（2014 年 2 月 17 日）
2	网络空间是亿万民众共同的精神家园。网络空间天朗气清、生态良好，符合人民利益。网络空间乌烟瘴气、生态恶化，不符合人民利益。谁都不愿生活在一个充斥着虚假、诈骗、攻击、谩骂、恐怖、色情、暴力的空间。互联网不是法外之地。利用网络鼓吹推翻国家政权，煽动宗教极端主义，宣扬民族分裂思想，教唆暴力恐怖活动，等等，这样的行为要坚决制止和打击，决不能任其大行其道。利用网络进行欺诈活动，散布色情材料，进行人身攻击，兜售非法物品，等等，这样的言行也要坚决管控，决不能任其大行其道。没有哪个国家会允许这样的行为泛滥开来。我们要本着对社会负责、对人民负责的态度，依法加强网络空间治理，加强网络内容建设，做强网上正面宣传，培育积极健康、向上向善的网络文化，用社会主义核心价值观和人类优秀文明成果滋养人心、滋养社会，做到正能量充沛、主旋律高昂，为广大网民特别是青少年营造一个风清气正的网络空间。	习近平在网络安全和信息化工作座谈会上的讲话（2016 年 4 月 19 日）
3	文化自信，是更基础、更广泛、更深厚的自信。在 5000 多年文明发展中孕育的中华优秀传统文化，在党和人民伟大斗争中孕育的革命文化和社会主义先进文化，积淀着中华民族最深层的精神追求，代表着中华民族独特的精神标识。	习近平在庆祝中国共产党成立 95 周年大会上的讲话（2016 年 7 月 1 日）

续表

序号	内容摘要	来　源
4	文化和科技融合，既催生了新的文化业态、延伸了文化产业链，又集聚了大量创新人才，是朝阳产业，大有前途。谋划"十四五"时期发展，要高度重视发展文化产业。要坚持把社会效益放在首位，牢牢把握正确导向，守正创新，大力弘扬和培育社会主义核心价值观，努力实现社会效益和经济效益有机统一，确保文化产业持续健康发展。	习近平在湖南长沙考察调研马栏山视频文创产业园时的讲话（2020年9月17日）
5	网络文明是新形势下社会文明的重要内容，是建设网络强国的重要领域。近年来，我国积极推进互联网内容建设，弘扬新风正气，深化网络生态治理，网络文明建设取得明显成效。要坚持发展和治理相统一、网上和网下相融合，广泛汇聚向上向善力量。各级党委和政府要担当责任，网络平台、社会组织、广大网民等要发挥积极作用，共同推进文明办网、文明用网、文明上网，以时代新风塑造和净化网络空间，共建网上美好精神家园。	习近平致首届中国网络文明大会的贺信（2021年11月19日）

五、思政元素

此次课程通过媒介物化知识的讲授，让学生深刻意识到媒介物化对文化的影响，厚植习近平总书记关于先进文化和文化自信的思想理念，引导学生牢牢把握正确导向，守正创新，大力弘扬和培育社会主义核心价值观，凸显大学生文化认同思政元素。例如社交媒体使用与大学生文化认同（见表49），将无形的思想教育问题落地为扎实的学术研究，做到"教学与思想教育、学术研究"融洽发展，相得益彰。

表 49　　　　　　　　　　　　　　　**思政素材元素**

思 政 主 题	思 政 元 素
社交媒体使用与大学生文化认同	社交媒体使用与大学生文化认同
	社交媒体使用与大学生网络文化生产
	社交媒体使用与大学生网络文化传播
	社交媒体使用与大学生先进网络文化知识

六、教学安排

（1）介绍物化的概念、表现和原因，阐释媒介物化对媒介文化，特别是网络文化的影响。

（2）案例教学：在商业主义统合和专业主义离场的新闻场域中，选取有代表性的新闻作品、新闻生产者和传播者作为案例，指导学生通过案例剖析媒介物化的原因及表现。

（3）小组讨论：以4~5位学生为一组，进行相关选题讨论，推进研究进展。

（4）以小组展示的方式，每组派一位学生代表，讲解小组选题的内容、来源、研究方法和意义。

七、特色和创新点

（1）反向引导：此次课程与以往正向灌输式思政教育形不同，采用了"问题/危害→表现形式→原因→措施"反向引导的教课形式，先抛出"媒介物化"的问题和危害，激发学生积极性和主动性，引导学生深入探讨媒介物化的表现形式、媒介物化对媒介文化的影响等，最终肯定"文化认同""文化自信"在应对媒介物化入侵时的重要意义。

（2）寓教于乐：此次课程加入师生互动环节，通过"学生报选题→教师反馈意见→学生调整→教师反馈意见"多次线上和线下互动，鼓励学生以个人生活经验为基础提出某一媒介物化现象，研究治理媒介物化以及媒介文化低俗化问题的角度和思路，通过"启发式"教学，加以丰富多元的案例解惑，不断加深学生对媒介物化内容的理解，使学生主动推进研究进展，增强了课程的趣味性，以寓教于乐的形式来加强学生的思政教育。

（3）竞争教育：此次课程以4~5位学生为一组，共计15小组。每组共有10~15分钟小组展示时间，全部展示后以每组3票的形式，投出前3名优秀小组。通过竞争教育，激发学生的学习潜力和激情。

八、效果体现

（1）发表思政教育高水平论文：鼓励学生研究思政教育相关问题，将思政教育内

置于学术研究中，指导学生发表思政教育领域的 CSSCI 高水平学术论文。

（2）获奖小组展示：对排名前 3 的小组选题内容和研究设计，以"易拉宝"的形式在院内展示一周，进而增强学生对思政研究的自豪感、认同感和获得感。

"网络舆情监测与分析" 课程思政案例

主讲教师：芦何秋

一、章节名称

第五讲　网络舆情监测与引导

第三节　网络舆情的应对与引导

二、课程目标

（1）知识目标：从理念、行为和方法上理解网络舆情应对的基本原则，厘清网络舆情应对思路。

（2）能力目标：针对不同类别的舆情事件，能够举一反三抓准要害，提出的舆情应对方法与引导思路切实可行。

（3）德育目标：此次课程涉及的舆情应对案例以公权力事件为主，学生需站在国家意识形态安全的角度，以社会主义核心价值观的核心内涵为指导，将传播规律、政府要求、新闻纪律等要素有机结合，将党和人民利益放在第一位，提出舆情的分析、应对与引导思路，培养和强化学生国家主人翁的自我定位。

三、教学内容

（一）主要内容

1. 网络舆情应对的基本原则

（1）理念：尊重理解民意，妥善解决问题。

网络可使原本话语力量甚微的普通受众通过技术实现成为传播者的理想，公民个人不仅将在信息获取方面享受更多的快捷便利，在信息传播和整合的过程中也扮演起重要的角色。与此同时，网络舆情作为民意的网络呈现，承载着公民的不满与希冀，汇聚折射着社会矛盾与风险，在社会运转中发挥着举足轻重的作用。

面对网络舆情，不能听之任之，也不能摆出敌对姿态，要有正确的理念支撑才能确保应对自如且收到良好效果。

首先就是要尊重和理解民意，要尊重每个公民表达意见的权利，充分理解公民的反对声音以及情绪发泄；其次要有怀有妥善解决问题的态度和决心，不能止步于平息争端，解决问题才是应对舆情的最佳途径，也是意义所在。

网络舆情是公众在网络媒介上表达对于所关心的公共事件、公共人物以及公共话题的意见和情绪，它的发生基础是民意，网络只是提供了发布和传播的平台，应对网络舆情的本质从某种程度上来讲就是倾听并疏导民意。只有端正好心态正视民意，把民意当作督促和鞭策，才能正确认识网络舆情，不畏惧、不躲避、不压制，而是开放空间便于公众表达，宽容网络中的异议异见，从而在舆情应对过程中，能够倾听理解民意，提升服务质量。

舆情应对中需要解决的问题：

第一类是马上解决。能够马上解决的情况大多出现于利益冲突较为明显且事件性质不复杂的突发舆情事件，当问题能够得到公正妥善的解决时，舆论事件就能很快得以平息。

第二类是承诺解决。现实问题一时无法解决的，应公开承诺解决问题，从而缓和情绪，平息舆论事态，并尽快兑现承诺。

第三类是根本解决。着眼长远，解决根本问题，以防燃点再现、战端再起。

（2）行为：及时准确发声，坦诚平等沟通。

在互联网时代，谁掌握了信息的主动权谁就掌握了局势。当网络舆情主体的质疑声、声讨声响彻网络时，网络舆情客体就处于被动位置；反之，当网络舆情客体成为公众获取信息的直接途径，就理所当然地占据了舆情引导的有利位置。掌握信息主动权，一方面要及时、准确地公布、更新信息，也就是掌握发声的主动权；另一方面要态度诚恳、姿态平等地进行信息交换，也就是掌握沟通的主动权。

应对和引导网络舆情落实到具体行动上可以浓缩为两个关键词——发声。

及时准确发声，首先要求网络舆情客体在第一时间迅速发布权威信息，做事件的"第一定义者"。这既体现了信息的公开透明，又显示出负责任的态度，同时最大限度地遏制了谣言的滋生，让正面声音成为传播的主流。

其次要求在发声过程中实事求是、客观公正，要全面反映真相，绝不能用谎言或各种欺瞒手段搪塞、糊弄公众。

再次要求密切跟进事态发展，确保有变化就有相关回应，随时公布处理进程和结果。另外，发声的内容不仅包含事实层面的真相，更要包括一些情感方面的致歉、关怀、慰问等。

案例：从"黄金 24 小时"到"黄金 4 小时"再到"钻石 1 小时"。

传统观点认为，官方处置突发事件有"黄金 24 小时"之说，即在事发 24 小时内发布权威消息主导舆论是平息事件的关键。随着新兴媒体崛起，渗透并深刻参与突发事件的发展过程，传统的"黄金 24 小时"法则渐显无力。于是，人民网舆情监测室提出了"黄金 4 小时"法则，"4 小时"考虑了需要厘清事实真相、政府各部门协调工作和完成信息披露文书所花的时间。而随着即时网络时代的到来，有学者认为"黄金 4 小时"效应也稍显乏力，于是提出了"钻石 1 小时"原则。在微博广泛运用的当下，"钻石 1 小时"原则为越来越多的组织和个人所接受。

（3）方法：把握互联网传播规律，顺应新媒体发展趋势。

网络舆情的应对必须站在网络环境中去思考问题，不能照搬传统媒体时代的方式方法，所有的应对策略和行为模式都要遵循网络时代的要求。例如，互联网已经成为现代社会最重要的信息载体，慢慢取代传统媒介成为民众获取信息的主要来源，公众获取信息的渠道愈发开阔，网络舆情信息的来源异常丰富。在应对网络舆情时，要想复制传统媒体时代的"封锁消息"的方法则会取得适得其反的效果。

互联网让每一个普通的个体都有机会成为舆情关注的中心，普通网民的一句话都可能被争相传播，个人的力量被放大和巩固，人人可以质疑官方、挑战权威。因此，要想顺利引导网络舆情，不可能单纯依靠大众媒介和宣传攻势。

2. 网络舆情应对思路

（1）响应速度、态度和层级。

（2）信息公开透明程度。

（3）政府、企业和社会组织公信力。

（4）动态反应。

（5）建立问责机制。

（6）网络沟通技巧。

（7）善后处理。

3. 网络舆情有效引导的技巧

（1）发声技巧：快报事实，慎讲原因。

（2）沟通技巧：以情动人，以诚感人。

（3）媒体利用技巧：设置网络议程。

（4）谣言控制技巧：斩断源头，依法惩处。

（5）观点引导技巧：团结和培养意见领袖。

4. 网络舆情应对的经验与启示

（1）预防与应急并重。

（2）疏导为主，管制为辅。

（3）治标更要治本。

（二）课程重点、难点

理解中国网络传播现实，把握网络舆情引导与处置的基本原则，并将其与中国网络传播现实关联起来，能够针对具体事件提出可操作性的建议。

（三）教学方法

案例教学、小组讨论、小组成果展示。

（四）教学学时

4 课时。

（五）参考教材

（1）钟瑛. 网络传播导论 ［M］. 北京：中国人民大学出版社，2012.

（2）喻国明. 中国社会舆情年度报告（2020）［M］. 北京：人民日报出版社，2020.

（3）周蔚华. 网络舆情概论 ［M］. 北京：中国人民大学出版社，2016.

（4）罗昕. 突发公共事件网络舆情的传播与治理 ［M］. 广州：暨南大学出版社，2020.

（5）［美］尼古拉·尼葛洛庞蒂. 数字化生存 ［M］. 胡冰，范海燕，译. 海口：海南出版社，1996.

（6）［美］李普曼. 公众舆论 ［M］. 阎克文，江红，译. 上海：上海人民出版社，2011.

四、思政素材

此次课程思政素材主要来自政府及主要领导人关于网络传播、网络舆论、网络空间建设、网络综合治理体系的阐述（见表50）。

表 50   思政素材核心内容

序号	内容摘要	来源
1	深化马克思主义理论研究和建设，加快构建中国特色哲学社会科学，加强中国特色新型智库建设。高度重视传播手段建设和创新，提高新闻舆论传播力、引导力、影响力、公信力。加强互联网内容建设，建立网络综合治理体系，营造清朗的网络空间。落实意识形态工作责任制，加强阵地建设和管理，注意区分政治原则问题、思想认识问题、学术观点问题，旗帜鲜明反对和抵制各种错误观点。	《决胜全面建成小康社会　夺取新时代中国特色社会主义伟大胜利》（习近平代表第十八届中央委员会于 2017 年 10 月 18 日在中国共产党第十九次全国代表大会上向大会作的报告）
2	要加强舆情跟踪研判，主动发声、正面引导，强化融合传播和交流互动，让正能量始终充盈网络空间。	习近平在中央政治局常委会会议研究应对新型冠状病毒肺炎疫情工作时的讲话（2020 年 2 月 3 日）
3	网络是一把双刃剑，一张图、一段视频经由全媒体几个小时就能形成爆发式传播，对舆论场造成很大影响。这种影响力，用好了造福国家和人民，用不好就可能带来难以预见的危害。要旗帜鲜明坚持正确的政治方向、舆论导向、价值取向。在信息生产领域，也要进行供给侧结构性改革，通过理念、内容、形式、方法、手段等创新，使正面宣传质量和水平有一个明显提高。	习近平在十九届中央政治局第十二次集体学习时的讲话（2019 年 1 月 25 日）

五、思政元素

此次课程通过对网络舆情发生发展规律的讲授，让学生深刻意识到舆情并不限于对社会现实的浅层影响，更与社会结构、意识形态等深层次问题息息相关。将现实案例的分析与习近平同志关于新闻舆论、意识形态安全、网络空间治理等方面的观点与思想相结合，培养学生正确的价值观，引导学生牢牢把握正确的导向。

此次课程的思政元素还体现在，设置"每周新闻话题综述"课程作业，通过"学生讲，老师评"的方式，引导学生能够站在党和政府的角度审视网络舆情和网络事件。

六、教学安排

（1）介绍网络舆情调控的必要性、可能性；了解网络舆情引导的原则。

（2）案例教学：关于"于欢案"的舆情引导。

（3）小组讨论：以 4~5 位学生为一组，进行相关选题讨论，推进研究进展。

七、特色和创新点

注重实践案例与理论原则相结合，使用最新的典型案例，激发学生的兴趣，提升教学效果。

八、效果体现

学生在学习案例后，对网络舆情引导与处置工作的理解将更加全面。

"媒介融合" 课程思政案例

主讲教师：芦何秋

一、章节名称

第一讲　媒介融合的实践背景
第一节　融合发展问题的再次凸显

二、课程目标

（1）知识目标：从理论和实践角度理解媒介融合发生的背景、条件和必要性，媒介融合的条件、必要性，新媒体发展的新格局，媒介融合的政策布局。

（2）能力目标：通过实践分析，针对复杂多变的媒介环境，理解媒介融合发展的过程。

（3）德育目标：学生需站在国家媒体发展与安全保障的角度，以社会主义核心价值观的核心内涵为指导，将传播规律、政府要求、新闻纪律等要素有机结合，培养和强化学生分析实践问题的能力。

三、教学内容

（一）主要内容

1. 融合发展问题的再次凸显

美国麻省理工教授 I. 普尔（Ithiel de Sola Pool），于 1983 年在《自由的科技》上提出了"融合"（convergence）概念，此后各种媒介呈现出多功能一体化的趋势。

美国西北大学教授李奇·高登（Rich Gordon）的论文《融合的意义与内涵》（2003）总结了媒介融合在媒介组织层面的六个变化：媒介技术融合、所有权合并、战术性联合、组织结构融合、新闻采访技能融合、新闻叙事形式融合。

在狭义上，"媒介融合"是指将不同的媒介形态"融合"在一起，会随之产生"质变"，形成一种新的媒介形态，如电子杂志、博客新闻等；在广义上，"媒介融合"则范围广阔，包括一切媒介及其有关要素的结合、汇聚甚至融合，不仅包括媒介形态的融合，还包括媒介功能、传播手段、所有权、组织结构等要素的融合。

2013 年，网络舆论板块发生重要变化。随着网络传播日趋碎片化和复杂化，在保障公众表达和社会监督的积极功能之外，其潜在的谣言、有害信息等负面效应也日益显现。此后政府加大了对互联网的依法管理力度，话题类微博"大 V"遭遇一定打击。从内容来看，2013 年 8 月以来，互联网话题主要集中在网络名人社会责任、打击网络谣言、"两高"（最高人民法院和最高人民检察院）有关网络诽谤的司法解释等，这些对网络舆论生态治理产生了巨大作用，不仅注重网民自律和网络自治的柔性治理思路，也体现出对网络消极现象从被动应对向主动依法治理的转变。

我国新闻媒体融合发展之路早已起步，但却没有走好，不是真正意义上的全媒体。公众注意力向新媒体转移，而传统媒体却没有准备好。

（二）课程重点、难点

理解中国网络传播现实，把握媒介融合的基本原则，并将其与中国网络传播现实关联起来，能够针对媒介融合发展过程中的具体问题提出可操作性的建议。

（三）教学方法

案例教学、小组讨论、小组成果展示。

（四）教学学时

4 课时。

（五）参考教材

宫承波. 媒介融合概述 ［M］. 北京：中国广播电视出版社，2016.

四、思政素材

此次课程思政素材主要来自政府及主要领导人关于网络传播、媒介融合、网络综合治理体系的阐述（见表 51）。

表51 思政素材核心内容

序号	内 容 摘 要	来　源
1	（1）推动媒体融合发展是一项紧迫的战略任务； （2）努力形成适应媒体融合发展的观念和认识； （3）瞄准和利用最新技术推动融合发展； （4）进一步增强媒体信息内容的核心竞争力； （5）建立适应融合发展的组织结构、传播体系和管理体制。	刘奇葆.加快推动传统媒体和新兴媒体融合发展［N］.人民日报，2014-04-23
2	（1）推动媒体融合发展、建设全媒体成为我们面临的一项紧迫课题。要运用信息革命成果，推动媒体融合向纵深发展，做大做强主流舆论，巩固全党全国人民团结奋斗的共同思想基础，为实现"两个一百年"奋斗目标、实现中华民族伟大复兴的中国梦提供强大精神力量和舆论支持。 （2）全媒体不断发展，出现了全程媒体、全息媒体、全员媒体、全效媒体，信息无处不在、无所不及、无人不用，导致舆论生态、媒体格局、传播方式发生深刻变化，新闻舆论工作面临新的挑战。 （3）推动媒体融合发展，要坚持一体化发展方向，通过流程优化、平台再造，实现各种媒介资源、生产要素有效整合，实现信息内容、技术应用、平台终端、管理手段共融互通，催化融合质变，放大一体效能，打造一批具有强大影响力、竞争力的新型主流媒体。 （4）要坚持移动优先策略，让主流媒体借助移动传播，牢牢占据舆论引导、思想引领、文化传承、服务人民的传播制高点。 （5）要探索将人工智能运用在新闻采集、生产、分发、接收、反馈中，全面提高舆论引导能力。 （6）要统筹处理好传统媒体和新兴媒体、中央媒体和地方媒体、主流媒体和商业平台、大众化媒体和专业性媒体的关系，形成资源集约、结构合理、差异发展、协同高效的全媒体传播体系。 （7）要依法加强新兴媒体管理，使我们的网络空间更加清朗。 （8）要抓紧做好顶层设计，打造新型传播平台，建成新型主流媒体，扩大主流价值影响力版图，让党的声音传得更开、传得更广、传得更深入。 （9）主流媒体要及时提供更多真实客观、观点鲜明的信息内容，掌握舆论场主动权和主导权。 （10）党报党刊要加强传播手段建设和创新，发展网站、微博、微信、电子阅报栏、手机报、网络电视等各类新媒体，积极发展各种互动式、服务式、体验式新闻信息服务，实现新闻传播的全方位覆盖、全天候延伸、多领域拓展，推动党的声音直接进入各类用户终端，努力占领新的舆论场。	习近平总书记在中共中央政治局第十二次集体学习时的重要讲话（2019年1月25日）

五、思政元素

此次课程中的媒介融合相关问题，离不开政府政策主导，思政元素主要来自政府主要领导人与政府文件要求来组织，并基于这些元素，将中国媒介融合的现实媒介进行串联讲解。

六、教学安排

（1）介绍媒介融合的必要性、可能性。
（2）案例教学：典型个案中传统媒体传播力式微问题。
（3）小组讨论：以 4~5 位学生为一组，进行相关选题讨论，推进研究进展。

七、特色和创新点

注重实践案例与理论原则相结合，使用最新的典型案例，激发学生关注兴趣，提升教学效果。

八、效果体现

学生可通过对案例的总结与分析来提升对媒介融合的理解。

"传播学概论" 课程思政案例

主讲教师：罗宜虹

一、章节名称

第十二章　几种主要的大众传播效果理论

第一节　大众传播与环境认知——"议程设置功能"理论

二、课程目标

（1）知识目标：理解议程设置的内涵、表现形式、特点和历史发展脉络，领会议程设置理论对个人和社会具有什么样的影响和效果。

（2）能力目标：能够运用议程设置理论分析、考察大众传播在人们的环境认知过程的作用，能够熟知大众传播的有力影响。从议程设置的角度关注媒介内部的信息采集和加工工作，了解传播媒介"议程设置"背后复杂的政治、经济和意识形态的力学关系。在此基础上深刻探究"议程设置"研究与我国的舆论引导之间的理论衔接点，旗帜鲜明地把引导舆论作为目前新媒体环境下的一项基本任务。

（3）德育目标：从议程设置的角度深入探讨当下复杂的国内外舆情，坚持正确的舆论导向，引导学生践行社会主义核心价值观，将社会主义核心价值观的价值内核与丰富内涵融入新闻信息的采集和加工中，学习习近平总书记系列讲话精神。明确传播既能满足人民群众多层次的精神文化需求，又能启迪思想、温润心灵、陶冶情操的社会正能量，实现对当今社会认知、价值、态度和行动的全面引导，培养"有理想、有道德、有文化、有纪律"的"四有"青年。

三、教学内容

(一) 主要内容

1. "议程设置"理论的概要及特点

(1) 理论的提出。最早是美国学者科恩提出这一理论的基本构想。他认为媒介 (报纸) 在影响人们如何思考什么难以奏效，但在影响人们关注什么方面却很有成效。

麦库姆斯和唐纳德·肖针对 1968 年美国总统选举期间就传播媒介的选举报道对选民的影响提交一项调查研究总结，题为 "大众传播的议程设置功能"。

麦库姆斯和唐纳德·肖认为大众传播具有一种为公众设置 "议事日程" 的功能，传媒的新闻报道和信息传达活动以赋予各种 "议题" 不同程度的显著性的方式，影响着人们对周围世界的 "大事" 及其重要性的判断。

(2) "议程设置" 理论的特点。

①传播效果分为认知、态度和行动三个层面，这些层面同时也是一个完成意义上的效果形成过程的不同阶段。议程设置理论着眼点是这个过程的最初阶段，即认知层面上的效果。

②议程设置理论所考察的是一系列报道所产生的中长期的、综合的、宏观的社会效果。

③议程设置理论暗示了这样一种媒介观，即传播媒介是从事 "环境再构成作业" 的机构。

2. 对 "议程设置理论" 的研究

(1) 议程的概念：在时间的某个点上，按其重要性分层排列并予以传播的一系列议题就是议程。议程可具体分为媒介议程、公众议程和决策议程。

(2) 议程设置理论的基本观点：

①大众传播媒介参与了 "社会现实的构建"，即影响人们头脑中对社会现实的构想。

②媒介的议程设置可使某些事实更加突出，更显示其重要性，从而影响公众的态度，使公众也把那些事件视为社会上的重要问题。

③媒介所报道的事实或讨论的话题以及这些事实或话题在大众传播媒介上出现的频率，是受众判断这些事实或话题是否重要的主要依据。

(3) 议程的设置形式：专题报道；深度报道；头版头条；连续性报道；新闻组合式报道等。

(4) 议程设置的三种不同效果模式：

①知晓模式——大众媒介报道或不报道某个议题，是影响公众是否知晓这一议题的主要因素。

②显著模式——大众媒介对某些议题突出报道、反复报道，会引起公众对这些问题的突出重视。

③优先模式——传播媒介对一些议题按优先顺序加以报道，会影响公众同样按媒介安排的顺序认定这些议题的重要性。

3. "议程设置理论"的理论意义、问题

（1）理论意义：

①对议程设置的选择体现了媒介的把关与建构。

②从考察大众传播在人们的环境认知过程中的作用入手，重新揭示了大众传媒的有力影响，为效果研究摆脱"有限论"的束缚起了重要的作用。

③把大众传播过程背后的控制问题重新摆在人们面前。

④与我国舆论导向研究之间具有理论相通之处。

（2）问题：

①强调了传播媒介"设置"或形成社会议题的一面，而没有涉及反映社会议题的一面。

②不能把"议程"的效果绝对化。

4. "议程设置"理论面临的网络环境的挑战

（1）"议程设置"理论在新的媒介环境下的变化。通过两种媒介环境的流程比较分析发现：①新媒介是重要的平台；②个人议程在很多情况下成为议程设置的激发点和归宿点，是媒介议程的补充来源；③社群议程发挥了核心作用；④议程设置具有多向性和跳跃性，个体、社群议程与媒介、公众议程初始阶段具有重合之处。

（2）传统的大众传媒的"议程设置功能"并没有弱化和消失。

①从信息社会的知沟或数字鸿沟的现状来看，还有很多人不能利用网络媒体；②就能够上网的网民而言，还没有形成定期阅读的习惯；③网络媒体的议题虽然是多元化的，但单个渠道的访问用户并不多；④传统媒体在网络传播中也是主流，新闻网站的内容与传统媒体也有相当高的雷同性。

（二）课程重点、难点

课程重点：理解以麦库姆斯和唐纳德·肖为代表的议程设置理论的概要及特点，探究"议程设置功能"的作用机制，分析不同媒体"议程设置"的不同特点。

课程难点：正确认知大众传播过程背后的控制问题，运用所学理论来提高引导主流价值观、舆论的能力。

（三）教学方法

案例教学、小组讨论、小组成果展示。

（四）教学学时

2课时。

（五）参考教材

（1）［美］埃弗雷特·M. 罗杰斯. 创新的扩散［M］. 辛欣，译. 北京：中央编译出版社，2002.

（2）［美］马克斯韦尔·麦库姆斯. 议程设置：大众媒介与舆论［M］. 郭镇之，徐培喜，译. 北京：北京大学出版社，2008.

（3）［美］斯蒂芬·李特约翰，［美］凯伦·福斯. 人类传播理论（第九版）［M］. 史安斌，译. 北京：清华大学出版社，2009.

（4）［美］罗伯特·W. 切斯尼. 传播革命［M］. 高金萍，译. 上海：上海译文出版社，2000.

（5）［美］斯坦利·巴兰，［美］丹尼斯·戴维斯. 大众传播理论：基础、争鸣与未来（第三版）［M］. 曹书乐，译. 北京：清华大学出版社，2008.

（6）郭庆光. 传播学教程［M］. 北京：中国人民大学出版社，2019.

四、思政素材

此次课程思政素材主要来习近平总书记关于网络环境、舆论引导、新闻工作的阐述。党的十八大以来，习近平总书记围绕此内容反复强调，作出许多深刻阐述（见表52）。

表52　　　　　　　　　　　　　　　　思政素材核心内容

序号	内容摘要	来　源
1	做好网上舆论工作是一项长期任务，要创新改进网上宣传，运用网络传播规律，弘扬主旋律，激发正能量，大力培育和践行社会主义核心价值观，把握好网上舆论引导的时、度、效，使网络空间清朗起来。	习近平总书记在中央网络安全和信息化领导小组第一次会议上的讲话（2014年2月27日）

续表

序号	内 容 摘 要	来 源
2	加强和改善党对新闻舆论工作的领导,是新闻舆论工作顺利健康发展的根本保证。各级党委要自觉承担起政治责任和领导责任。领导干部要增强同媒体打交道的能力,善于运用媒体宣讲政策主张、了解社情民意、发现矛盾问题、引导社会情绪、动员人民群众、推动实际工作。	习近平总书记在党的新闻舆论工作座谈会上的讲话(2016年2月19日)
3	要高度重视网上舆论斗争,加强网上正面宣传,消除生成网上舆论风暴的各种隐患。要更加积极主动开展对外宣传,把我国的发展道路、发展理念、发展方式宣传好,把我国发展为世界发展所作的贡献宣传好,批驳各种针对我国的无端质疑和不实攻击,为国内营造良好舆论环境提供有力支持。	习近平总书记在党的十八届六中全会第二次全体会议上的讲话(2016年10月27日)
4	当前,中国特色社会主义进入了新时代,全面建设社会主义现代化强国新征程已经开启。人民日报要深入学习贯彻新时代中国特色社会主义思想和党的十九大精神,忠实履行党的新闻舆论工作职责使命,坚持正确政治方向,弘扬优良传统,深化改革创新,加强队伍建设,改进宣传报道,讲好中国故事,构建全媒体传播格局,不断提升传播力、引导力、影响力、公信力,为实现"两个一百年"奋斗目标、实现中华民族伟大复兴的中国梦作出新的更大贡献!	习近平总书记致人民日报创刊70周年的贺信(2018年6月15日)
5	党的十八大以来,我们大力推动国际传播守正创新,理顺内宣外宣体制,打造具有国际影响力的媒体集群,积极推动中华文化走出去,有效开展国际舆论引导和舆论斗争,初步构建起多主体、立体式的大外宣格局,我国国际话语权和影响力显著提升,同时也面临着新的形势和任务。	习近平总书记在十九届中共中央政治局第三十次集体学习时的讲话(2021年5月31日)

五、思政元素

此次课程通过媒介引导舆论相关知识的讲授,让学生深刻意识到媒介融合时代提升主流媒体舆论引导力的重要作用,厚植习近平总书记弘扬主旋律、坚持正确舆论导向的思想理念,引导学生牢牢把握正确导向,从而助力其抵制互联网中的错误思想,更好地宣传和发展社会主义核心价值观,凸显大学生舆论表达思政元素,如网络舆情原因分析与大学生舆论表达,将无形的思想教育问题落地为扎实的学术研究,做到"教学与思想教育、学术研究"融洽发展,相得益彰(见表53)。

表 53   **思政素材元素**

思 政 主 题	思 政 元 素
网络舆论引导与大学生舆论表达	网络舆论引导与大学生舆论表达
	网络舆论形成方向与大学生舆论表达
	网络舆情原因分析与大学生舆论表达
	网络舆论趋势走向与大学生舆论表达

六、教学安排

（1）介绍舆论引导的内容、基本原则和表现，阐释新媒体环境下的舆论导向、舆论引导机制、舆论引导策略。

（2）案例教学：在商业主义统合和专业主义离场的新闻场域中，选取有代表性的网络舆情事件作为案例，指导学生通过案例明确主流媒体在舆论引导中扮演的关键角色，助力学生在复杂的网络空间中明辨真伪、坚持正确的价值导向、合理地完成自我表达。

（3）小组讨论：以 4~5 位学生为一组，进行相关选题讨论，推进研究进展。

（4）以小组展示的方式，每组派一位学生讲解小组选题的内容、来源、研究方法和意义。

七、特色和创新点

（1）反向引导：此次课程与以往正向灌输式思政教育形不同，采用了"问题/危害→表现形式→原因→措施"反向引导的教课形式，先抛出"未能正确引导舆论"的条件下"舆情事件"的不利走向和后果，以激发学生的积极性和主动性，引导学生深入探讨大众传播过程中的控制机制、新闻机构在新闻作品的生产、选择中发挥的作用等，最终肯定"主流媒体"在舆论引导、弘扬主流价值观中的关键作用。

（2）寓教于乐：此次课程加入师生互动环节，通过"学生报选题→教师反馈意见→学生调整→教师反馈意见"多次线上和线下互动，鼓励学生以个人生活经验为基础提出研究新媒体环境下不同媒体进行"议程设置"的角度和思路；通过"启发式"教学，加以丰富多元的案例解惑，不断加深学生对媒介引导舆论的理解，使学生主动推进研究进展，增强课程的趣味性，以寓教于乐的形式来加强学生的思政教育。

（3）竞争教育：此次课程以 4~5 位学生为一组，共计 15 小组。每组共有 10~15 分钟小组展示时间，全部展示后以每组 3 票的形式，投出前 3 名优秀小组。通过竞争教育，以激发学生的学习潜力和激情。

八、效果体现

（1）发表思政教育高水平论文：鼓励学生研究思政教育相关问题，将思政教育内置于学术研究中，指导学生发表思政教育领域的 CSSCI 高水平学术论文。

（2）获奖小组展示：对排名前 3 的小组选题内容和研究设计，以"易拉宝"的形式在院内展示一周，进而增强学生对思政研究的自豪感、认同感和获得感。

"社会学导论" 课程思政案例

主讲教师：罗宜虹

一、章节名称

第五章 文化的结构与功能
第三节 文化的构成要素与功能

二、课程目标

（1）知识目标：理解构成文化系统的各种要素，理解文化的功能、内涵、表现形式、特点，领会文化对个人和社会具有什么样的影响和作用。

（2）能力目标：能够运用社会学有关文化的知识分析、考察文化对人类社会的生活方式和行文方式的影响，能够理解文化联系着社会生活和社会运行的各个方面，能够从文化维度考察和理解社会。从文化的构成和功能关注文化在维系社会运行和发展上的独特作用，了解构成文化系统的四个基本要素——象征符号、价值观念、规范体系和物质文明，深刻探究这些因素差异造成的文化差异。了解文化的认同功能、规范功能、整合功能、涵化功能，分析这些功能在社会的发展和运行中所发挥的作用。

（3）德育目标：从文化的结构与功能的角度深入探讨当下复杂的文化差异，以及由此产生的各国社会生活及社会运行的差异；了解文化的特殊性是人类多元文化产生的原因，充分理解每一个社会或人群；都有自己特色的文化，不同的地域、族群、国家和社会，都具有与他人不同的文化。坚持正确的舆论导向，引导学生践行社会主义核心价值观，将社会主义核心价值观的价值内核与丰富内涵融入文化的生产与传播中；学习习近平总书记系列讲话精神，提高对文化重要性的认识，加强物质文明和精神文明的建设。

三、教学内容

（一）主要内容

1. 文化的构成

（1）基本定义：文化是复杂的系统，各种文化之间存在着各种各样的差异，但是各种文化系统都有一些基本的构成要素。这些要素是：象征符号、价值观念、规范体系和物质文明。

（2）象征符号：

①象征符号是人类通过意识控制而创造或建构起来的象征体系，用来引导人们的互动、交流、思维、情感、学习和控制。

②文化中最重要的象征符号是语言，语言不仅仅是交流的媒介符号，而且也包含着人类不断赋予言语的种种意义。

③文化中的象征符号还包括物质象征符号，人类赋予某种物质以超越物质本身的意义时，就建构起物质象征符号。

（3）价值观念：

①每一种文化都有自己的核心价值观念，不同的价值观是文化差异的重要体现。

②文化价值观是指社会成员共同持有的关于是非、善恶、好坏、自我与他人利益关系的观念和倾向。

③不同文化之间，价值观念会存在这样或那样的差异。

④文化价值观与社会成员的行动有着密切的关系。

（4）规范体系：

①文化中的规范体系是按照一定的价值原则建构起社会行动规则系统，包括正式规范和非正式规范。

②非正式规范主要有社会习俗、民风民德、乡规民约等。

③正式规范主要包括规章制度和法律。

（5）物质文明：

①每一种文化都包含各自的物质文明，它是由该文化中的社会成员所共同创造的物品集合体，包括技术、工具、住宅、食物、服饰、书籍等人工制品。

②物质文明是人类创造的，同时也是人类生存和生活的物质基础。

③物质文化与语言、艺术、价值观、规范等非物质文化之间相互影响。

2. 文化的功能

（1）认同功能：文化是社会或民族分野的标志，在不同国家、民族或群体之间，文化所表现的区别要比人类的皮肤颜色或任何其他生理现象所表现的区别深刻很多。

（2）规范功能：

①文化使社会有了系统的行为规范，并为社会提供了材料与蓝图。

②有了文化，人们便有了行为标准。

③文化所包含的规范体系有：风俗、道德、法律、价值观念。

（3）整合功能：

①文化使社会团结有了重要的基础，即使社会形成一个整体。

②社会上的各种文化机构从不同侧面维持着社会的团结。

③文化已经形成了一个整体的体系，文化的各构成部分相互依存。

（4）涵化功能：

①人需要通过文化的涵化才能成为社会的人。

②人从生物人演变成自然人，最重要的就是接受文化熏陶、掌握文化规则，并按这些规则行事，这样才能被社会或他人接纳。

（二）课程重点、难点

课程重点：理解组成文化的诸多要素，文化诸要素之间的相互关系、相互作用、相互制约的方式及其组合形态。探究在维系社会运行和发展上，文化系统的独特作用。

课程难点：学生正确认知文化的结构和功能，学生运用所学知识服务社会，加强社会的精神文明和物质文明建设。

（三）教学方法

案例教学、小组讨论、小组成果展示。

（四）教学学时

2 课时。

（五）参考教材

（1）［英］泰勒. 人类学——人及其文化研究［M］. 连树声，译. 桂林：广西师范大学出版社，2004.

（2）［美］斯蒂芬·李特约翰，［美］凯伦·福斯. 人类传播理论（第九版）［M］. 史安斌，译. 北京：清华大学出版社，2009.

（3）［英］拉德克里夫·布朗．安达曼岛人［M］．梁粤，译．桂林：广西师范大学出版社，2005.

（4）［美］基辛．当代文化人类学概要［M］．北晨，编译．杭州：浙江人民出版社，1986.

（5）梁漱溟．中国文化要义［M］．上海：上海人民出版社，2005.

四、思政素材

此次课程思政素材主要来自习近平总书记关于文化自信、传统文化、精神文明的阐述。党的十八大以来，习近平总书记围绕此内容反复强调，作出许多深刻阐述（见表54）。

表54　　　　　　　　　　思政素材核心内容

序号	内容摘要	来源
1	历史和现实都证明，中华民族有着强大的文化创造力。每到重大历史关头，文化都能感国运之变化、立时代之潮头、发时代之先声，为亿万人民、为伟大祖国鼓与呼。 中华文化既坚守本根又不断与时俱进，使中华民族保持了坚定的民族自信和强大的修复能力，培育了共同的情感和价值、共同的理想和精神。	习近平总书记在文艺工作座谈会上的讲话（2014年10月15日）
2	一个民族需要有民族精神，一个城市同样需要有城市精神。城市精神彰显着一个城市的特色风貌。 历史文化遗产是祖先留给我们的，我们一定要完整交给后人。城市是一个民族文化和情感记忆的载体，历史文化是城市魅力之关键。我们讲要坚定文化自信，不能只挂在口头上，而要落实到行动上。	习近平总书记在中央城市工作会议上的讲话（2015年12月20日）
3	在5000多年文明发展中孕育的中华优秀传统文化，在党和人民伟大斗争中孕育的革命文化和社会主义先进文化，积淀着中华民族最深层的精神追求，代表着中华民族独特的精神标识。	习近平总书记在庆祝中国共产党成立九十五周年大会上的讲话（2016年7月1日）
4	文化是一个国家、一个民族的灵魂。 文化兴国运兴，文化强民族强。没有高度的文化自信，没有文化的繁荣兴盛，就没有中华民族伟大复兴。	习近平总书记在中国共产党第十九次全国代表大会上的报告（2017年10月18日）

序号	内容摘要	来　源
5	广大文艺工作者要增强文化自觉、坚定文化自信，以强烈的历史主动精神，积极投身社会主义文化强国建设，坚持为人民服务、为社会主义服务方向，坚持百花齐放、百家争鸣方针，坚持创造性转化、创新性发展，聚焦举旗帜、聚民心、育新人、兴文化、展形象的使命任务，在培根铸魂上展现新担当，在守正创新上实现新作为，在明德修身上焕发新风貌，用自强不息、厚德载物的文化创造，展示中国文艺新气象，铸就中华文化新辉煌，为实现第二个百年奋斗目标、实现中华民族伟大复兴的中国梦提供强大的价值引导力、文化凝聚力、精神推动力。	习近平总书记在中国文学艺术界联合会第十一次全国代表大会、中国作家协会第十次全国代表大会上的讲话（2021年12月14日）

五、思政元素

此次课程通过"议程设置"理论知识的讲授，让学生深刻意识到大众传播的有力影响，厚植习近平总书记关于先进文化和文化自信的理念，引导学生牢牢把握正确导向，守正创新，大力弘扬和培育社会主义核心价值观，凸显大学生文化修养思政元素，如高校设置议题与大学生文化修养（见表55），将无形的思想教育问题落地为扎实的学术研究，做到"教学与思想教育、学术研究"融洽发展，相得益彰。

表 55　　　　　　　　　　　　　　　思政素材元素

思　政　主　题	思　政　元　素
高校设置议题与大学生文化修养	高校设置议题与大学生文化修养
	高校设置议题与大学生传统文化认知
	高校设置议题与大学生传统文化学习语境
	高校设置议题与大学生价值观培养

六、教学安排

（1）介绍议程设置的观点、特点、意义和局限性，了解"议事日程功能"理论提出的重要意义，即不仅揭示了大众传播的有力影响，还为那些"重要课题"在公众心中凸显提供契机。

（2）案例教学：在商业主义统合和专业主义离场的新闻场域中，选取有代表性的新闻作品、新闻生产者和传播者作为案例，指导学生通过案例进一步明确塑造正确价值观、学习优秀文化的重要作用。

（3）小组讨论：以4~5位学生为一组，进行相关选题讨论，推进研究进展。

（4）以小组展示的方式，每组派一位学生来讲解小组选题的内容、来源、研究方法和意义。

七、特色和创新点

（1）反向引导：此次课程与以往正向灌输式思政教育形不同，采用了"问题/危害→表现形式→原因→措施"反向引导的教课形式，先抛出"不良文化"的问题和危害，激发学生积极性和主动性，引导学生深入学习，最终肯定"文化自觉""文化自信"在精神文明建设、强化大学生民族自豪和民族凝聚力方面的重要意义。

（2）寓教于乐：此次课程加入师生互动环节，通过"学生报选题→教师反馈意见→学生调整→教师反馈意见"多次线上和线下互动，鼓励学生以个人生活经验为基础指出"不良或低俗文化"影响的现象；明确在多元文化消费环境下，社会和高校设置积极健康的议题对大学生们避免文化低俗化、塑造正确价值观的关键作用；通过"启发式"教学，加以丰富多元的案例解惑，不断加深学生对的理解，使学生主动推进研究进展，增强课程的趣味性，以寓教于乐的形式来加强学生的思政教育。

（3）竞争教育：此次课程以4~5位学生为一组，共计15小组。每组共有10~15分钟小组展示时间，全部展示后以每组3票的形式，投出前3名优秀小组。通过竞争教育，激发学生的学习潜力和激情。

八、效果体现

（1）发表思政教育高水平论文：鼓励学生研究思政教育相关问题，将思政教育内置于学术研究中，指导学生发表思政教育领域的CSSCI高水平学术论文。

（2）获奖小组展示：对排名前三的小组选题内容和研究设计，以"易拉宝"的形式在院内展示一周，进而增强学生对思政研究的自豪感、认同感和获得感。

"网络与新媒体概论"课程思政案例

主讲教师：吴　宁

一、章节名称

第五章　媒介融合
第三节　媒介融合的特征

二、课程目标

（1）知识目标：理解媒介融合的概念与类型，通过案例和讨论列举媒介融合的条件，结合前两节的学习并以由中国人民大学新闻学院发起的"十所高校接力直播'红色新闻事业寻根之旅'"为案例，分析媒介融合的特征。

（2）能力目标：通过对媒介融合基本理论的学习，结合案例分析，能准确把握媒介融合的特征，并对媒介融合形态有初步了解。

（3）德育目标：通过媒介融合理论基础的讲解，结合案例，使学生感受到在新媒体环境下，媒介融合可以让信息的传递范围更多、渠道更丰富，并且可以打破时空、地域的界限。案例中多媒体的呈现方式，"红色教育"与云端融合，多地跨省接力直播，让学生充分认识到媒介融合的在当下媒介生态环境中的重要作用，并认识到红色文化与媒介融合之间的紧密联系。在新媒体环境下，媒介融合对于爱国情、强国志更加内化于心、外化于行，使课堂上这群我国未来的新闻工作者能更加自觉地从党和人民的立场出发，做好党的新闻事业的合格接班人。

三、教学内容

（一）主要内容

1. 技术化与全能化

（1）媒介融合首先是技术的融合；

（2）媒介融合整合不同媒介功能。

2. 集约生产与全民写

（1）变单一的内容生产为集约化生产；

（2）变传媒组织的内容生产为全民生产。

3. 内容融合与渠道融合

（1）内容融合实现内容增值；

（2）渠道融合打造跨媒体跨地域传媒集团；

（3）媒介融合的案例与思考。

（二）课程重点、难点

教师应引导学生理解媒介融合各种条件之间的关系，使其能从案例中能自行归纳出媒介融合的特征。

（三）教学方法

案例教学、小组讨论。

（四）教学学时

2课时。

（五）参考文章

（1）丁柏铨.媒介融合：概念、动因及利弊［J］.南京社会科学，2011（11）.

（2）乔保平，冼致远，邹细林.再论媒介融合时代广播电视舆论引导能力的提升［J］.现代传播，2014（1）.

（3）王辰瑶.新闻融合的创新困境——对中外77个新闻业融合案例研究再考察［J］.南京社会科学，2018（11）.

（4）谢新洲，黄杨.当理想照进现实——媒介融合的问题、原因及路径研究［J］.出版发行研究，2018（4）.

（5）殷乐.2018年中国媒体融合发展报告［J］.中国广播电视学刊，2019（2）.

四、思政素材

2021年是中国共产党成立100周年。在这一重大历史节点到来之际，2020年7月23日上午，由中国人民大学新闻学院和中国人民大学马克思主义新闻观研究中心发起联合全国十所高校联合开展"重返历史现场:中国共产党百年新闻事业寻根之旅"联合视频直播活动,通过重返历史现场的形式,传承红色新闻事业遗产,协力开创未来。

此次活动由华东师范大学传播学院、南昌大学新闻与传播学院、贵州大学文学与传媒学院、延安大学文学与新闻传播学院、湖北大学新闻传播学院、西南政法大学新闻传播学院、陕西师范大学新闻与传播学院、西北政法大学新闻传播学院、河北大学新闻传播学院、中国人民大学新闻学院在内的全国十家新闻传播学院结合当地中国共产党新闻事业的资源特色,按照中国共产党百年新闻事业发展历程,分别在上海、瑞金、遵义、延安、武汉、重庆、西安、延安、西柏坡、北京十地不同空间现场,创新开展马克思主义新闻观教育活动,进行网上视频直播接力,实现云端同步传递,以丰富多样的形式展现中国共产党百年新闻事业波澜壮阔的历史进程。这对于广大师生而言是一次生动的马克思主义新闻观历史教育与洗礼。

其中湖北大学新闻传播学院以"抗日烽火中的新闻集结号——寻访'青记'陈列馆"为主题,走进"中国青年新闻记者学会历史陈列馆",再现历史场景,讲述"青记"武汉成立大会的历史故事,重温《中国青年记者学会成立宣言》。

2020年7月23日上午9点,直播镜头切到武汉站,湖北大学新闻传播学院2019级硕士研究生刘映阳站在武汉"中国青年新闻记者学会历史陈列馆"入口处的浮雕前,开始向大家介绍中国记协的前身——"青记"的诞生之路(见图4)。这是全国十所高校联合直播活动"重返历史现场:中国共产党百年新闻事业寻根之旅"武汉站的景况,这一活动在央视新闻客户端进行直播,新华网、光明网和各地方媒体同步直播。

图4 中国共产党百年新闻事业寻根之旅武汉站

"青记"在上海创立,正式建立起完善的组织则是在武汉。1938年3月30日下午两点，"青记"正式召开了成立大会，会议上通过的《中国青年新闻记者学会成立宣言》，打造了完备的组织运行体系。主持人刘映阳向同学们介绍道，当时汉口黎黄陂路的基督教青年会二楼礼堂里宾朋满座，济济一堂。《大公报》的张季鸾、《观察周刊》的邹韬奋，文化界人士郭沫若、沈钧儒、于右任，以及史沫特莱、爱泼斯坦、罗索夫等国际人士，还有来自全国各地的近百名记者见证了"青记"正式成立这一重要历史性时刻。

无数青年战地记者，用手中的笔为"枪"，书写爱国诗篇。为了国家独立，为了民族解放，"青记"中许多优秀的战地记者献出了年轻而宝贵的生命。在陈列馆的一面悼念墙上，镌刻着156位在抗日战争时期牺牲的新闻工作者名单。

"青记"的成立极大凝聚了新闻界的力量，鼓舞了军民抗日士气。新闻记者们从武汉出发，走向全国，以"星火燎原"之势席卷神州大地，为中国新闻事业的发展壮大奠定了坚实的基础。湖北大学新闻传播学院选择"青记"为此次云直播活动的地点，寻访抗战烽火中的新闻集结号——"中国青年新闻记者学会"武汉旧址。通过讲述"青记"武汉成立大会的历史故事，再现历史场景，传递"青记"精神，也凸显了中国共产党百年新闻事业中的武汉特色。

五、思政元素

此次课程以"十所高校接力直播'红色新闻事业寻根之旅'"为案例，从媒介呈现形式、分发渠道、活动的效果，来分析媒介融合的特征。在以媒介融合为特征的全媒体时代，要实现红色文化的有效传播，除了构建以大众传媒为主导、多种媒体与人际关系共同作用的传播渠道之外，还必须紧密结合时代发展的需要，努力挖掘红色文化的新内涵与新特质，并将传播红色文化与培育和践行社会主义核心价值观紧密联系起来，同发展经济与改善人民生活紧密联系起来，不断提高红色文化传播的能动性和自觉性，为实现中华民族伟大复兴的中国梦提供源源不断的精神动力。

六、教学安排

（1）理解媒介融合的概念与类型，通过案例和讨论列举出媒介融合的条件，结合前两节的学习，并以"十所高校接力直播'红色新闻事业寻根之旅'"为案例，分析媒介融合的特征。

（2）案例教学：以"十所高校接力直播'红色新闻事业寻根之旅'"为案例，分析媒介融合的特征。

（3）小组讨论：以 4~5 位学生为一组，进行相关选题讨论，推进研究进展。

七、特色和创新点

（1）媒介使用的变化影响人的思维和行为模式。社交媒体在互动反馈上优势突出，教师的"传道授业解惑"或也应加入这一要素。

（2）利用课堂强化专业知识与实践的联系。

（3）借助跨学科方式。

（4）用新媒体的理念和方式对故事内涵再解读，用更符合当前年轻人的话语习惯、表达方式来呈现。

这些方式不仅有助于拓展学生的课外实践，也有助于弘扬中国优秀传统文化，增强年轻一代人的文化自信。

八、效果体现

学生通过对"十所高校接力直播'红色新闻事业寻根之旅'"案例的学习，将更加全面地理解媒介融合。

"数据分析与实践" 课程思政案例

主讲教师：曹　鹏

一、章节名称

第二章　数据分析思路与工具
第一节　数据分析的 11 种思路

二、课程目标

"数据分析与实践" 是传播学专业选修课。此次课程不是讲解基础的软件操作，而是立足于 "数据分析"，精心挑选常用、实用的功能讲解数据分析的思路及其相关操作技术。大数据分析与挖掘是从大量数据中挖掘出隐含的、先前未知的、对决策有潜在价值关系、模式和趋势，并用这些知识和规则建立用于决策支持的模型，提供预测性决策支持的方法、工具和过程。通过课堂学习，要求学生达到：（1）掌握大数据分析的基本理论、技术。（2）掌握目前大数据分析典型的应用场景。（3）掌握如何分析数据、解决问题、完成相关研究的方法。（4）具有创新和独立思考意识。

三、教学内容

带着以下问题进入学习：
（1）数据分析，究竟有哪些分析思路？
（2）数据分析的思路是否很复杂？有没有简单易懂却又行之有效的分析思路？
（3）用 Excel 如何进行数据分析，具体需要结合哪些工具？
（4）数据分析的思路有很多，这些思路是否可以用对应的分析工具来实现？

（一）主要内容

数据分析高手在进行数据分析时，轻车熟路地对数据进行分组、趋势预测、计算概率……高手怎么知道要选择这些分析方法？因为高手对各种分析思路已经了然于心，需要用时自然能信手拈来。

在学习数据分析思路前，先不要自己吓唬自己。大道至简，数据分析的思路都是最简单却最有用的方法。

1. 现走势：预测的思路

预测分析的实质是根据现在和过去的数据进行未来趋势预测，这里有三个关键点，一是数据在时间上的连续性，二是数据的数量，三是数据的全面性。时间点上的数据越多、连续性越高、全面性越好，预测结果越准确。

在使用预测思维进行数据分析时，要将目标分析对象的最重要的影响因素列出来，查看所收集到的数据中，是否包含全面的分析数据。通过销量数据可以预测销量波动趋势，加上客流量数据可以预测客流量对销量的影响波动，再上价格因素对销量的波动影响，三者综合，可得出更为客观的预测分析结果。

2. 厘清关系：交叉的思路

通过数据交叉分析的思路，可以：厘清数据间的关系；快速分析每个交叉点的值；方便地对数值进行求和计算；将注意力集中在目标数据项上。

3. 验证结论：假设的思路

在数据分析的实际运用中，会遇到这样的情况：目标分析对象的样本数量太大或者是无法获取全面，只能通过样本分析总体情况。如某大型网站进行了改版设计，现在需要调查改版是否影响了销量。于是统计了改版前后 15 天的销量数据，并做出假设，然后利用数据计算检验假设是否正确。

在前期假设分析过程中，确定了原假设和备设假设，接下来就需要选定统计方法来验证哪个假设是客观正确的。根据数据的类型和特点，可以选择 T 检验、Z 检验、卡方检验等方法。其中 T 检验和 Z 检验是比较常用的，可以利用 Excel 工具方便地进行分析的两种方法。

4. 判断好坏：对比的思路

对事物做出客观判断是数据分析的主要目的，判断的主要方法之一便是依靠事物的对比。有对比才能识别数据的差异，发现表现优秀的数据项目、找到数据下滑的项目、不符合标准的数据项目、最好和最差的项目。

5. 万物归宗：分组的思路

（1）确定分组依据。数据分组的第一步便是要确定分组依据。同一份数据，可以有多种分组方法，关键在于分组是否有实际意义，是否对分析有用。分组依据决定了数据分析的后期过程及结果。

（2）确定组距与组数。当确定了分组依据后，就可以着手开始进行数据分组了。将一份数据分为几组，取决于组距与组数的设置。

（3）按规划对数据分组。当确定好分组依据、组距和组数后，可以开始为数据分组。分组后，为了明确数据组的特征、不遗漏重点信息，可以将本组数据的组距值、最大值、最小值、平均值等数据标注清楚。

6. 查看比例：概率的思路

（1）互斥事件的概率。当事件 A 和事件 B 只会发生其中一种事件时，这两种称为互斥事件，互斥事件的概率相加为 100%。

（2）相互事件的概率。互斥事件的概率分析往往比较简单。然而现实生活中，很多事件是相互关联和影响的。即事件 A 发生的可能性容易受到事件 B 的影响。在这种复杂情况下，概率分析需要更全面地进行考虑，而不能独立地计算事件 A 发生的可能性或事件 B 发生的可能性。相互事件的概率思路应该是这样的：事件 A 发生的可能性为 P（A），事件 A 和事件 B 同时发生的可能性为 P（A&B）。在事件 A 已经发生的前提下，事件 B 发生的概率为 P（A&B）/P（A）。

7. 指标为王：平均的思路

关注数据的平均数是数据分析的重要方法。使用平均数指标，可以了解数据的大体情况，也可以对比单项数据的表现。

8. 客观评价：指标综合的思路

在数据分析中，对比分析、概率分析、平均分析，此类分析法都建立在比较单一的情况下。但是随着情况的复杂性加强，这类分析简单问题的思路似乎不再适用。例如评价企业员工的好坏，发现各有所长，却又都有缺点。那么谁更优秀，如何判断？

9. 追根溯源：杜邦分析的思路

杜邦分析的核心是将企业的权益净利率使用结构化的相关因素表现出来，并通过加减乘除等运算符号体现因素间的内在联系。这种分析有助于企业管理层更加清晰地看到权益资本收益率的决定因素、销售净利润率与总资产周转率、债务比率之间的相互关联关系。

10. 找到症结：漏斗分析的思路

寻找问题原因，找到多个环节中出纰漏最大的一步，可以使用漏斗分析的思路。

漏斗分析是流程式的数据分析思路，能够科学、全面、流程化地反映对象从开始到结束的各阶段状态，通过比较各状态，找到问题的阶段性特征，以做出针对性改进措施。漏斗分析的思路被广泛应用于网站数据分析、电商数据分析、流量监控、目标转化等领域。

11. 具有全局观：象限分析的思路

常规的象限分析法适用两个因素相互作用的情况。例如网站商品的销量情况，与商品的流量和收藏量有关，两者相互影响。在这两种因素的作用下，商品就会出现四种不同的类型

（二）课程重点、难点

课程重点：理解各种分析思路的原理及适用领域。

课程难点：学生利用所学知识对给定数据进行相关分析操作。

（三）教学方法

理论教学、案例讨论、小组实践。

（四）教学学时

2 课时。

（五）参考教材

柳毅，毛峰，李艺.Python 数据分析与实践 ［M］. 北京：清华大学出版社，2019.

四、思政素材

2021 年中国面板产业市场分析：LCD 和 OLED 是主流①

经过面板厂商不懈的努力，全球面板产能不断往中国转移，同时中国面板产能增速惊人，近年来持续领先全球面板产能增速，目前中国已经成为全球 LCD 产能第一的国家，其中京东方已经成为全球第一大 LCD 生产厂商，而 2020 年收购中电熊猫将会进一步巩固其龙头地位。

……

1. 面板是光电产业的龙头，LCD 和 OLED 是主流产品

---

① 2021 年中国面板产业市场分析：LCD 和 OLED 是主流 ［EB/OL］. ［2021-07-05］. https：//xueqiu.com/5720129720/188863257.

面板产业主要是指用于电视、台式电脑、笔记本和手机等电子设备的触控显示面板产业。当今时代已经是信息的时代，信息显示技术在人们社会活动和日常生活中的作用日益剧增，人类信息的获取 80% 来自视觉，各种信息系统终端设备与人之间的交互都需要通过信息显示来实现。面板产业已经成为光电产业的龙头，在信息产业中仅次于微电子行业，成为最重要的产业之一。

……

2. 全球面板向中国转移，中国 LCD 全球产能第一

液晶技术的发明者是美国人，而将液晶技术广泛运用并且技术突破的又是日本人。液晶产业的"霸权"在不到 60 年的时间里，先后从美国、日本、韩国到中国易主了四次。

……

3. 中国面板产能增速惊人，持续领先全球

并且，随着多条 LCD G8.5/G8.6 以及 G10.5 代线、OLED G6 代产线产能加速释放，我国 LCD 和 OLED 产能均保持高位增长，增速遥遥领先于全球面板产能增速，2018 年我国 LCD 面板产能增速甚至达到了 40.5%。2019 年，我国 LCD 和 OLED 产能分别达到了 11348 万平方米和 224 万平方米，分别同比增长 19.6% 和 19.8%。

……

4. 疫情使得面板价格上涨，韩厂延期退出 LCD 市场

……

5. 面板产业市场竞争格局分析

……

6. 面板技术发展趋势分析

——Mini LED 助力 LCD 技术创新，Mini LED 发展潜力大

……

更多行业相关数据及分析请参考于前瞻产业研究院《中国面板产业产销需求与投资预测分析报告》，同时前瞻产业研究院提供产业大数据、产业规划、产业申报、产业园区规划、产业招商引资、IPO 募投可研、招股说明书撰写等解决方案。

五、教学过程描述

学生在确立主题时需要重点关注在学生现有能力和条件下能够作出一定贡献的主题。引导学生关注国家大事、社会热点问题、弱势群体需求、平常人身边故事等。

学生根据收集的数据进行头脑风暴、思维导图和小组讨论，深度挖掘数据背后的规律，探索解决问题的途径，正确认识国家发展与产业发展的关系。确立数据的理念和内容，完成数据报告写作。

六、教学效果

（1）将思政元素在课程伊始即介入专业教学，使之能够贯穿于整个教学活动中。同时，学生需要根据课程教学环节，对统一思政主题进行多方位调研和分析，以达到思政育人自我构建的目的，从而避免老师的单方面说教。

（2）引发同学们的深度思考。选题往往触及同学平时不太关注的一面，这些调研和学习活动能够使"思政"活动融入其专业学习，同时，这些具体的内容和画面，能帮助同学们走出自我小圈，看到社会需要和国家发展。

"数字媒体技术导论" 课程思政案例

主讲教师：曹　鹏

一、章节名称

第二章　网络化新媒体技术

第二节　网页技术第五标准 HTML5

二、课程目标

"数字媒体技术导论" 是数字媒体专业本科生的一门必修课程。它通过对已有媒体技术的整理，课程沿着网络化新媒体技术、数字型新媒体技术、移动型新媒体技术、户外型新媒体技术、新理念新媒体技术的脉络来阐述新媒体技术的各个领域。

数字媒体技术导论涉及计算机软硬件与应用、编码学与数值处理方法、电子通信与传播技术、数字媒体内容制作与管理、数字媒体的版权、数字媒体艺术等领域。此次课程从数字媒体与数字媒体技术的基本概念、原理出发，重点介绍数字媒体技术的理论基础，包括数字媒体硬件技术、文本处理技术、图形图像编辑与处理、数字音频与视频处理、计算机动画、Internet 技术、计算机游戏，并对数字媒体产业进行了介绍。通过课堂学习，让同学能够深入理解数字媒体技术基础，掌握数字媒体信息的基本处理方法，了解数字媒体技术的前沿研究进展和发展方向，为开展更深入的科学研究打下扎实基础。

三、教学内容

（一）主要内容

1. HTML5 含义及其特点

2014 年 10 月 29 日，万维网联盟宣布，经过 8 年的艰辛努力，万维网的核心语言、标准通用标记语言下的一个应用超文本标记语言（HTML）的第五次重大修改 HTML5 标准规范终于最终制定完成。

HTML（Hypertext Markup Language）超文本标记语言，是用于描述网页文档的一种标记语言，也可以理解为一种规范或标准。HTML 文件本身是一种包含标记的文本文件，这些标记可以告诉浏览器如何显示其中的内容，比如文字如何处理，画面如何安排，图片如何显示等。

HTML5 有五个主要特点，其中四个是优点，一个是缺点。

①网络标准：HTML5 本身是由 W3C 推荐出来的，它源于谷歌、苹果、诺基亚、中国移动等几百家公司一起酝酿的技术，其最大的优点是其公开性。换句话说，每一个公开的标准都可以根据 W3C 的资料库找寻根源，即 W3C 通过的 HTML5 标准意味着每一个浏览器或每一个平台都会去实现。

②多设备跨平台：用 HTML5 的优点主要在于，这项技术可以进行跨平台使用。比如你开发了一款 HTML5 的游戏，你可以很轻易地移植到 UC 的开放平台、Opera 的游戏中心、Facebook 应用平台，甚至可以通过封装的技术发放到 App Store 或 Google Play 上。它的跨平台性能非常强大，这也是大多数人对 HTML5 有兴趣的主要原因。

③自适应网页设计：很早就有人设想，能不能"一次设计，普遍适用"，让同一张网页自动适应不同大小的屏幕，根据屏幕宽度，自动调整布局（layout）。2010 年，Ethan Marcotte 提出了"自适应网页设计"这个名词——可以自动识别屏幕宽度并做出相应调整的网页设计。

④即时更新：游戏客户端每次使用都要更新，很麻烦，然而更新 HTML5 游戏就好像更新页面一样，是立刻的、即时的更新。

⑤缺点：该标准并未能很好地被浏览器支持，因新标签的引入，各浏览器之间将缺少一种统一的数据描述格式，造成用户体验不佳。

2. HTML5 主要技术特性

①语义特性（Class：Semantic）：HTML5 赋予网页更好的意义笔结构。通过更加丰富的标签以支持 RDF 的微数据与微格式，从而构建对程序、对用户都更有价值的数据驱动的 Web。

②本地存储特性（Class：OFFLINE & STORAGE）：基于 HTML5 开发的网页 App 拥有更短的启动时间、更快的联网速度，这些全得益于 HTML5 App Cache 以及本地存储功能。

③设备兼容特性（Class：DEVICE ACCESS）：从 Geolocation 功能的 API 文档公开以来，HTML5 为网页应用开发者们提供了更多功能上的优化选择，带来了更多体验功能的优势。HTML5 提供了前所未有的数据与应用接入开放接口，使外部应用可以

直接与浏览器内部的数据直接相连,例如视频影音可直接与 microphones 及摄像头相联。

④性能与集成特性(Class:Performance & Integration):没有用户会永远等待你的 Loading——HTML5 会通过 XMLHttpRequest2 等技术,解决以前的跨域等问题,帮助 Web 应用和网站在多样化的环境中更快速地工作。

⑤CSS3 特性(Class:CSS3):在不牺牲性能和语义结构的前提下,CSS3 中提供了更多的风格和更强的效果。此外,较之以前的 Web 排版,Web 的开放字体格式(WOFF)也提供了更高的灵活性和控制性。

3. HTML5 应用开发

HTML 5 应用开发领域的领军人物/厂商包括 Sencha、Adobe、Appcelerator、appMobi,以及 Facebook、亚马逊、Google 三大巨头。不管是想开发出新型视频应用的开发商(如 Brightcover)还是想开发新型音频应用的开发商(如 Soundcloud),不论是桌面应用还是移动应用,HTML 5 都是创新的主旋律。2010 年 5 月 22 日,Google 创建了一个涂鸦作品来纪念 Pac Man 的视频游戏。这个涂鸦作品是一个动画,同时也是一个可以玩的 Pac Man 游戏。

(二)课程重点、难点

课程重点:理解以 HTML5 为代表的网络新媒体技术的传播特征及实践可能性。课程难点:学生利用所学知识制作 HTML5 的能力。

(三)教学方法

理论教学、案例讨论、小组实践。

(四)教学学时

2 课时。

(五)参考教材

惠世军,吴航行 . 新媒体技术与应用 [M]. 北京:人民邮电出版社,2020.

四、思政素材

思政素材可用表 56 所示。

表 56   数字媒体技术课程思政素材

序号	授课知识点	思政元素融入点	教学方法	教学内容简介
1	HTML5 选题的确立	（1）国家大事 （2）社会热点 （3）弱势群体 （4）平常人故事	观察法、调研法、访谈法、归纳法	（1）在确立主题时需要重点关注在学生现有能力和条件下能够作出一定贡献的主题 （2）运用实地考察、案例调研、人物访谈等各种方法，使学生对所选主题有直观和深入的了解
2	HTML5 文案创作	（1）复杂问题的处理能力 （2）辩证思维能力	头脑风暴法、思维导图法、小组讨论法	深度挖掘社会需求，探索解决问题的途径，正确认识国家发展与个人发展的关系 （可行性分析）
3	素材拍摄与制作	设计需要扎根群众	拍摄团队实践行动、团队合作	（1）制订拍摄计划 （2）协调拍摄地点与演员 （3）完成实际拍摄 （4）对突发状况 （5）养成良好的行为习惯
4	公众号发布	（1）社会主义核心价值观 （2）文化认同 （3）法制观念	展示与讨论、宣讲、新媒体宣传	学生需要选择合适的平台进行发布，或参加专业比赛。在此过程中，学生需要了解各种规范和条例，认识文化宣传和影像记录的意义和价值，构建自我成长的正确世界观和价值观

五、教学过程描述

在确立主题时需要重点关注在学生现有能力和条件下能够作出一定贡献的主题，引导其关注国家大事、社会热点问题、弱势群体需求、平常人身边故事等。

运用实地考察、案例调研、人物访谈等各种方法（观察法、调研法、访谈法、归纳法等），使学生对所选主题有直观和深入的了解。在此过程中，往往能够刷新同学们很多原有的思想或认知。

学生根据收集的资料进行头脑风暴、思维导图和小组讨论，深度挖掘社会需求，探索解决问题的途径，正确认识国家发展与个人发展的关系。确立作品的理念和内容，完成文案写作。

六、教学效果

（1）将思政元素在课程伊始即介入专业教学，使之能够贯穿于整个教学活动中。同时，学生需要根据课程教学环节，对统一思政主题进行多方位调研和分析，以达到思政育人自我构建的目的，从而避免老师的单方面说教。

（2）引发同学们的深度思考。选题往往触及同学平时不太关注的一面，这些调研和学习活动能够使"思政"活动融入其专业学习。同时，这些具体的内容和画面，能帮助同学们走出自我小圈，看到社会需要和国家发展。

"国际传播"课程思政案例

主讲教师：何　爽

一、章节名称

第五讲　国际传播的内容

第六讲　国际传播的受众

二、课程目标

（1）知识目标：理解国际传播信息的种类、国际传播信息的性质、一般意义上的国际传播受众以及新媒体时代国际传播的受众。

（2）能力目标：能够分清国际传播信息的类别，对国际传播信息的性质进行界定，厘清一般国际传播受众和新时代国际传播受众的区别。在此基础上深刻探究"国际传播信息与受众"研究与我国的对外传播之间的理论与实际衔接点，旗帜鲜明地引导舆论，做好对外传播工作，讲好中国故事。

（3）德育目标：从国际传播的角度深入探讨当下中国对外传播的现状，坚持正确的舆论导向，引导学生树立正确的价值观，学习习近平总书记系列讲话精神。理解对外传播既能满足人民群众多层次的精神文化需求，又能启迪思想、温润心灵、陶冶情操的中国故事，实现对中国社会认知、价值、态度和行动的全面引导，培养"有理想、有道德、有文化、有纪律"的国际传播工作者。

三、教学内容

（一）主要内容

1. 国际传播的内容

（1）国际传播信息的种类：新闻类信息、广告类信息、娱乐类信息和知识类信息。

（2）国际新闻的四大特点：

①在稿源上，国际新闻以西方为中心，因为新闻资源（包括消息源）基本上垄断在西方国家的通讯社手中。

②在主题、题材或报道议程上，国际新闻大多涉及政治、经济主题，且多与西方发达国家和地区密切相关，其他非政治经济类主题和非西方主题也大多关涉西方利益。

③在体裁上，国际新闻以一般性通讯或简讯为主，新闻特写和评论偏少。

④在报道倾向上，基于特定的报道议题和框架的设置，国际新闻对发达国家的报道相对中性，而对第三世界的新闻报道相对负面和"消极"。

2. 国际传播信息的混合型主要体现

（1）各种信息形态的糅合：

①在高度商业化社会的商业逻辑的主宰下，广告出现新闻化趋势，广告信息往往侵蚀新闻信息，以新闻形式宣传其内容。

②在日益俗世化的大众消费社会，新闻信息与娱乐信息相互趋近，出现新闻娱乐化的趋势，新闻越来越多地带有故事性、情节性，增添了人情味；同时，新闻越来越多地以娱乐为主题，两者的糅合则形成"软新闻"——"娱乐新闻"（infotainment），其典型形态是所谓的"八卦"新闻。

③商业逻辑不仅侵袭新闻信息的生产过程，还渗透到娱乐制作当中，出现娱乐广告化倾向。

④新闻信息与知识性信息或数据资料信息之间界限趋向模糊，最突出的是，新闻信息与财经类信息的糅合形成最大量的财经新闻，出现了大众传媒整版或整屏地报道财经新闻的现象。

（2）本土性内容与异域性内容的混杂。所谓文化"混杂"，是指本土文化（地方文化）与异域文化（外来文化）相互"越界"，杂糅交融，形成一种新的文化形态——混杂文化。出于"文化接近性"原则，在文化信息的国际传播过程中，存在一种运作机制：所有全球范围的思想和产品都必须适应当地的环境，把"全球性的东西"与"地方性的东西"相结合。

3. 一般意义上的国际传播受众

（1）国际传播受众的定义：国际传播的受众是指国际传播所面向的、位于国界以外的传播对象，主要是指对象国（或者说目标国）的民众和国际社会的一般性公众。

（2）国际传播受众的特点：多、杂、散、匿。

（3）国际传播受众的分类：顺意受众、中性受众与逆意受众。对传播者而言，国际受众的顺意、逆意或中性，取决于传受双方是否有共同利益，政治意识形态是否共享，文化（包括宗教信仰）之间的亲缘度。

4. 新媒体时代国际传播的受众

（1）国际传播受众的主体化及其自主性主要表现在：

受众身份的主体化；受众信息需求及其满足的个性化；受众信息解读的多样化。

（2）国际传播受众身份的多重性。传播全球化的过程恰恰冲击和削弱了一国民众对自身原有的文化价值体系的认同，从而产生民族身份认同的危机。

在全球范围内形成一个个"消费的共同体"，即：在世界的不同地方都存在着对同样的产品有着同样的消费需求、消费欲望和消费爱好的群体。

（二）课程重点、难点

课程重点：理解国际传播的不同种类及其特征，分清国际传播受众的类别，能分层分析不同受众的特点，特别是在新媒体时代。

课程难点：学生正确认知国际传播内容和受众及其背后隐含的意识形态与价值观，学生能运用所学理论来分析当下各类国际传播议题，对如何对外传播和讲好中国故事有自己的看法。

（三）教学方法

案例教学、小组讨论、小组成果展示。

（四）教学学时

2 课时。

（五）参考教材

（1）程曼丽. 国际传播学教程［M］. 北京：北京大学出版社，2006.

（2）李智. 国际传播［M］. 北京：人民大学出版社，2020.

（3）［美］斯蒂芬·李特约翰，［美］凯伦·福斯. 人类传播理论（第九版）［M］. 史安斌，译. 北京：清华大学出版社，2009.

（4）［美］斯坦利·巴兰，［美］丹尼斯·戴维斯. 大众传播理论：基础、争鸣与未来（第三版）［M］. 曹书乐，译. 北京：清华大学出版社，2008.

（5）郭庆光. 传播学教程［M］. 北京：中国人民大学出版社，2019.

四、思政素材

此次课程思政素材主要来自习近平总书记关于讲好中国故事，传播好中国声音为主题的阐述。2021年5月31日，习近平总书记在主持十九届中央政治局第三十次集体学习时强调，讲好中国故事，传播好中国声音，展示真实、立体、全面的中国，是加强我国国际传播能力建设的重要任务（见表57）。

表 57　　　　　　　　　　　思政素材核心内容

序号	内 容 摘 要	来 源
1	要加快构建中国话语和中国叙事体系，用中国理论阐释中国实践，用中国实践升华中国理论，打造融通中外的新概念、新范畴、新表述，更加充分、更加鲜明地展现中国故事及其背后的思想力量和精神力量。要加强对中国共产党的宣传阐释，帮助国外民众认识到中国共产党真正为中国人民谋幸福而奋斗，了解中国共产党为什么能、马克思主义为什么行、中国特色社会主义为什么好。要围绕中国精神、中国价值、中国力量，从政治、经济、文化、社会、生态文明等多个视角进行深入研究，为开展国际传播工作提供学理支撑。要更好推动中华文化走出去，以文载道、以文传声、以文化人，向世界阐释推介更多具有中国特色、体现中国精神、蕴藏中国智慧的优秀文化。要注重把握好基调，既开放自信也谦逊谦和，努力塑造可信、可爱、可敬的中国形象。	习近平在十九届中央政治局第三十次集体学习时的讲话（2021年5月31日）
2	要广泛宣介中国主张、中国智慧、中国方案，我国日益走近世界舞台中央，有能力也有责任在全球事务中发挥更大作用，同各国一道为解决全人类问题作出更大贡献。要高举人类命运共同体大旗，依托我国发展的生动实践，立足五千多年中华文明，全面阐述我国的发展观、文明观、安全观、人权观、生态观、国际秩序观和全球治理观。要倡导多边主义，反对单边主义、霸权主义，引导国际社会共同塑造更加公正合理的国际新秩序，建设新型国际关系。要善于运用各种生动感人的事例，说明中国发展本身就是对世界的最大贡献、为解决人类问题贡献了智慧。	习近平在十九届中央政治局第三十次集体学习时的讲话（2021年5月31日）
3	要全面提升国际传播效能，建强适应新时代国际传播需要的专门人才队伍。要加强国际传播的理论研究，掌握国际传播的规律，构建对外话语体系，提高传播艺术。要采用贴近不同区域、不同国家、不同群体受众的精准传播方式，推进中国故事和中国声音的全球化表达、区域化表达、分众化表达，增强国际传播的亲和力和实效性。要广交朋友、团结和争取大多数，不断扩大知华友华的国际舆论朋友圈。要讲究舆论斗争的策略和艺术，提升重大问题对外发声能力。	习近平在十九届中央政治局第三十次集体学习时的讲话（2021年5月31日）

序号	内 容 摘 要	来　源
4	中国国际电视台（中国环球电视网）要坚定文化自信，坚持新闻立台，全面贴近受众，实施融合传播，以丰富的信息资讯、鲜明的中国视角、广阔的世界眼光，讲好中国故事、传播好中国声音，让世界认识一个立体多彩的中国，展示中国作为世界和平的建设者、全球发展的贡献者、国际秩序的维护者良好形象，为推动建设人类命运共同体作出贡献。	习近平致中国国际电视台（中国环球电视网）开播的贺信（2016 年 12 月 31 日）
5	讲故事，是国际传播的最佳方式。要讲好中国特色社会主义的故事，讲好中国梦的故事，讲好中国人的故事，讲好中华优秀文化的故事，讲好中国和平发展的故事。讲故事就是讲事实、讲形象、讲情感、讲道理，讲事实才能说服人，讲形象才能打动人，讲情感才能感染人，讲道理才能影响人。要组织各种精彩、精练的故事载体，把中国道路、中国理论、中国制度、中国精神、中国力量寓于其中，使人想听爱听，听有所思，听有所得。	习近平在党的新闻舆论工作座谈会上的讲话（2016 年 2 月 19 日）

五、思政元素

此次课程通过国际媒体引导国外舆论相关知识的讲授，让学生深刻意识到媒介融合时代提升主流媒体对外传播以引导国外舆论的重要作用，厚植习近平总书记弘扬主旋律、坚持正确舆论导向，传播中国传统文化，弘扬中国核心价值观，向外国人民讲好中国故事。为我国对外传播培养一群思想正确、专业素养较高的国际传播专业人才。将无形的思想教育问题落地为扎实的学术研究以及对现实问题的分析中，做到"教学与思想教育、学术与现实研究"融洽发展，相得益彰（见表 58）。

表 58　　　　　　　　　　　　　　思政素材元素

思 政 主 题	思 政 元 素
国际舆论引导与大学生舆论表达	国际舆论引导与大学生舆论表达
	国际舆论形成方向与大学生参与国际话题的表达
	国际舆论传播分析与大学生舆论表达
	国际舆论趋势走向与大学生舆论表达

六、教学安排

（1）介绍国际舆论引导的内容、基本原则和表现，阐释新媒体环境下的国际舆论导向、国际舆论引导机制、国际舆论引导策略。

（2）案例教学：在商业主义统合和专业主义离场的新闻场域中，选取有代表性的国际网络舆情事件作为案例，指导学生通过案例明确国内外主流媒体在舆论引导中扮演的关键角色，助力学生在复杂的网络空间中明辨真伪、坚持正确的价值导向、合理地完成自我表达。

（3）小组讨论：以4~5位学生为一组，进行相关选题讨论，推进研究进展。

（4）以小组展示的方式，每组派一位学生来讲解小组选题的内容、来源、研究方法和意义。

七、特色和创新点

（1）反向引导：此次课程与以往正向灌输式思政教育形不同，采用了"问题/危害→表现形式→原因→措施"反向引导的教课形式，先抛出"未能正确引导国际舆论"的条件下"国际舆情事件"的不利走向和后果，激发学生的积极性和主动性，引导学生深入探讨国际传播过程中的控制机制、国内外大型新闻机构在引导全球民众过程中在新闻生产、选择中发挥的作用等，最终肯定"中国主流媒体"在舆论国内外引导、弘扬主流价值观中的关键作用。

（2）寓教于乐：此次课程加入师生互动环节，通过"学生报选题→教师反馈意见→学生调整→教师反馈意见"多次线上和线下互动，鼓励学生以个人生活经验为基础提出研究新媒体环境下不同国内外媒体的传播现状与国际热门议题之间的关系，通过"启发式"教学，加以丰富多元的案例解惑，不断加深学生对对外传播媒体引导国际舆论的理解，使学生主动推进研究进展，增强课程的趣味性，以寓教于乐的形式来加强学生的思政教育。

（3）竞争教育：此次课程以4~5位学生为一组，共计15小组。每组共有10~15分钟小组展示时间，全部展示后以每组3票的形式，投出前3名优秀小组。通过竞争教育，激发学生的学习潜力和激情。

八、效果体现

（1）发表思政教育高水平论文：鼓励学生研究思政教育相关问题，将思政教育内置于学术研究中，指导学生发表思政教育领域的 CSSCI 高水平学术论文。

（2）获奖小组展示：对排名前 3 的小组选题内容和研究设计，以"易拉宝"的形式在院内展示一周，进而增强学生对思政研究的自豪感、认同感和获得感。

"政治传播" 课程思政案例

主讲教师：何　爽

一、章节名称

第一讲　媒介时代的政治
第三讲　政治传播的影响

二、课程目标

（1）知识目标：理解政治传播，哪些政治角色参与传播，概述媒体研究中影响政治传播的主要方法，以及检验传播效果研究的证据基础。

（2）能力目标：能够分清当下的政治传播生态，厘清政治传播过程的不同参与者角色。在此基础上深刻研究媒体研究中影响政治传播的主流方法有哪些，并与中国对内对外政治传播实际相联系，旗帜鲜明地引导舆论，做好政治传播工作，让中国特色社会主义核心价值观深入人心。

（3）德育目标：从政治传播的角度深入探讨当下中国政治传播的现状，坚持正确的舆论导向，引导学生树立正确的价值观，学习习近平总书记系列讲话精神，即政治传播既能满足人民群众多层次的精神文化需求，又能启迪思想、温润心灵、陶冶情操的中国故事，实现对中国社会认知、价值、态度和行动的全面引导，培养"有理想、有道德、有文化、有纪律"的政治传播工作者。

三、教学内容

（一）主要内容

1. 政治传播理论介绍
（1）定义。政治传播是关于政治的有目的的传播。
（2）政治传播的三要素。

①政治组织：政党、公共组织、压力集团、恐怖组织和政府。

②观众：民意调查、读者来信、博客、公民记者。

③媒体：新闻报道、社论、留言、分析。

（3）政党的传播策略：政治营销、政治广告、公共关系。

（4）媒体在政治传播中的重要性：

①政治角色必须使用媒体才能将其信息传达给所需的受众。政治方案、政策声明、选举呼吁、压力集团运动和恐怖主义行为——只有在被媒体报道和观众接收的情况下才具有政治存在和传播效果的潜力。

②媒体以更直接的方式对政治进程起重要作用。

③媒体在政治进程中很重要，它是公民向政治领导人传递信息的媒介。

2. 概述媒体研究中影响政治传播的主要方法

如何准确地追踪一种传播与其受众行为之间的因果关系？如何与影响个人的其他环境因素孤立地识别和衡量特定信息的效果？

（1）民意测验不仅是在特定时间点（不过不完美）的政治态度和意图的量度。

（2）政治传播研究的另一个问题涉及用来衡量效果的证据的性质和质量。

3. 检验效果研究的证据基础

Diamond 和 Bates 支持"使用和满足"论点，即政治广告的效果（其中包括英国政党政治广播）在很大程度上取决于受众的现有政治态度。他们指出，某个候选人的某些支持者倾向于将自己的观点投射到候选人的广告上——他们几乎会听到自己想听的内容，几乎与所希望的候选人说什么无关。

许多研究得出的结论是，几乎没有人因政治广告而真正改变选票。这些研究者认为，广告可能会强化现有的政治态度和行为模式，但很少会改变它们。

（二）课程重点、难点

课程重点：理解政治传播的定义及其特征，分清政治传播过程中各种不同的角色；分层分析影响政治传播的各种方法，以及领会测量政治传播效果的方法论。

课程难点：正确认知政治传播定义和参与者及其背后隐含的意识形态与价值观，能运用所学理论来分析当下政治传播的效果，以及如何更好地传播社会主义核心价值观。

（三）教学方法

案例教学、小组讨论、小组成果展示。

（四）教学学时

2课时。

（五）参考教材

（1）Brian McNair. An Introduction to Political Communication ［M］. London：Routledge，2011.

（2）荆学民. 政治传播简明原理［M］. 北京：中国传媒大学出版社，2015.

（3）［美］斯蒂芬·李特约翰，［美］凯伦·福斯. 人类传播理论（第九版）［M］. 史安斌，译. 北京：清华大学出版社，2009.

（4）［美］斯坦利·巴兰，［美］丹尼斯·戴维斯. 大众传播理论：基础、争鸣与未来（第三版）［M］. 曹书乐，译. 北京：清华大学出版社，2008.

（5）郭庆光. 传播学教程［M］. 北京：中国人民大学出版社，2019.

四、思政素材

此次课程思政素材主要来自习近平总书记关于用社会主义核心价值观凝心聚力的阐述。文化是民族生存和发展的重要力量，人类社会每一次跃进，人类文明每一次升华，无不伴随着文化的历史性进步。没有文明的继承和发展，没有文化的弘扬和繁荣，就没有中华民族伟大复兴的中国梦的实现。习近平总书记指出："中华民族创造了源远流长的中华文化，中华民族也一定能够创造出中华文化新的辉煌。"① 要坚持社会主义先进文化前进方向，坚定文化自信，增强文化自觉，加快文化改革发展，加强社会主义精神文明建设，培育和践行社会主义核心价值观，增强国家文化软实力，建设社会主义文化强国（见表59）。

表59　　　　　　　　　　思政素材核心内容

序号	内 容 摘 要	来　源
1	一个国家要实现奋斗目标，既要不断地丰富物质财富，也要不断地丰富精神财富。一个民族要实现复兴，既需要强大的物质力量，也需要强大的精神力量。习近平总书记形象地指出："当高楼大厦在我国大地上遍地林立时，中华民族精神的大厦也应该巍然耸立。"	《习近平总书记系列重要讲话读本（2016年版）》

① 习近平. 习近平谈治国理政［M］. 北京：外文出版社，2014：156.

续表

序号	内 容 摘 要	来　　源
2	任何一个社会都存在多种多样的价值观念和价值取向，要把全社会意志和力量凝聚起来，必须有一套与经济基础和政治制度相适应并能形成广泛社会共识的核心价值观。核心价值观在一定社会的文化中是起中轴作用的，是决定文化性质和方向的最深层次要素，是一个国家的重要稳定器。习近平总书记指出："人类社会发展的历史表明，对一个民族、一个国家来说，最持久、最深层的力量是全社会共同认可的核心价值观。"如果没有共同的核心价值观，一个民族、一个国家就会魂无定所、行无依归。	《习近平总书记系列重要讲话读本（2016 年版）》
3	意识形态工作是党的一项极端重要的工作。2013 年 8 月 19 日，习近平总书记在全国宣传思想工作会议上指出："能否做好意识形态工作，事关党的前途命运，事关国家长治久安，事关民族凝聚力和向心力。"在集中精力进行经济建设的同时，必须一刻也不放松和削弱意识形态工作。要把意识形态工作领导权和话语权牢牢掌握在手中，不断巩固马克思主义在意识形态领域的指导地位，巩固全党全国人民团结奋斗的共同思想基础。	《习近平总书记系列重要讲话读本（2016 年版）》
4	文艺是时代前进的号角，最能代表一个时代的风貌，最能引领一个时代的风气。2014 年 10 月 15 日，习近平总书记在文艺工作座谈会上的讲话中指出："实现'两个一百年'奋斗目标、实现中华民族伟大复兴的中国梦是长期而艰巨的伟大事业。伟大事业需要伟大精神。实现这个伟大事业，文艺的作用不可替代，文艺工作者大有可为。"推动文艺繁荣发展，要牢固树立马克思主义文艺观，始终坚持以人民为中心的创作导向，生产出无愧于我们这个伟大民族、伟大时代的优秀作品。	《习近平总书记系列重要讲话读本（2016 年版）》
5	中华优秀传统文化是中华民族的"根"和"魂"。习近平总书记高度重视中华优秀传统文化，并将其作为治国理政的重要思想文化资源。他反复强调，中华优秀传统文化是中华民族的突出优势，中华民族伟大复兴需要以中华文化发展繁荣为条件，必须结合新的时代条件传承和弘扬好中华优秀传统文化。	《习近平总书记系列重要讲话读本（2016 年版）》

五、思政元素

此次课程通过政治传播引导国外相关理论的讲授，让学生深刻意识到媒介融合时代提升主流媒体政治传播以引导国外舆论的重要作用，厚植习近平总书记弘扬主旋律、坚持正确舆论导向，传播中国传统文化，弘扬社会主义核心价值观，向国内外人民阐述中国特色政治社会经济文化现状；为我国媒体界培养一群思想正确，专业素养较高的政治传播专业人才；将无形的思想教育问题落地为扎实的学术研究以及对现实问题的分析中，做到"教学与思想教育、学术与现实研究"融洽发展，相得益彰（见表60）。

表60 思政素材元素

思 政 主 题	思 政 元 素
关于政治议题舆论引导与大学生舆论表达	政治议题舆论引导与大学生舆论表达
	政治议题的形成方向与大学生参与政治话题的表达
	政治议题的传播分析与大学生舆论表达
	政治议题的趋势走向与大学生舆论表达

六、教学安排

（1）介绍媒体上政治议题引导的内容、基本原则和表现，阐释新媒体环境下的政治议题舆论导向、政治舆论引导机制、政治舆论引导策略。

（2）案例教学：在商业主义统合和专业主义离场的新闻场域中，选取有代表性的政治舆情事件作为案例，指导学生通过案例明确国内外主流媒体在政治舆论引导中扮演的关键角色，助力学生在复杂的网络空间中明辨真伪、坚持正确的价值导向、合理地完成自我表达。

（3）小组讨论：以4~5位学生为一组，进行相关选题讨论，推进研究进展。

（4）以小组展示的方式，每组派一位学生来讲解小组选题的内容、来源、研究方法和意义。

七、特色和创新点

（1）反向引导：此次课程与以往正向灌输式思政教育形式不同，采用了"问题/危害→表现形式→原因→措施"反向引导的教课形式，先抛出"未能正确引导政治问题舆论"的条件下"政治议题舆情事件"的不利走向和后果，激发学生的积极性和主动性，引导学生深入探讨政治传播过程中的控制机制，国内外大型新闻机构在引导全球民众过程中在新闻生产、选择中发挥的作用等，最终肯定"中国主流媒体"在引导国内外政治舆论、弘扬主流价值观中的关键作用。

（2）寓教于乐：此次课程加入师生互动环节，通过"学生报选题→教师反馈意见→学生调整→教师反馈意见"多次线上和线下互动，鼓励学生以个人生活经验为基础提出研究新媒体环境下不同国内外媒体的政治传播现状与国际热门议题之间的关系，通过"启发式"教学，加以丰富多元的案例解惑，不断加深学生对政治传播引导国际舆论的理解，使学生主动推进研究进展，增强课程的趣味性，以寓教于乐的形式来加强学生的思政教育。

（3）竞争教育：此次课程以 4~5 位学生为一组，共计 15 小组。每组共有 10~15 分钟小组展示时间，全部展示后以每组 3 票的形式，投出前 3 名优秀小组。通过竞争教育，激发学生的学习潜力和激情。

八、效果体现

（1）发表思政教育高水平论文：鼓励学生研究思政教育相关问题，将思政教育内置于学术研究中，指导学生发表思政教育领域的 CSSCI 高水平学术论文。

（2）获奖小组展示：对排名前 3 的小组选题内容和研究设计，以"易拉宝"的形式在院内展示一周，以增强学生对思政研究的自豪感、认同感和获得感。

"大数据导论" 课程思政案例

主讲教师：岳 楠

一、章节名称

第一章 大数据概述
第八节 大数据与云计算、物联网的关系

二、课程目标

（1）知识目标：阐述大数据、云计算和物联网的相互关系。

（2）能力目标：具备区分和理解大数据、云计算和物联网的能力，熟悉大数据、云计算和物联网各自的核心技术和应用领域及相关产业发展。

（3）德育目标：从大数据、云计算和物联网关系角度深度了解以信息技术为核心的新一轮科技革命的现实影响，以及数字经济时代的巨大潜能。

三、教学内容

（一）主要内容

1. 云计算概念

云计算实现了通过网络提供可伸缩的、廉价的分布式计算能力，用户只需要在具备网络接入条件的地方，就可以随时随地获得所需的各种 IT 资源。

2. 云计算关键技术

云计算关键技术包括：虚拟化、分布式存储、分布式计算、多租户等。

3. 云计算数据中心

云计算数据中心是一整套复杂的设施，包括刀片服务器、宽带网络连接、环境控制设备、监控设备以及各种安全装置等。

数据中心是云计算的重要载体，为云计算提供计算、存储、带宽等各种硬件资源，为各种平台和应用提供运行支撑环境。

4. 云计算应用

政务云可以部署公共安全管理、容灾备份、城市管理、应急管理、智能交通、社会保障等应用，通过集约化建设、管理和运行，可以实现信息资源整合和政务资源共享，推动政务管理创新，加快向服务型政府转型。

教育云可以有效整合幼儿教育、中小学教育、高等教育以及继续教育等优质教育资源，逐步实现教育信息共享、教育资源共享及教育资源深度挖掘等目标。

中小企业云能够让企业以低廉的成本建立财务、供应链、客户关系等管理应用系统，大大降低企业信息化门槛，迅速提升企业信息化水平，增强企业市场竞争力。

医疗云可以推动医院与医院、医院与社区、医院与急救中心、医院与家庭之间的服务共享，并形成一套全新的医疗健康服务系统，从而有效地提高医疗保健的质量。

5. 物联网概念

物联网是物物相连的互联网，是互联网的延伸，它利用局部网络或互联网等通信技术把传感器、控制器、机器、人员和物等通过新的方式联在一起，形成人与物、物与物相联，实现信息化和远程管理控制。

6. 物联网关键技术

物联网中的关键技术包括识别和感知技术（二维码、RFID、传感器等）、网络与通信技术、数据挖掘与融合技术等。

7. 物联网应用

物联网已经广泛应用于智能交通、智慧医疗、智能家居、环保监测、智能安防、智能物流、智能电网、智慧农业、智能工业等领域，对国民经济与社会发展起到了重要的推动作用。

（二）课程重难点

大数据与云计算、物联网的关系。

（三）教学方法

案例教学。

（四）教学学时

1课时。

四、思政素材

此次课程思政素材主要来自习近平总书记关于互联网、大数据、人工智能同实体经济深度融合的讲话。习近平总书记围绕此内容反复强调，作出许多深刻阐述（见表61）。

表61 思政素材核心内容

序号	内容摘要	来源
1	当今时代，以信息技术为核心的新一轮科技革命正在孕育兴起，互联网日益成为创新驱动发展的先导力量，深刻改变着人们的生产生活，有力推动着社会发展。	习近平向首届世界互联网大会致贺词（2014年11月19日）
2	当前，世界经济复苏艰难曲折，中国经济也面临着一定下行压力。解决这些问题，关键在于坚持创新驱动发展，开拓发展新境界。中国正在实施"互联网+"行动计划，推进"数字中国"建设，发展分享经济，支持基于互联网的各类创新，提高发展质量和效益。	习近平在第二届世界互联网大会开幕式上的讲话（2015年12月16日）
3	当今世界，正在经历一场更大范围、更深层次的科技革命和产业变革。互联网、大数据、人工智能等现代信息技术不断取得突破，数字经济蓬勃发展，各国利益更加紧密相连。为世界经济发展增添新动能，迫切需要我们加快数字经济发展，推动全球互联网治理体系向着更加公正合理的方向迈进。	习近平向第五届世界互联网大会致贺信（2018年11月7日）
4	数字经济是全球未来的发展方向，创新是亚太经济腾飞的翅膀。我们应该主动把握时代机遇，充分发挥本地区人力资源广、技术底子好、市场潜力大的特点，打造竞争新优势，为各国人民过上更好日子开辟新可能。	习近平在亚太经合组织第二十七次领导人非正式会议上的发言（2020年11月20日）

五、思政元素

此次课程通过介绍大数据的核心处理架构，让学生深刻认识大数据的地位与意义，厚植习近平总书记关于大数据战略的思想理念，引导学生把握正确导向，树立大数据学习的深刻认识，凸显大学生大数据战略思政元素（见表62）。

表 62   **思政素材元素**

思 政 主 题	思 政 元 素
大数据战略	习近平的大数据之"道"
	数字经济

六、教学安排

（1）介绍大数据、物联网、云计算的相关概念及产业应用。

（2）案例教学：大数据、物联网和云计算三者应用产业及相互关联。

七、特色和创新点

寓教于乐：此次课程加入师生互动环节，通过"学生举例—教师点评"的互动方式，鼓励学生探索了解大数据、云计算和物联网相关产业及关系。

"新闻传播学研究方法"课程思政案例

主讲教师：岳　楠

一、章节名称

第七章　内容分析法

第一节　内容分析法在大众传播研究中的应用

二、课程目标

介绍新闻传播研究中内容分析法的应用范围。

三、教学内容

（一）主要内容

1. 描述某一时间段内媒介内容和媒介再现手段

（1）描述媒介内容和再现手段的特征和趋势。比如研究广告对女性的再现方式，研究电影镜头的使用，研究小说的主题变迁等。

（2）比较不同媒体之间的内容差异。如比较党报和都市报对突发性事件的处理方式，比较中美媒体对于台湾问题的报道等。

（3）通过研究媒介内容和再现手段来体现真实世界里的社会观念和行为，即比较媒介现实和"社会真实"。

2. 推断传播者的特征和态度

（1）通过媒介内容和再现手段来描述与传播者有关的变量的特征。

（2）了解媒介对某些群体（如少数民族、外国人、儿童、女性等）和某些议题（如艾滋病、农民工）的态度，以此来批判性地评价媒体在社会权力运作过程中的地位和立场。

3. 跟受众调查结合在一起，估计特定媒介内容的传播效果

例如培养用调查法来研究受众态度和媒介接触习惯，用内容分析来统计电视节目暴力信息的程度和出现频率。

（二）课程重难点

理解内容分析法及其相关应用。

（三）教学方法

案例教学。

（四）教学学时

1 课时。

四、思政素材

此次课程思政素材主要来自对伟大长征精神的阐述（见表63）。

表63 思政素材核心内容

序号	内容摘要	来源
1	奋斗百年路启航新征程·中国共产党人的精神谱系｜继承长征精神共铸复兴伟业	《人民日报》，2021年7月29日
2	奋斗百年路启航新征程·中国共产党人的精神谱系｜理想信念的伟大远征，一代代人的血脉传承——长征精神述评	新华社，2021年7月30日
3	奋斗百年路启航新征程·中国精神｜前进路上不怕任何艰难险阻——长征精神述评	新华社，2021年7月15日
4	征途漫漫惟有奋斗——长征精神述评	《光明日报》，2021年7月30日
5	长征精神：雄关漫道真如铁，而今迈步从头越	《光明日报》，2021年2月3日
6	深刻把握长征精神的丰富内涵	《光明日报》，2021年2月3日
7	人民日报评论员：在新长征路上大力弘扬伟大长征精神——论中国共产党人的精神谱系之四	《人民日报》，2021年7月29日
8	二万五千里长征	新华网，2014年10月15日

五、思政元素

此次课程通过对内容分析方法的介绍，让学生了解伟大长征精神，厚植长征精神的思想理念，引导学生把握正确导向，树立伟大长征精神学习的深刻认识，凸显大学生长征精神思政元素（见表64）。

表64　　　　　　　　　　　　思政素材元素

思 政 主 题	思 政 元 素
伟大长征精神	二万五千里长征
	长征胜利 80 周年纪念
	长征旅游

六、教学安排

（1）介绍内容分析法的应用。

（2）案例教学。

要求学生自行组队开展《人民日报》关于红军长征精神报道的内容分析。在课堂上，教师和学生共同点评各组学生完成的《人民日报》关于红军长征精神报道的内容分析报告，以加深学生对内容分析方法的理解与掌握。

七、特色和创新点

寓教于乐：此次课程加入师生互动环节，请学生自行组队开展《人民日报》关于红军长征精神报道的内容分析，课上学生代表上台展示内容分析结果，教师点评。

"播音创作基础" 课程思政案例

主讲教师：陈天依

一、章节名称

第六章　内在语
第一节　对于内在语的理解

二、课程目标

（1）知识目标：学生在学习时已领会播音主持创作中播音主持的语言特点、播音感受、情景再现的概念，要准确贴切、富有个性地表达思想感情等知识架构。此次课程学习语句中内在语的作用，有利于学生进一步加深对稿件创作的理解。播音员主持人的创作不再是表达一个个孤立的字、词、句，而是明确地使用内在语以承接语言链条、揭示语句本质，把文字语言变成发自内心想要表达的话语，并传达给受众。所以，把握内在语的作用能为播音语言表达的准确、鲜明、生动提供充实的内心依据。

（2）能力目标：此次课程的授课对象为大学本科二年级学生，学生在熟悉了普通话语音和播音发声课程后，能基本掌握播音主持的正确创作活动和过程，以领会正确的备稿步骤和表达方式。内在语对播音主持创作活动有着极为重要的意义，它是播音员主持人心理活动的主观意念和思想感情的反应；它能承续语言链条、体现语句目的、表达播音语气、形塑播音个性、保证新闻真实等，对有声语言的表达起到引发和深化的作用。训练学生掌握语句中内在语的功能，不仅关系到播音主持创作活动的表意，还对传播的生动形象有着重要推动力。

（3）德育目标：内在语是新闻播音真实性的重要保证。播音工作从其根本性质来说，是党和政府广播电视宣传舆论工具的重要组成部分。播音员日常所播出的许多稿件和节目属于新闻宣传的性质。新闻宣传的真实性，要求播音员、主持人不仅要做到内容不播错，而且要做到态度、感情和反映事物整体和本质方面准确无误。而准确把握内在语则能够确保新闻类内容播音的整体真实。播读字音的准确无误，并不等于就做到播音的真实准确，而只有准确挖掘出更深刻的含义和把握到的鲜明的语句关系，才算是做到新闻播音的整体真实。

三、教学内容

（一）主要内容

1. 内在语的概念

内在语是指创作依据中没有完全或没有直接表露出来的，但需要我们在有声语言表达时加以显现并使受众领悟的语句关系和语句本质。

2. 内在语的作用

内在语是创作者对稿件理解和感受的集中概括，需要根据语句目的和上下文具体语境挖掘出语句深层的含义，并准确判断和把握具体的态度分寸。

（1）承接语言链条。内在语是承续语言链条的连接点，将隐含在语句之间的关联词或关联短语显现出来，增强承上启下的逻辑力量。语言链条是一种形象的说法，实际就是指语句之间的逻辑关系。揭示语言链条，就是搞清句与句、段与段、层次与层次是怎样衔接成一个有机整体的。搞清楚它们之间的内在联系，我们才能获得或并列或递进或因果或转折或分合或假设等情况的逻辑感受，从而明了文章上下衔接、前后照应的承续关系；才能将这些逻辑关系以内在语的形式显示和引发出来，特别是在稿件那些文气不太贯通的地方。在那些段落、层次需要做明显转换而又不好衔接的地方；在那些需要赋予语言以动作感、形象感，以使状物，抒情更具色彩和感染力的地方；在那些需要与受众交流并唤起他们注意、引发他们思考的地方，等等，都可以运用内在语来衔接，过渡、铺垫和转换，以找到恰当、自然和贴切的语气，从而使得稿件在播放时显得文气贯通，衔接、转换自然，最终形成一气呵成、浑然一体的效果，增强有声语言的表现力。

（2）揭示语句本质。句子在具体的语言环境中富有深层的内在含义、态度感情，内在语可以引发出贴切的语气，使有声语言变得深刻、丰富、耐人寻味。揭示语句本质，把握明晰、准确、态度鲜明的内在语，对语气的表达有直接的作用和影响。内在语在指导和引发有声语言方面有着特殊作用，这就要求我们把握的内在语能够真正揭示语句深层的内在含义，即语句本质。而在稿件的深入理解和具体感受上下功夫，是准确揭示语句本质的保证。

（二）课程重点、难点

课程重点：理解内在语的概念及作用。

课程难点：学生能够根据不同语句和语意迅速找准内在语，特别是恰当运用内语以增强语言的表现力和感染力。

（三）教学方法

案例教学、小组讨论、成果展示。

（四）教学学时

2 课时。

（五）参考教材

（1）鲁景超.播音主持创作基础［M］.北京：中国传媒大学出版社，2015.

（2）李新宇.播音创作基础训练教程［M］.北京：中国传媒大学出版社，2011.

（3）付程.实用播音教程（2）：语言表达［M］.北京：北京广播学院出版社，2002.

（4）张颂.播音创作基础［M］.北京：中国传媒大学出版社，2011.

（5）罗莉.实用播音教程（4）［M］.北京：北京广播学院出版社，2002.

四、思政素材

此次课程思政素材主要来自全国广大电视工作者深入学习贯彻新时代中国特色社会主义思想和党的十九大精神，习近平总书记围绕此内容反复强调，作出许多深刻阐述（见表65）。

表65   思政素材核心内容

序号	内 容 摘 要	来 源
1	彭德怀总司令在补旧衣服时对秘书讲了他苦难的童年，很有感触地说："那时候，什么活没干过？什么苦没吃过？今天住在这个圆明园，（这可是）皇帝老子住过的地方啊！"彭德怀总司令为什么会有这样的感慨？除了自勉以外，也是为了教育秘书。这两句话的内在语应为：我们现在吃的这点苦算不了什么，该知足了。通过自勉的方式对秘书的感染、教育更深。	丁隆炎《在彭德怀身边的日子》
2	习近平总书记指出，我国已经开启全面建设社会主义现代化国家新征程。科技创新在党和国家发展全局中具有十分重要的地位和作用。（如今是）奋进新征程、建功新时代。新的一年，广大科技工作者肩负时代使命，力争勇攀科技高峰、跑出创新加速度，为建设世界科技强国提供强大动能。	节选自 2022 年 1 月 13 日《新闻联播》

续表

序号	内 容 摘 要	来　源
3	希望中央广播电视总台和全国广大电视工作者深入学习贯彻新时代中国特色社会主义思想和党的十九大精神，增强"四个意识"，坚定"四个自信"，坚持党的领导，坚持以人民为中心，忠实履行职责使命，统筹广播与电视、内宣和外宣、传统媒体和新兴媒体，加强国际传播能力建设，锐意改革创新，壮大主流舆论，努力打造具有强大引领力、传播力、影响力的国际一流新型主流媒体，奋力开创工作新局面，为实现"两个一百年"奋斗目标、实现中华民族伟大复兴的中国梦作出新的更大贡献！	习近平总书记致中央电视台建台暨新中国电视事业诞生60周年的贺信（2018年9月26日）
4	党的新闻舆论工作坚持党性原则，最根本的是坚持党对新闻舆论工作的领导。党和政府主办的媒体是党和政府的宣传阵地，必须姓党。党的新闻舆论媒体的所有工作，都要体现党的意志、反映党的主张，维护党中央权威、维护党的团结，做到爱党、护党、为党；都要增强看齐意识，在思想上政治上行动上同党中央保持高度一致；都要坚持党性和人民性相统一，把党的理论和路线方针政策变成人民群众的自觉行动，及时把人民群众创造的经验和面临的实际情况反映出来，丰富人民精神世界，增强人民精神力量。新闻观是新闻舆论工作的灵魂。要深入开展马克思主义新闻观教育，引导广大新闻舆论工作者做党的政策主张的传播者、时代风云的记录者、社会进步的推动者、公平正义的守望者。	习近平总书记在北京主持召开党的新闻舆论工作座谈会并发表重要讲话（2016年2月19日）
5	要加快培养造就一支政治坚定、业务精湛、作风优良、党和人民放心的新闻舆论工作队伍。新闻舆论工作者要增强政治家办报意识，在围绕中心、服务大局中找准坐标定位，牢记社会责任，不断解决好"为了谁、依靠谁、我是谁"这个根本问题。要提高业务能力，勤学习、多锻炼，努力成为全媒型、专家型人才。要转作风改文风，俯下身、沉下心、察实情、说实话、动真情，努力推出有思想、有温度、有品质的作品。要严格要求自己，加强道德修养，保持一身正气。要深化新闻单位干部人事制度改革，对新闻舆论工作者在政治上充分信任、工作上大胆使用、生活上真诚关心、待遇上及时保障。	习近平总书记在党的新闻舆论工作座谈会上的讲话（2016年2月19日）
6	《人民日报》要深入学习贯彻新时代中国特色社会主义思想和党的十九大精神，忠实履行党的新闻舆论工作职责使命，坚持正确政治方向，弘扬优良传统，深化改革创新，加强队伍建设，改进宣传报道，讲好中国故事，构建全媒体传播格局，不断提升传播力、引导力、影响力、公信力，为实现"两个一百年"奋斗目标、实现中华民族伟大复兴的中国梦作出新的更大贡献！	习近平总书记致人民日报创刊70周年的贺信（2018年6月15日）

五、思政元素

此次课程通过对于播音创作中内在语知识的讲授，让学生深刻意识到内在语是新闻播音真实性的重要保证。厚植习近平总书记关于新闻工作者要求的重要论述，引导学生牢牢把握正确导向，努力做党和人民信赖的新闻工作者，讲好中国故事，传播好中国声音。大力弘扬和培育社会主义核心价值观，凸显大学生文化认同思政元素，如内在语使用与新闻播音真实性的关系（见表66），将无形的思想教育问题落地为实操性强的实践研究，做到"教学与思想教育、实践研究"融洽发展，相得益彰。

表 66　　　　　　　　　　　　　　　　**思政素材元素**

思　政　主　题	思　政　元　素
新闻稿件中的内在语	新闻稿件中的内在语与把握正确宣传导向
	新闻稿件中的内在语与提高业务能力
	新闻稿件中的内在语与讲好中国故事
	新闻稿件中的内在语与传播好中国声音

六、教学安排

（1）以学生为中心进行启发式教学。课堂上注重充分发挥学生的课堂主人翁意识，如教师通过设定核心问题"内在语有哪些作用"来启发引导学生提炼核心观点、指出关键内容、明确主要论点，然后引入播音工作的根本性质——党和政府广播电视宣传舆论工具的重要组成部分。播音员日常所播出的许多稿件和节目属于新闻宣传的性质。

（2）以问题为导向进行讨论式教学。此次课程的重点和难点是根据不同语意快速确定以及灵活运用内在语以增强语言表现力，进而明白语句中内在语的作用。这种依据上下文语言环境和创作者内心思想感情而判断内在语的位置，具有很强的开放性，非常适用于讨论式教学。在讨论中，强调新闻宣传的真实性，要求播音员、主持人不仅要做到内容不播错，而且要做到态度、感情和反映事物整体和本质方面准确无误，而准确把握内在语则能够确保新闻类内容播音的整体真实。最终由教师帮助学生对观点进行梳理和总结，对内在语的作用达成一致的认识和理解，加深对难点知识的理解和消化。

七、特色和创新点

（1）案例引导：根据此次课程的教学内容填充相应的经典文学案例，如朗读名家名篇作品以迅速抓住学生的注意力，帮助学生对内在语的作用形成直观形象的认识，并留下深刻印象和记忆。学生对案例进行充分全面的分析讨论后自行引出和得出应有的内在语作用和表达方式，以增强学生从实践中总结理论、将理论应用于实践的双向能力。同时，辅之以思政内容的教学，引领播音主持专业大学生在专业课程学习中提升政治理论素养。

（2）寓教于乐：此次课程用与学生求职相关的招聘信息引出学习内容，趣味性强，学生参与度高，教学案例素材典型，内容丰富，并且与本专业业界发展相契合；运用启发式的教学方法，以学生讨论展示为主、教师引导讲解为辅，培养学生自主学习、独立思考、探索新知的能力，并加深其对知识点的理解和记忆；通过课前温习所学、课堂练习、教师过程评价、课后实践，高效率实现了"专业课程+思政元素"的自然融合、"课前—课中—课后"全过程师生互动。

（3）竞争教育：此次课程以个人为单位朗读党史故事，共有5分钟的展示时间，全部展示后通过投票选出5名优秀作品。通过竞争教育，激发学生的学习潜力和激情。

八、效果体现

（1）发表播音专业思政论文：鼓励学生研究专业内容与思政的关联性，将思政意识内置于学术研究中，指导学生发表"专业领域+思政"的学术论文。

（2）学院公众号展示：在课堂展示中前5名优秀学生的朗读作品，通过公众号展示，学生作品通过公众号的阅读及转发，以增强学生的获得感和自豪感。

"主持艺术与技巧" 课程思政案例

主讲教师：陈天依

一、章节名称

第三章　电视新闻节目主持

第二节　电视新闻现场报道

二、课程目标

（1）知识目标：理解电视新闻现场报道的概念、类型、功能以及电视新闻现场报道的准备与呈现。能基本掌握新闻节目的整体架构，掌握电视新闻播音的相关技巧。学习出镜记者的现场报道有利于学生对于新闻节目统筹规划的进一步理解和掌握。

（2）能力目标：同学们在学习一年级的普通话语音和播音发声、二年级的即兴口语表达课程以后，三年级的主持艺术与技巧是对主持人综合能力的进一步提高，出镜记者现场报道考验的不仅是播说的能力，更是新闻现场的发现能力、组织语言的临场能力以及与各工种的配合能力。训练新闻现场的报道能力能让同学们在就业以后更加顺畅地融入工作。

（3）德育目标：此次课程通过电视新闻现场报道的讲授，引导学生深刻理解作为未来的新闻工作者肩上的重担，践行社会主义核心价值观，引导学生牢牢把握正确新闻舆论导向，根植新闻工作者"四力"的思想理念，培养有"脚力、眼力、脑力、笔力"的未来新闻工作者。

三、教学内容

（一）主要内容

1. 电视新闻现场报道的概念

电视新闻现场报道时电视新闻报道者置身于新闻现场，面对摄像机镜头，以目击者、参与者、体验者、采访者的身份，向观众描述新闻现场，叙述新闻信息，采访新闻人物，点评新闻事件，同时伴以图像报道的一种方式。

新闻现场报道中报道者的语言传播突破了现场画面不能表现过去事件和抽象概念等时空局限，使得新闻报道既立足于现场，又可能有广泛丰富的延伸。与一般电视新闻相比，由于报道者的介入和新闻现场的展现，电视新闻现场报道更具有参与感和纪实性。

2. 电视新闻现场报道类型

现场报道可分为可预测性现场报道和突发性现场报道。

（1）可预测性现场报道。指对可预测的事件进行现场报道，即提前知道将要发生新闻事件的时间、地点、内容等。对于报道者来说，由于可预测，因此可以提前准备背景材料、报道流程、相关设备技术并做好充分的心理准备。

（2）突发性现场报道。指报道者在突发性事件现场面对摄像机对突然发生的事件做出及时的现场报道。由于时间突发，突发性报道具有不可预知性，很难充分做有针对性的准备，这就要求报道者有敏锐的新闻感觉、很强的应变能力和语言表达能力。

3. 电视新闻现场报道功能

（1）以现场为依据对新闻事实进行多角度解释、说明。现场报道不但报道鲜活的现场信息，而且能突破现场画面不能表现过去事件和抽象概念等时空局限，使得新闻报道既立足现场，又有所延伸。报道者对相关情况的说明、相关背景的阐释和多角度的信息梳理丰富了新闻内容，使报道更加立体、丰厚。

（2）以人为本，全息体验、全方位传达新闻现场信息。现场报道的第一要务是报道现场的情况。由于报道者的介入，电视报道不但可视可听，而且更加可感，可以以报道者的全息体验为内容，全方位传达新闻现场的信息。善于观察并传达现场信息的报道者会调动多种感官体验现场，触摸、测量、品尝，或者深吸一口气体会空气中的芬芳，或者一边用纸巾遮掩口鼻一边告诉观众这是呛人的硝烟……观众期待报道者以人为本，带来全方位的信息和体验。

（3）通过现场采访拓展新闻内容，丰富报道形式。现场人物是现场信息的重要组成部分，也是最鲜活的元素，报道者如能选择合适的采访对象进行现场访问，可有效拓展新闻内容，丰富报道形式。电视现场采访是电视现场报道的形式之一。报道者在新闻事件现场，对事件的目击者、当事人或有关人士进行访问，通过与采访对象的现场对话，使电视新闻报道的内容深化。现场报道中的采访一般比较简短，要求选择具有典型性和代表性的采访对象；记者的问题则应具体、针对性强，同时要把聆听、观察、思考和报道结合起来。

（4）通过现场短评表达新闻观点。现场报道以传达事实性信息为主，现场信息、新闻背景、新闻解析等内容在一个有机中顺序呈现后，往往会促使新闻观点的形成或深化。现场短评从现场新闻事实出发，具有主题的延展和深化的作用。

4. 电视新闻现场报道的准备与呈现

（1）明确报道主题，确定报道重点。

新闻现场可能有丰富的信息，却不一定有明确的报道主题，这就需要报道者在了解新闻事实的基础上，明确报道主题，确定报道重点。

（2）收集现场素材，筛选报道内容。

现场是新闻报道的起点和重要内容，报道者需要充分收集现场素材，去粗取精，筛选出适合报道的内容。

（3）体现媒介特点，确定报道方式。

充分利用画面的直观可视性，充分强调素材的现场鲜活，是确定电视新闻现场报道方式的逻辑起点。对典型场景的选择、对典型实物的介绍、对典型细节的发现，都是最富于媒介特点和现场特点的报道方式。

（4）全面整合信息，组织报道结构。

现场信息、背景资料、场外信息、新闻现场拍摄、报道者的口头报道、现场采访……这些都可能成为报道内容的组成部分。报道者在出镜报道之前，需要将信息全面整合，形成清晰的报道思路。

（二）课程重点、难点

课程重点：理解电视新闻现场报道的概念、类型、功能以及电视新闻现场报道的准备与呈现，掌握电视新闻现场报道中的基础技巧。

课程难点：学学如何克服心理压力，作为出镜记者表达流畅出镜。

（三）教学方法

案例教学、课堂讨论、互动教学、成果展示。

（四）教学学时

2 课时。

（五）参考教材

（1）宋晓阳 . 出镜记者现场报道指南［M］. 北京：中国广播电视出版社，2008.

（2）张超. 出镜报道 [M]. 北京：中国人民大学出版社，2017.

（3）刘培. 出镜报道与新闻主持 [M]. 北京：中国人民大学出版社，2019.

四、思政素材

此次课程思政素材主要来自习近平总书记关于宣传思想工作、新闻舆论工作的阐述。习近平总书记一直十分关心广大新闻工作者，高度重视新闻舆论工作，高度肯定新闻工作者为党和人民事业作出的积极贡献，对广大新闻工作者寄予厚望，作出了许多深刻阐述（见表 67）。

表 67　　　　　　　　　　　　思政素材核心内容

序号	内容摘要	来源
1	广大新闻工作者牢记职责、奋发有为，用智慧、汗水乃至生命为党的新闻舆论工作作出了重大贡献。实践证明，我们的新闻工作队伍是一支可靠的、高素质的、能打硬仗的队伍，同志们工作很辛苦、很有成效，党和人民感谢你们。	习近平总书记在会见中国记协第九届理事会全体代表和中国新闻奖、长江韬奋奖获奖者代表时的讲话（2016 年 11 月 7 日）
2	长期以来，中央主要媒体与党和人民同呼吸、与时代共进步，积极宣传马克思主义真理、宣传党的主张、反映群众呼声，在革命建设改革各个历史时期发挥了十分重要的作用。党的十八大以来，中央主要媒体突出宣传党的十八大和十八届三中、四中、五中全会精神，阐释党中央重大决策和工作部署，反映人民伟大实践和精神风貌，唱响了主旋律，传播了正能量，有力激发了全党全国各族人民为实现中华民族伟大复兴的中国梦而团结奋斗的强大力量。	习近平总书记在党的新闻舆论工作座谈会上的讲话（2016 年 2 月 19 日）
3	宣传思想干部要不断掌握新知识、熟悉新领域、开拓新视野，增强本领能力，加强调查研究，不断增强脚力、眼力、脑力、笔力，努力打造一支政治过硬、本领高强、求实创新、能打胜仗的宣传思想工作队伍。	习近平总书记在全国宣传思想工作会议上的讲话（2018 年 8 月 21 日）

序号	内 容 摘 要	来　　源
4	对广大新闻记者提出四点希望。一是要坚持正确政治方向，同党中央保持高度一致，坚持马克思主义新闻观，坚守党和人民立场，坚持中国特色社会主义，做政治坚定的新闻工作者。二是要坚持正确舆论导向，深入宣传党的理论和路线方针政策，深入宣传全国各族人民为实现"两个一百年"奋斗目标、实现中华民族伟大复兴中国梦进行的奋斗和取得的成就，弘扬主旋律，释放正能量，做引领时代的新闻工作者。三是要坚持正确新闻志向，提高业务水平，勇于改进创新，不断自我提高、自我完善，做业务精湛的新闻工作者。四是要坚持正确工作取向，以人民为中心，心系人民、讴歌人民，发扬职业精神，恪守职业道德，勤奋工作、甘于奉献，做作风优良的新闻工作者。一句话，就是要做党和人民信赖的新闻工作者。	习近平总书记会见中国记协第九届理事会全体代表和中国新闻奖、长江韬奋奖获奖者代表时的讲话（2016年11月7日）
5	新闻观是新闻舆论工作的灵魂。要深入开展马克思主义新闻观教育，引导广大新闻舆论工作者做党的政策主张的传播者、时代风云的记录者、社会进步的推动者、公平正义的守望者。	习近平总书记在党的新闻舆论工作座谈会上的讲话（2016年2月19日）
6	希望广大新闻工作者坚定"四个自信"，保持人民情怀，记录伟大时代，讲好中国故事，传播中国声音，唱响奋进凯歌，凝聚民族力量，为实现"两个一百年"奋斗目标、实现中华民族伟大复兴的中国梦不断作出新的更大的贡献！	习近平总书记致中国记协成立80周年的贺信（2021年11月19日）

五、思政元素

此次课程通过电视新闻现场报道的讲授，充分发挥了学生的主人翁意识，使其能够深刻意识到作为未来的新闻工作者肩上的重担，厚植习近平总书记关于新闻宣传和新闻舆论工作的重要论述，通过寻找理论和实践资料大大提高了学生的课堂参与度和兴奋感，同时也加深了对知识的理解和把握；通过注入先进文化和新闻工作者"四力"的思想理念，引导学生牢牢把握正确新闻舆论导向，守正创新，大力弘扬和培育社会主义核心价值观（见表68），将无形的思想教育问题落地为课堂实践，指导学生掌握出镜记者的工作规律与行为规范，以适应未来播音主持从业人员的要求。

表68   思政素材元素

思 政 主 题	思 政 元 素
电视新闻现场报道	电视新闻现场报道与新闻舆论工作
	电视新闻现场报道与社会主义核心价值观
	电视新闻现场报道与新闻工作者责任
	电视新闻现场报道与"四力"践行

六、教学安排

（1）以视频案例为核心进行案例式教学。出镜记者现场报道对于学习播音主持艺术专业的学术来说都不陌生，此次课程内容从出镜记者在两会现场报道为案例视频引入，影像画面的冲击力可以迅速抓住学生的注意力，让学生对课程的主要内容有直观形象的认识，并留下深刻印象。

（2）以学生为中心进行启发式教学。在课堂上，应注重充分发挥学生的课堂主人翁意识。教师通过设定核心问题，一步一步启发引导学生提炼核心概念，指出关键内容，明确主要论点，从而以学生为主导完成全部教学内容和环节；着重强调出镜记者在两会现场报道对于学生今后从业相关内容的提示，并根据教学内容不断填充相应的电视新闻现场报道案例，使学生在充分全面的分析讨论中自行引出和得出应有的技巧，从而增强学生从实践中总结理论、将理论应用于实践的双向能力。

七、特色和创新点

（1）问题引导：出镜记者现场报道灵活机动性较强，关于出镜记者的现场报道的技巧以及采访技巧本身就具有很强的开放性，非常适合用于讨论式教学。此次课程的重点和难点是出镜记者在新闻现场的现场报道以及采访技巧。在讨论中，教师可充分调动学生的积极性和代入感，以辩论、质疑、举证等多种讨论方式深入分析学生的观点，最终由教师帮助学生对观点进行梳理和总结，达成一致的认识和理解，加深其对知识的理解和消化，从而使其深知践行新闻工作者"四力"对于学习电视出镜记者报道的重要意义。

（2）寓教于"工"：此次课程运用师生互动，学生实践等教学方法，用与学生未来工作相关的视频案例引出学习内容，趣味性强，学生参与度高。运用启发式的教学方法，以学生讨论展示为主，鼓励学生的能动性，特别是对新闻工作者的"四力"实践能力。

（3）竞争教育：此次课程以个人为单位，每位学生有 5～10 分钟的实践时间，并根据不同的表现选出前 5 名优秀学生，在课堂上展现优秀出镜报道作品。通过竞争教育，激发学生的学习兴趣，使其既深入参与了课堂教学，从中获得极大的满足感和自豪感，同时又对所学内容印象深刻，吸收讲授内容。

八、效果体现

（1）鼓励学生参加主持人比赛：鼓励学生通过此课程挖掘自身潜力，确定专业方向，在全校、全市、全省及全国中参加主持人比赛，将课程学习内容运用到实践中；通过实践进一步加深专业知识的理解和把握，同时把握主持人比赛中的招聘机会，为今后就业打下扎实基础并积累实践经验。

（2）学院公众号展示：在课堂展示中前 5 名优秀学生的优秀出镜报道作品，通过公众号展示，进一步针对优秀思政内容进行投票和奖励。同时，使学生作品通过公众号的阅读及转发，以增强其认同感和自豪感。

"朗诵艺术" 课程思政案例

主讲教师：陈雨坤

一、章节名称

第三章　现代作品朗诵
第一节　建党百年青年献词朗诵作品赏析

二、课程目标

（1）知识目标：理解建党百年献词的写作背景，并掌握献词的篇章结构。

（2）能力目标：运用播音创作基础理论，把献词全文通过内部技巧与外部技巧综合运用，并结合话语样式和话语体式的综合分析法，在深刻理解稿件的同时能够行之于声。

（3）德育目标：从建党百年等重要历史节点，以朗诵作品作为赏析对象，结合习近平总书记在文艺工作座谈会上的重要讲话精神为引领，引导学生通过文学艺术作品鼓舞士气，树立正确的人生观、价值观。

三、教学内容

（一）主要内容

（1）历史背景补充：党史教育相关知识。

（2）基本专业素质回顾：复习语音发声学的基本知识，掌握在朗诵中如何做到口腔控制、喉部控制、共鸣控制和呼吸控制。重温创作基础的知识点，掌握"内三外四"等基本知识点。

（3）重点：结合当下的时政热点问题，以风华百年的政党光荣史作为依托，掌握并能熟练朗诵建党百年献词。

（4）案例：《献词》① 节选。

今天，我们站在天安门广场
紧贴着祖国的心房
今天，我们歌颂人民英雄的荣光
见证如他们所愿的梦想
今天，我们向党致以青春的礼赞
走过百年，风华正茂的中国共产党

今天，我们对党许下青春的誓言
新的百年，
听党话、
感党恩、
跟党走
同心向党，奔赴远方
……
请党放心，强国有我！
请党放心，强国有我！
请党放心，强国有我！
请党放心，强国有我！

（二）课程重点、难点

气息控制与调节、情景再现、话语样式的转换。

（三）教学方法

案例教学、教师示范、小组展示。

（四）教学学时

2 课时。

_____

① 新华社官方微博，2021-07-01。

四、思政素材

此次课程思政素材主要来自习近平总书记在庆祝中国共产党成立 100 周年大会等重要场合的经典论述。他指出，经过全党全国各族人民持续奋斗，在中华大地上全面建成了小康社会；强调 "以史为鉴，开创未来，必须加强中华儿女的大团结"。党的十八大以来，习近平总书记围绕此内容反复强调，作出许多深刻阐述（见表 69）。

表 69   思政素材核心内容

序号	内 容 摘 要	来 源
1	要深刻把握民族复兴的时代主题，把人生追求、艺术生命同国家前途、民族命运、人民愿望紧密结合起来，以文弘业、以文培元、以文立心、以文铸魂，把文艺创造写到民族复兴的历史上、写在人民奋斗的征程中。 要挖掘中华优秀传统文化的思想观念、人文精神、道德规范，把艺术创造力和中华文化价值融合起来，把中华美学精神和当代审美追求结合起来，激活中华文化生命力。	2021 年 12 月 14 日，习近平在中国文学艺术界联合会第十一次全国代表大会、中国作家协会第十次全国代表大会上的讲话
2	文艺是时代前进的号角，最能代表一个时代的风貌，最能引领一个时代的风气。实现 "两个一百年" 奋斗目标、实现中华民族伟大复兴的中国梦，文艺的作用不可替代，文艺工作者大有可为。广大文艺工作者要从这样的高度认识文艺的地位和作用，认识自己所担负的历史使命和责任，坚持以人民为中心的创作导向，努力创作更多无愧于时代的优秀作品，弘扬中国精神、凝聚中国力量，鼓舞全国各族人民朝气蓬勃迈向未来。	2014 年 10 月 15 日，习近平在北京主持召开文艺工作座谈会强调
3	要旗帜鲜明坚持正确的政治方向、舆论导向、价值取向。在信息生产领域，也要进行供给侧结构性改革，通过理念、内容、形式、方法、手段等创新，使正面宣传质量和水平有一个明显提高。	2019 年 1 月 25 日，习近平在中共中央政治局第十二次集体学习时的讲话
4	宣传思想干部要不断掌握新知识、熟悉新领域、开拓新视野，增强本领能力，加强调查研究，不断增强脚力、眼力、脑力、笔力，努力打造一支政治过硬、本领高强、求实创新、能打胜仗的宣传思想工作队伍。	2018 年 8 月 21 日，习近平在全国宣传思想工作会议上的讲话

续表

序号	内 容 摘 要	来 源
5	希望广大新闻工作者坚定"四个自信",保持人民情怀,记录伟大时代,讲好中国故事,传播中国声音,唱响奋进凯歌,凝聚民族力量,为实现"两个一百年"奋斗目标、实现中华民族伟大复兴的中国梦不断作出新的更大的贡献!	2017 年 11 月 8 日,习近平致中国记协成立80 周年的贺信

五、思政元素

此次课程立足于引导当代大学生树立正确的价值观,发挥青春正能量。通过朗诵经典文本,引导学生在诵读中感受中国共产党的光荣与魅力。

通过朗诵作品,全面总结党的百年奋斗的重大成就和历史经验问题。"以史为鉴,可以知兴替",要"从党的百年奋斗中看清楚过去我们为什么能够成功、弄明白未来我们怎样才能继续成功"。

通过朗诵献词,总结党的百年奋斗的重大成就和历史经验,以增强学生的政治意识、大局意识、核心意识、看齐意识,坚定道路自信、理论自信、制度自信、文化自信,做到坚决维护习近平总书记党中央的核心、全党的核心地位,坚决维护党中央权威和集中统一领导,确保全党步调一致向前进(见表 70)。

表 70　　　　　　　　　　　　思政素材元素

思 政 主 题	思 政 元 素
朗诵与党史学习教育	中国共产党的革命史
	中国共产党的建设史
	中国共产党的改革史
	新时代中国共产党正在续写辉煌

六、教学安排

面对思想政治新课程标准对课堂教学模式提出的新挑战,教师更应紧跟时代的步伐,站在教育长远发展的高度。认真领会新课标的精神实质,与时俱进,开拓创新。

运用新媒体教学是当下一种新颖的教学方式，与照本宣科相比，具有开放性、灵活性、多样性的特征。为了更好地教学，课程组在案例教学中采取了以下措施：

（1）由"单一角色"走向"角色互动"。通过翻转课堂，充分尊重学生的主体性，让学生们有充分的时间和空间参与教学，发现知识，使其成为学习过程中真正的认识主体。在课堂上，让同学们探讨建党百年中国的巨大成就，做到心中有数；然后采取小组合作的形式，重新演绎献词朗诵。通过这些举措来调动学生参与的积极性，充分发挥评价的激励功能，以期大大增强课堂的参与效果。

（2）由"灌输知识"走向"体验性学习"。新课程标准还强调体验性学习。教师不是简单地"传道、授业、解惑"。"体验性学习"是指学生在学习过程中对教材内容消化后，在特定的教育情境中内心反省、内在反应或内在感受，强调身体性参与，重视直接经验。例如，通过列举"十四五"以来中国在经济、文化、外交等上的成就（尤其注重数据参考），让学生从心底具有强烈的民族认同感和自豪感，从而激发其朗诵欲望。

七、特色和创新点

（1）案例教学法提升学习积极性。在播音主持吐字归音教学中，学生能够通过百年献词对党史有充足的了解，对朗诵的艺术表达手法和具体感受有了新的认识，进而提升学习热情。

（2）专业能力与家国情怀共育并举。在听了献词朗诵后，很多学生表示，要努力练习基本功提高自己的播音水平，带着传承不变的初心和使命，接过时代的接力棒，将个人命运与国家命运深深融在一起，承先辈志，启新征程。

（3）问题导向模式引发学生思考。教师通过启发式提问进行主导教学，讲述知识点；学生围绕问题展开讨论，教师参与其中，以润物细无声的方式实现思政育人效果。

八、效果体现

（1）完成录影实践：指导学生运用朗诵艺术的手法，重新演绎百年献词，并在实践中录像，保留学生的学习实践成果。

（2）发表思政教育高水平论文：鼓励学生研究思政教育相关问题，将思政教育内置于学术研究中，指导学生发表思政教育领域的 CSSCI 高水平学术论文。

（3）策划朗诵会展演：通过思政教育，引导学生寻找更多优秀的朗诵作品，并通过对历史的学习，加深对作品的理解和感受，从而创作一台高质量的红色经典作品朗诵会。

"普通话语音"课程思政案例

主讲教师：陈雨坤

一、章节名称

第三章　普通话发音总说

第一节　掌握普通话的必要性

二、课程目标

（1）知识目标：理解普通话的基本概念以及普通话对于脱贫攻坚、乡村振兴、民族团结、国家稳定和对外交流的重要性。

（2）能力目标：掌握普通话的基本原理，能够说标准的普通话。

（3）德育目标：从建党百年等重要历史节点看普通话对于国家兴盛和民族团结的重要作用，引导学生懂得说好普通话既是专业的要求，更是国家和社会的需要。

三、教学内容

（一）主要内容

了解普通话的简介、特点和历史渊源以及汉语方言区的划分和推广普通话的战略意义。

重点讲述普通话对于国家脱贫攻坚和乡村振兴战略的意义。扶贫先扶智，扶智先通语，推广普通话在脱贫攻坚任务中起到重要的作用。我国当前语言文字的使用与社会发展的要求相比，仍存在滞后问题，个别地区方言盛行，在公共场合说普通话还没有真正形成风气，社会上讲普通话的氛围仍然不够浓厚，也造成了许多不必要的语言文字障碍和误会。

（二）课程重点、难点

普通话的基本概念、元音、辅音的发音特点和规律。

（三）教学方法

案例教学、翻转课堂、小组成果展示。

（四）教学学时

2 课时。

四、思政素材

此次课程思政素材主要来自习近平总书记在庆祝中国共产党成立 100 周年大会等重要场合的经典论述。他指出，经过全党全国各族人民持续奋斗，在中华大地上全面建成了小康社会；强调"以史为鉴，开创未来，必须加强中华儿女的大团结"。党的十八大以来，习近平总书记围绕此内容反复强调，作出许多深刻阐述（见表 71）。

表 71　　　　　　　　　　思政素材核心内容

序号	内 容 摘 要	来　源
1	80 年来，在党的领导下，对外广播事业弘扬光荣传统，不忘初心使命，宣传党的主张，全面宣介中国发展，积极讲好中国故事、传播好中国声音。希望你们不断开拓创新，加强国际传播能力建设，打造具有强大引领力、传播力、影响力的国际一流新型主流媒体，为实现中华民族伟大复兴的中国梦、推动构建人类命运共同体作出新的更大的贡献。	习近平致中国人民对外广播事业创建 80 周年的贺信（2021 年 12 月 3 日）
2	要全面提升国际传播效能，建强适应新时代国际传播需要的专门人才队伍。要加强国际传播的理论研究，掌握国际传播的规律，构建对外话语体系，提高传播艺术。要采用贴近不同区域、不同国家、不同群体受众的精准传播方式，推进中国故事和中国声音的全球化表达、区域化表达、分众化表达，增强国际传播的亲和力和实效性。	习近平在中共中央政治局第三十次集体学习时的讲话（2021 年 5 月 31 日）

续表

序号	内 容 摘 要	来　源
3	要旗帜鲜明坚持正确的政治方向、舆论导向、价值取向。在信息生产领域，也要进行供给侧结构性改革，通过理念、内容、形式、方法、手段等创新，使正面宣传质量和水平有一个明显提高。	习近平在中共中央政治局第十二次集体学习时的讲话（2019 年 1 月 25 日）
4	宣传思想干部要不断掌握新知识、熟悉新领域、开拓新视野，增强本领能力，加强调查研究，不断增强脚力、眼力、脑力、笔力，努力打造一支政治过硬、本领高强、求实创新、能打胜仗的宣传思想工作队伍。	习近平在全国宣传思想工作会议上的讲话（2018 年 8 月 21 日）
5	希望广大新闻工作者坚定"四个自信"，保持人民情怀，记录伟大时代，讲好中国故事，传播中国声音，唱响奋进凯歌，凝聚民族力量，为实现"两个一百年"奋斗目标、实现中华民族伟大复兴的中国梦不断作出新的更大的贡献！	习近平致中国记协成立80 周年的贺信（2017 年 11 月 8 日）

五、思政元素

此次课程立足于引导当代大学生树立正确的价值观，发挥青春正能助力脱贫攻坚。推广和普及普通话是国家的基本语言政策，有利于克服语言隔阂，促进社会交往，发展社会主义经济、政治、文化建设，增进各民族各地区的交流，维护国家统一，增强中华民族凝聚力。

普通话是情感的纽带、沟通的桥梁。在课程中，案例的选用应贯彻落实习近平总书记关于脱贫攻坚工作的重要指示精神，用自己的实际行动助力脱贫攻坚，切实参与乡村振兴；学生在推广普通话的过程中应有效地促进语言运用的规范化、标准化，以在未来参与普通话水平测试过程中达到行业内规定的普通话等级要求（见表 72）。

表 72　　　　　　　　　　　　　**思政素材元素**

思 政 主 题	思 政 元 素
普通话与脱贫攻坚	普通话对区域发展的作用
	普通话对乡村地区与外界沟通对必要性
	普通话对民族地区发展对意义
	如何使普通话成为脱贫攻坚对助推器

六、教学安排

在实验教学中实行教师与学生的角色转换，将"以教师为中心"的教学方式转变为以学生作为实验教学的主体的模式，教师在其中起全程引导、启发和评价作用。在综合创新型实验中，让学生充分论述自己的设计思路、方案和工艺流程，最大限度地提高学生的学习自主性和积极性。

（1）采取多元化的实践教学方法与方式。"以人为本，以学生为中心"的实训教学理念，是指采取"群体化+个性化"相结合的多目标培养教学模式，通过优选方式，选拔一些优秀学生参与，指定导师指导。这种多元化的教学方式，既保证了学生掌握必需的知识和技能，又充分发掘了学生的潜力。

（2）倡导探求式、合作式实训教学方法。注重培养和激发学生的创新思维，通过学生自行组合和教师协调相结合的方式进行项目分组，根据项目小组成员的知识和能力情况确定小组长，组织小组通过讨论、探究等团队协作方式完成推广普通话PPT。

（3）采取"课内课外相结合""课前—课中—课后相结合"的开放式教学方法。这种开放式教学方法打破了传统的"以课堂为中心"的封闭式教学方法在时间、空间和知识信息量等方面的约束，增强了实验教学的灵活性，扩大了实验教学在时间和空间上的范围，并且充分发挥了学生在实验过程中的积极性和自主性。

七、特色和创新点

（1）"爱与温度"的教学体验，引导学生能育人自育。在推广普通话教学实践过程中，引导学生们进行身份转换，带领同学们进入乡村小学，以"小老师"的身份，沉浸在推广普通话的实践活动当中。帮助有需要的人矫正发音，从而树立正确的价值观。

（2）课内培育向课外育人的延伸，有效锻炼学生综合能力。此次课程将理论与实践相结合，有效地锻炼和提高了学生的组织能力、思维能力、表达能力等综合素质。

八、效果体现

（1）完成实践调研：指导学生运用普通话深入农村地区，指导当地村民和儿童的普通话水平，并引导他们利用普通话创造价值。

（2）发表思政教育高水平论文：鼓励学生研究思政教育相关问题，将思政教育内

置于学术研究中,指导学生发表思政教育领域的 CSSCI 高水平学术论文。

(3)制作普通话宣传作品:以学生的普通话音视频作品为抓手,在互联网上助推乡村经济的发展。

"主持艺术与技巧" 课程思政案例

主讲教师：刘佚伦

一、章节名称

第二章　电视新闻播音
第二节　电视新闻播音的表达样态

二、课程目标

（1）知识目标：掌握电视新闻播音应该具有的语言样态，了解电视新闻播音时需要呈现的表达样态，厘清电视新闻播音表达样态传承的主要原因与它在新时代下出现的新特征，同时把握新闻播音样态中舆论导向的重要作用。

（2）能力目标：学生在播读新闻稿件时，能够在语言样态和表达样态等方面做到清晰、准确、平稳、明快；在面对不同的稿件内容时，可以做到在"基调各异"的同时"分寸恰切"；在新闻播报的过程中，能够在表达清晰的基础上展示电视新闻播报的时代特征，以更加平和、细腻、生动的方式表现新闻稿件的内容。

（3）德育目标：从学习新闻播音表达的主要样态出发，帮助学生理解电视新闻播音表达样态对于准确性和导向要求，同时强调电视新闻播音在新时代要注重与大众结合，要更加贴近人民的需求。让学生在新闻播音的过程中把服务群众、与观众平等交流放在重要位置。同时，在教学中融入社会热点话题，培养学生关心社会、传播正义、爱国爱民的情怀。

三、教学内容

（一）主要内容

1. 新闻播音的语言样态

新闻播音以消息播报为主，从语言样式上看属于"播报式"，其语言状态被描述为

"字正腔圆、呼吸无声、语尾不坠，语势平稳、节奏明快、新鲜感强、基调各异、分寸恰切、语言流畅"。

"字正腔圆、呼吸无声"，强调的是保证消息传播清晰所具备的用气发生的基本功感。"分寸恰切"是新闻节目应遵循的客观性真实性特点，以及对播报提出的要求。"语尾不坠，语势平稳"是适应新闻传播的新鲜感和权威感。"节奏明快，语流畅达"既反映了消息所固有的时效性特征，又展现了新闻播音声音形式听觉上的审美形态。

2. 电视新闻播音的表达样态

电视新闻播音具有鲜明的电视媒介特点，除了符合新闻播音的一般特点外，在进行新闻口播时，还有多种副语言参与，并注重语言与副语言声音与形象的和谐，以及与观众的交流。可在新闻播音语言样态的基础上强化形身和谐，注重交流深化对应、整体统一的要求。

3. 电视新闻播音表达样态的传承

（1）新闻播音语语言样态，源于消息稿件的语体特征。新闻播音以消息播报为主，消息写作历来结构严谨，布局紧凑，语言精练。

（2）准确清晰及时是传播者和受众的共同要求。无论从新闻传播的角度，还是从观众获取信息的角度，准确、清晰、及时，准确清晰都是新闻传播者和观众的共同要求，而播报语言的样态恰好能够体现这种要求。

（3）新闻节目的政治功能和社会意义及舆论导向作用，也是新闻播音语言样态的和语言风格持续传承的重要原因。

4. 电视新闻播音表达样态的时代特征

新闻播报的样态始终与当时的政治气候社会生活有着密切的联系，反映着那个时代的特征。在新的历史时期，在以人为本和谐社会注重民生的社会语境下，人们理所当然地呼唤反映时代气息、平易近人的播报风格。一方面，节目和稿件的变化，使得电视节目中指令性的内容少了，生动贴近生活的东西多了，节目的互动性更强了，注重沟通交流的语言方式多了。另一方面，社会语境发生了变化，社会大环境更加宽松、民主和谐，受众也期盼着媒体传播的平等和贴近，于是新闻传播的表达样态就出现了顺应时代的一些变化。

（二）课程重点、难点

课程重点：能够掌握电视新闻播音表达的语言样态和表达样态，掌握新闻播音表达样态的传承和发展。

课程难点：能够熟练地以电视新闻播音应有的语言样态和表达样态进行新闻播报。

（三）教学方法

案例教学、课堂训练、成果展示。

（四）教学学时

2 课时。

（五）参考教材

（1）中国传媒大学播音主持艺术学院. 电视节目播音主持 ［M］. 北京：中国传媒大学出版社，2015.

（2）付程. 实用播音教程：电视播音与主持 ［M］. 北京：中国传媒大学出版社，2003.

（3）陆锡初，付京香. 节目主持人概论 ［M］. 北京：中国广播影视出版社，2021.

四、思政素材

此次课程思政素材主要来自习近平总书记关于新闻舆论工作的重要论述。党的十八大以来，习近平总书记关于做好新时代新闻舆论工作的新思想新观点新论断，原创性特征明显，有很强的理论价值和实践价值（见表73）。

表 73 思政素材核心内容

序号	内 容 摘 要	来　源
1	正能量是总要求，管得住是硬道理，现在还要加一条，用得好是真本事。 准确、权威的信息不及时传播，虚假、歪曲的信息就会搞乱人心；积极、正确的思想舆论不发展壮大，消极、错误的言论观点就会肆虐泛滥。这方面，主流媒体守土有责，更要守土尽责，及时提供更多真实客观、观点鲜明的信息内容，牢牢掌握舆论场主动权和主导权。主流媒体要敢于引导、善于疏导，原则问题要旗帜鲜明、立场坚定，一点都不能含糊。	习近平在十九届中央政治局第十二次集体学习时的重要论述。（2019 年 1 月 25 日）

序号	内容摘要	来　源
2	我们要把握国际传播领域移动化、社交化、可视化的趋势，在构建对外传播话语体系上下功夫，在乐于接受和易于理解上下功夫，让更多国外受众听得懂、听得进、听得明白，不断提升对外传播效果。	习近平在十九届中央政治局第十二次集体学习时的讲话（2019 年 1 月 25 日）
3	我们正在进行具有许多新的历史特点的伟大斗争，面临的挑战和困难前所未有，必须坚持巩固壮大主流思想舆论，弘扬主旋律，传播正能量，激发全社会团结奋进的强大力量。关键是要提高质量和水平，把握好时、度、效，增强吸引力和感染力，让群众爱听爱看、产生共鸣，充分发挥正面宣传鼓舞人、激励人的作用。	习近平在全国宣传思想工作会议上发表重要讲话（2013 年 8 月 19 日）
4	在新的时代条件下，党的新闻舆论工作的职责和使命是：高举旗帜、引领导向，围绕中心、服务大局，团结人民、鼓舞士气，成风化人、凝心聚力，澄清谬误、明辨是非，连接中外、沟通世界。要承担起这个职责和使命，必须把政治方向摆在第一位，牢牢坚持党性原则，牢牢坚持马克思主义新闻观，牢牢坚持正确舆论导向，牢牢坚持正面宣传为主。 党的新闻舆论工作坚持党性原则，最根本的是坚持党对新闻舆论工作的领导。党和政府主办的媒体是党和政府的宣传阵地，必须姓党。党的新闻舆论媒体的所有工作，都要体现党的意志、反映党的主张，维护党中央权威、维护党的团结，做到爱党、护党、为党；都要增强看齐意识，在思想上政治上行动上同党中央保持高度一致；都要坚持党性和人民性相统一，把党的理论和路线方针政策变成人民群众的自觉行动，及时把人民群众创造的经验和面临的实际情况反映出来，丰富人民精神世界，增强人民精神力量。新闻观是新闻舆论工作的灵魂。要深入开展马克思主义新闻观教育，引导广大新闻舆论工作者做党的政策主张的传播者、时代风云的记录者、社会进步的推动者、公平正义的守望者。 新闻舆论工作各个方面、各个环节都要坚持正确舆论导向。各级党报党刊、电台电视台要讲导向，都市类报刊、新媒体也要讲导向；新闻报道要讲导向，副刊、专题节目、广告宣传也要讲导向；时政新闻要讲导向，娱乐类、社会类新闻也要讲导向；国内新闻报道要讲导向，国际新闻报道也要讲导向。	习近平在北京主持召开党的新闻舆论工作座谈会并发表重要讲话（2016 年 2 月 19 日）

五、思政元素

此次课程通过对电视播音表达样态的讲授，让学生了解新时代电视播音语言样态和表达样态的新要求（见表74）：即传承传统电视新闻播音表达样态，及时提供更多真实客观、观点鲜明的信息内容，牢牢掌握舆论场主动权和主导权。同时，也要根据时代发展的新特征，调整电视新闻播音表达的语言样态和表达样态。用创新的方式讲好中国故事，弘扬社会主义核心价值观。

表74 思政素材元素

思政主题	思政元素
电视新闻播音表达样态的传承与发展	电视新闻播音表达样态与新闻稿件的特殊性
	电视新闻播音表达样态与新闻舆论引导作用
	电视新闻播音表达样态与融媒体的发展
	电视新闻播音表达样态与如何讲好中国故事

六、教学安排

（1）介绍电视新闻播音表达样态的基本要求，阐释电视新闻播音表达样态的传承与发展。

（2）案例教学：选取有代表性的新闻作品作为案例，指导学生进行新闻播报。

（3）学生实践：每名学生根据电视新闻播音表达样态的要求进行新闻播报。

七、特色和创新点

（1）融入时代元素和社会热点，通过对比的方式展示电视新闻播音表达样态的传承与发展。如在讲授电视新闻播音表达样态的传承和发展相关知识时，可以将早期央视新闻播音的视频与近期的新闻播音视频相比较，让学生讨论新闻播音的变与不变，讨论优秀的电视新闻播音主持人应该具有哪些素质。这一方面有助于他们建立专业自信，另一方面可以使他们形成辩证的思维意识，对他们形成正确的人生观、价值观有着很强的推动作用。

（2）多元化教学：此次课程加入新媒体影像，师生互动，学生实践等教学方法，展示互联网时代新闻播音的一些变化。如将新华社 AI 主播的新闻播报视频和真实主播的播报视频进行比较，从而强调新闻的播音是有温度的；做新闻节目要关注时事，贴近生活，用自己的眼睛去观察社会、表达思考。

（3）竞争教育：此次课程让每位学生充分地进行实践，并根据不同的表现选出 3 名优秀学生。通过竞争教育，以激发学生的学习潜力和激情。

八、效果体现

获奖学生展示：对优秀学生作品以视频的形式展示，以增强学生对思政研究的自豪感、认同感和获得感。